COLLECTION
DES
MEILLEURS OUVRAGES
DE LA LANGUE FRANÇAISE
EN PROSE ET EN VERS.

OEUVRES

COMPLÈTES

DE MOLIÈRE.

PARIS. — DE L'IMPRIMERIE DE RIGNOUX,
rue des Francs-Bourgeois-S.-Michel, n° 8.

OEUVRES

COMPLÈTES

DE MOLIÈRE

AVEC UNE NOTICE

PAR M. L. B. PICARD

DE L'ACADÉMIE FRANÇOISE.

TOME SIXIÈME.

PARIS,

BAUDOUIN FRÈRES, ÉDITEURS,

RUE DE VAUGIRARD, N° 17.

MDCCCXXVII.

PSYCHÉ,

TRAGI-COMÉDIE-BALLET

EN CINQ ACTES ET EN VERS LIBRES.

Représentée aux Tuileries pendant le carnaval de l'année 1670, et sur le théâtre du Palais-Royal, le 11 novembre de la même année.

LE LIBRAIRE AU LECTEUR.

Cet ouvrage n'est pas tout d'une main. M. Quinault a fait les paroles qui s'y chantent en musique, à la réserve de la plainte italienne. M. de Molière a dressé le plan de la pièce, et réglé la disposition où il s'est plus attaché aux beautés et à la pompe du spectacle qu'à l'exacte régularité. Quant à la versification, il n'a pas eu le loisir de la faire entière. Le carnaval approchoit, et les ordres du roi, qui se vouloit donner ce magnifique divertissement plusieurs fois avant le carême, l'ont mis dans la nécessité de souffrir un peu de secours. Ainsi il n'y a que le prologue, le premier acte, la première scène du second, et la première du troisième, dont les vers soient de lui. M. Corneille (P.) a employé une quinzaine au reste; et par ce moyen sa majesté s'est trouvée servie dans le temps qu'elle l'avoit ordonné [1].

---

[1] Il est probable que cet Avis au lecteur est de Molière.

PERSONNAGES DU PROLOGUE.

FLORE [1].
VERTUMNE, dieu des jardins [2].
PALÉMON, dieu des eaux [3].
VÉNUS [4].
L'AMOUR [5].
ÉGIALE, } Graces [6].
PHAÈNE,
NYMPHES de la suite de Flore chantantes.
DRYADES et SYLVAINS de la suite de Vertumne dansants [7].
SYLVAINS chantants.
DIEUX DES FLEUVES de la suite de Palémon dansants [8].
DIEUX DES FLEUVES chantants.
NAIADES dansantes [9].
AMOURS de la suite de Vénus dansants.

ACTEURS CHANTANTS ET DANSANTS.

[1] Mademoiselle Hilaire. — [2] Le sieur de La Grille. — [3] Le sieur Gaye. — [4] Mademoiselle De Brie. — [5] Le sieur La Thorillière fils. — [6] Mesdemoiselles La Thorillière et Du Croisy. — [7] Les sieurs Chicanneau, La Pierre, Favier, Magny, De Lorge, Bonnard, Chauveau, Favre. — [8] Les sieurs Beauchamp, Mayeu, Desbrosses, et Saint-André le cadet. — [9] Les sieurs Lestang, Arnal, Favier le cadet, et Foignard le cadet.

PERSONNAGES DE LA TRAGI-COMÉDIE.

JUPITER [1].
VÉNUS [2].
L'AMOUR [3].
ZÉPHYRE [4].
ÉGIALE,
PHAÈNE, } Graces [5].
LE ROI, père de Psyché [6].
PSYCHÉ [7].
AGLAURE,
CYDIPPE, } sœurs de Psyché [8].
CLÉOMÈNE, prince,
AGÉNOR, prince, } amants de Psyché [9].
LYCAS, capitaine des gardes [10].
DEUX AMOURS [11].
LE DIEU D'UN FLEUVE [12].
SUITE DU ROI.

ACTEURS.

[1] Le sieur Du Croisy. — [2] Mademoiselle De Brie. — [3] Le sieur Baron. — [4] Le sieur Molière. — [5] Mesdemoiselles La Thorillière et Du Croisy. — [6] Le sieur La Thorillière. — [7] Mademoiselle Molière. — [8] Mesdemoiselles Marotte et Beauval. — [9] Les sieurs Hubert et La Grange. — [10] Le sieur Chateauneuf. — [11] Les sieurs La Thorillière fils et Barillonet. — [12] Le sieur De Brie.

PERSONNAGES DES INTERMÈDES.

PREMIER INTERMÈDE.

FEMME DÉSOLÉE chantante [1].
DEUX HOMMES AFFLIGÉS chantants [2].
HOMMES AFFLIGÉS dansants [3].
FEMMES DÉSOLÉES dansantes [4].

DEUXIÈME INTERMÈDE.

VULCAIN.
CYCLOPES dansants [5].
FÉES dansantes [6].

TROISIÈME INTERMÈDE.

UN ZÉPHYR chantant [7].
DEUX AMOURS chantants [8].
ZÉPHYRS dansants [9].
AMOURS dansants [10].

ACTEURS CHANTANTS ET DANSANTS.

[1] Mademoiselle Hilaire. — [2] Les sieurs Morel et Langeais. — [3] Les sieurs Dolivet, Le Chantre, Saint-André l'aîné et Saint-André le cadet, La Montagne et Foignard l'aîné. — [4] Les sieurs Bonnard, Joubert, Dolivet le fils, Isaac, Vaignard l'aîné et Girard. — [5] Les sieurs Beauchamp, Chicanneau, Mayeu, La Pierre, Favier, Desbrosses, Joubert et Saint-André le cadet. — [6] Les sieurs Noblet, Magny, De Lorge, Lestang, La Montagne, Foignard l'aîné et Foignard le cadet, Vaignard l'aîné. — [7] Le sieur Jeannot. — [8] Les sieurs Renier et Pierrot. — [9] Les sieurs Boutteville, Des Airs, Artus, Vaignard le cadet, Germain, Pécourt, Du Mirail et Lestang le jeune. — [10] Le chevalier Pol, les sieurs Rouilland, Thibaut, La Montagne, Dolivet fils, Daluzeau, Vitru, et La Thorillière.

PERSONNAGES.

QUATRIÈME INTERMÈDE.

FURIES dansantes [1].
LUTINS faisant des sauts périlleux [2].

CINQUIÈME INTERMÈDE.

NOCES DE L'AMOUR ET DE PSYCHÉ.

APOLLON [3].
LES MUSES chantantes [4].
ARTS, travestis en bergers galants, dansants [5].
BACCHUS [6].
SILÈNE [7].
DEUX SATYRES chantants [8].
DEUX SATYRES voltigeants [9].
ÉGIPANS dansants [10].
MÉNADES dansantes [11].

ACTEURS CHANTANTS ET DANSANTS.

[1] Les sieurs Beauchamp, Hidieu, Chicanneau, Mayeu, Desbrosses, Magny, Foignard le cadet, Joubert, Lestang, Favier l'aîné, et Saint-André le cadet. — [2] Les sieurs Cobus, Maurice, Poulet et Petit-Jean. — [3] Le sieur Langeais. — [4] Mesdemoiselles Hilaire et Desfronteaux. — [5] Les sieurs Beauchamp, Chicanneau, La Pierre, Favier l'aîné, Magny, Noblet, Desbrosses, Lestang, Foignard l'aîné et Foignard le cadet. — [6] Le sieur Gaye. — [7] Le sieur Blondel. — [8] Les sieurs La Grille et Bernard. — [9] Les sieurs De Moniglais et De Vieux-Amant. — [10] Les sieurs Dolivet, Hedieu, Le Chantre, Boyer, Saint-André l'aîné, et Saint-André le cadet. — [11] Les sieurs Isaac, Paysan, Joubert, Dolivet fils, Breton et Desforges.

PERSONNAGES.

MOME [1].
POLICHINELLES dansants [2].
MATASSINS dansants [3].
MARS [4].
GUERRIERS portant des enseignes [5].
GUERRIERS portant des piques [6].
GUERRIERS portant des masses et des boucliers [7].
CHŒUR DES DIVINITÉS CÉLESTES.

ACTEURS DANSANTS.

[1] Le sieur Morel. — [2] Les sieurs Manceau, Girard, La Vallée, Favre, Le Febvre, et La Montagne. — [3] Les sieurs De Lorge, Bonnard, Arnal, Favier le cadet, Goyer et Bureau. — [4] Le sieur Estival. — [5] Les sieurs Beauchamp, Mayeu, La Pierre et Favier. — [6] Les sieurs Noblet, Chicanneau, Magny et Lestang. — [7] Les sieurs Camet, La Haye, Le Duc et Du Buisson.

PROLOGUE.

SCÈNE I.

Le théâtre représente, sur le devant, un lieu champêtre, et la mer dans le fond.

FLORE, VERTUMNE, PALÉMON, NYMPHES DE FLORE, DRYADES, SYLVAINS, FLEUVES, NAIADES.

On voit des nuages suspendus en l'air, qui, en descendant, roulent, s'ouvrent, s'étendent, et répandus dans toute la largeur du théâtre, laissent voir VÉNUS *et* L'AMOUR, *accompagnés de* SIX AMOURS, *et à leurs côtés* ÉGIALE *et* PHAËNE.

FLORE.

Ce n'est plus le temps de la guerre ;
   Le plus puissant des rois
   Interrompt ses exploits
Pour donner la paix à la terre.
Descendez, mère des Amours ;
Venez nous donner de beaux jours.

CHOEUR DES DIVINITÉS DE LA TERRE ET DES EAUX.

Nous goûtons une paix profonde,
Les plus doux jeux sont ici-bas.
On doit ce repos plein d'appas
   Au plus grand roi du monde.
Descendez, mère des Amours ;
Venez nous donner de beaux jours.

PREMIÈRE ENTRÉE DE BALLET.

Les Dryades, les Sylvains, les dieux des fleuves et les Naïades se réunissent et dansent à l'honneur de Vénus.

VERTUMNE.

Rendez-vous, beautés cruelles;
Soupirez à votre tour.

PALÉMON.

Voici la reine des belles,
Qui vient inspirer l'amour.

VERTUMNE.

Un bel objet toujours sévère
Ne se fait jamais bien aimer.

PALÉMON.

C'est la beauté qui commence de plaire;
Mais la douceur achève de charmer.

TOUS DEUX ENSEMBLE.

C'est la beauté qui commence de plaire;
Mais la douceur achève de charmer.

VERTUMNE.

Souffrons tous qu'Amour nous blesse;
Languissons puisqu'il le faut.

PALÉMON.

Que sert un cœur sans tendresse?
Est-il un plus grand défaut?

VERTUMNE.

Un bel objet toujours sévère
Ne se fait jamais bien aimer.

PALÉMON.

C'est la beauté qui commence de plaire;

Mais la douceur achève de charmer.
TOUS DEUX ENSEMBLE.
C'est la beauté qui commence de plaire;
Mais la douceur achève de charmer.
FLORE.
Est-on sage
Dans le bel âge,
Est-on sage
De n'aimer pas?
Que sans cesse
L'on se presse
De goûter les plaisirs ici-bas.
La sagesse
De la jeunesse
C'est de savoir jouir de ses appas.

DEUXIÈME ENTRÉE DE BALLET.

Les divinités de la terre et des eaux mêlent leurs danses au chant de Flore.

FLORE.
L'amour charme
Ceux qu'il désarme;
L'Amour charme:
Cédons-lui tous.
Notre peine
Seroit vaine
De vouloir résister à ses coups.
Quelque chaîne
Qu'un amant prenne,
La liberté n'a rien qui soit si doux.

CHŒUR DES DIVINITÉS DE LA TERRE ET DES EAUX.

Nous goûtons une paix profonde ;
Les plus doux jeux sont ici-bas.
On doit ce repos plein d'appas
Au plus grand roi du monde.
Descendez, mère des Amours ;
Venez nous donner de beaux jours.

TROISIÈME ENTRÉE DE BALLET.

Les Dryades, les Sylvains, les dieux des fleuves et les Naïades voyant approcher Vénus, continuent d'exprimer par leurs danses la joie que leur inspire sa présence.

VÉNUS, *dans sa machine.*

Cessez, cessez pour moi tous vos chants d'alégresse :
De si rares honneurs ne m'appartiennent pas ;
Et l'hommage qu'ici votre bonté m'adresse
Doit être réservé pour de plus doux appas.
C'est une trop vieille méthode
De me venir faire sa cour ;
Toutes les choses ont leur tour,
Et Vénus n'est plus à la mode :
Il est d'autres attraits naissants
Où l'on va porter ses encens.
Psyché, Psyché la belle, aujourd'hui tient ma place ;
Déja tout l'univers s'empresse à l'adorer ;
Et c'est trop que, dans ma disgrace,
Je trouve encor quelqu'un qui me daigne honorer.
On ne balance point entre nos deux mérites :
A quitter mon parti tout s'est licencié ;
Et, du nombreux amas de graces favorites,

Dont je traînois partout les soins et l'amitié,
Il ne m'en est resté que deux des plus petites,
    Qui m'accompagnent par pitié.
    Souffrez que ces demeures sombres
Prêtent leur solitude aux troubles de mon cœur,
    Et me laissez, parmi leurs ombres,
    Cacher ma honte et ma douleur.

Flore et les autres déités se retirent; et Vénus, avec sa suite, sort de sa machine.

SCÈNE II.

VÉNUS, *descendue sur la terre;* L'AMOUR, ÉGIALE, PHAÈNE, AMOURS.

ÉGIALE.

Nous ne savons, déesse, comment faire
Dans ce chagrin qu'on voit vous accabler.
    Notre respect veut se taire,
    Notre zèle veut parler.

VÉNUS.

Parlez; mais si vos soins aspirent à me plaire,
Laissez tous vos conseils pour une autre saison,
    Et ne parlez de ma colère
    Que pour dire que j'ai raison.
C'étoit là, c'étoit là la plus sensible offense
Que ma divinité pût jamais recevoir;
    Mais j'en aurai la vengeance,
    Si les dieux ont du pouvoir.

PROLOGUE.

PHAÈNE.

Vous avez plus que nous de clartés, de sagesse,
Pour juger ce qui peut être digne de vous;
Mais, pour moi, j'aurois cru qu'une grande déesse
    Devroit moins se mettre en courroux.

VÉNUS.

Et c'est là la raison de ce courroux extrême.
Plus mon rang a d'éclat, plus l'affront est sanglant;
Et, si je n'étois pas dans ce degré suprême,
Le dépit de mon cœur seroit moins violent.
Moi, la fille du dieu qui lance le tonnerre,
    Mère du dieu qui fait aimer;
Moi, les plus doux souhaits du ciel et de la terre,
Et qui ne suis venue au jour que pour charmer;
    Moi qui, par tout ce qui respire,
Ai vu de tant de vœux encenser mes autels,
Et qui de la beauté, par des droits immortels,
Ai tenu de tout temps le souverain empire;
Moi, dont les yeux ont mis deux grandes déités
Au point de me céder le prix de la plus belle :
Je me vois ma victoire et mes droits disputés
    Par une chétive mortelle!
Le ridicule excès d'un fol entêtement
Va jusqu'à m'opposer une petite fille!
Sur ses traits et les miens j'essuierai constamment
    Un téméraire jugement;
    Et, du haut des cieux, où je brille,
J'entendrai prononcer aux mortels prévenus :
    Elle est plus belle que Vénus!

PROLOGUE.

ÉGIALE.

Voilà comme l'on fait; c'est le style des hommes :
Ils sont impertinents dans leurs comparaisons.

PHAÈNE.

Ils ne sauroient louer, dans le siècle où nous sommes,
  Qu'ils n'outragent les plus grands noms.

VÉNUS.

Ah! que de ces trois mots la rigueur insolente
  Venge bien Junon et Pallas,
Et console leurs cœurs de la gloire éclatante
Que la fameuse pomme acquit à mes appas!
Je les vois s'applaudir de mon inquiétude,
Affecter à toute heure un ris malicieux,
Et, d'un fixe regard, chercher avec étude
  Ma confusion dans mes yeux.
Leur triomphante joie, au fort d'un tel outrage,
Semble me venir dire, insultant mon courroux :
Vante, vante, Vénus, les traits de ton visage :
Au jugement d'un seul tu l'emportas sur nous;
  Mais, par le jugement de tous,
Une simple mortelle a sur toi l'avantage.
Ah! ce coup-là m'achève, il me perce le cœur :
Je n'en puis plus souffrir les rigueurs sans égales;
Et c'est trop de surcroît à ma vive douleur,
  Que le plaisir de mes rivales.
Mon fils, si j'eus jamais sur toi quelque crédit,
  Et si jamais je te fus chère,
Si tu portes un cœur à sentir le dépit
  Qui trouble le cœur d'une mère
  Qui si tendrement te chérit,

Emploie, emploie ici l'effort de ta puissance
    A soutenir mes intérêts ;
    Et fais à Psyché, par tes traits,
    Sentir les traits de ma vengeance.
    Pour rendre son cœur malheureux,
Prends celui de tes traits le plus propre à me plaire,
    Le plus empoisonné de ceux
    Que tu lances dans ta colère.
Du plus bas, du plus vil, du plus affreux mortel,
Fais que, jusqu'à la rage, elle soit enflammée,
Et qu'elle ait à souffrir le supplice cruel
    D'aimer et n'être point aimée.

L'AMOUR.

Dans le monde on n'entend que plainte de l'Amour ;
  On m'impute partout mille fautes commises ;
Et vous ne croiriez point le mal et les sottises
    Que l'on dit de moi chaque jour.
    Si pour servir votre colère...

VÉNUS.

Va, ne résiste point aux souhaits de ta mère ;
    N'applique tes raisonnements
    Qu'à chercher les plus prompts moments
De faire un sacrifice à ma gloire outragée.
Pars, pour toute réponse à mes empressements ;
Et ne me revois point que je ne sois vengée.

L'Amour s'envole.

FIN DU PROLOGUE.

PSYCHÉ.

ACTE PREMIER.

Le théâtre représente le palais du roi.

SCÈNE I.

AGLAURE, CYDIPPE.

AGLAURE.

Il est des maux, ma sœur, que le silence aigrit :
Laissons, laissons parler mon chagrin et le vôtre,
    Et de nos cœurs l'un à l'autre
    Exhalons le cuisant dépit.
  Nous nous voyons sœurs d'infortune ;
Et la vôtre et la mienne ont un si grand rapport,
Que nous pouvons mêler toutes les deux en une,
    Et dans notre juste transport,
    Murmurer à plainte commune
    Des cruautés de notre sort.
    Quelle fatalité secrète,
    Ma sœur, soumet tout l'univers
    Aux attraits de notre cadette ;
    Et, de tant de princes divers
    Qu'en ces lieux la fortune jette,
    N'en présente aucun à nos fers?

Quoi ! voir de toutes parts, pour lui rendre les armes,
  Les cœurs se précipiter,
  Et passer devant nos charmes
  Sans s'y vouloir arrêter !
  Quel sort ont nos yeux en partage,
  Et qu'est-ce qu'ils ont fait aux dieux,
  De ne jouir d'aucun hommage
Parmi tous ces tributs de soupirs glorieux
  Dont le superbe avantage
  Fait triompher d'autres yeux ?
Est-il pour nous, ma sœur, de plus rude disgrace
Que de voir tous les cœurs mépriser nos appas,
Et l'heureuse Psyché jouir avec audace
D'une foule d'amants attachés à ses pas ?

   CYDIPPE.

  Ah, ma sœur ! c'est une aventure
  A faire perdre la raison ;
  Et tous les maux de la nature
  Ne sont rien en comparaison.

   AGLAURE.

Pour moi, j'en suis souvent jusqu'à verser des larmes.
Tout plaisir, tout repos, par là m'est arraché ;
Contre un pareil malheur ma constance est sans armes.
Toujours à ce chagrin mon esprit attaché
Me tient devant les yeux la honte de nos charmes,
  Et le triomphe de Psyché.
La nuit, il m'en repasse une idée éternelle
  Qui sur toute chose prévaut :
Rien ne me peut chasser cette image cruelle ;
Et, dès qu'un doux sommeil me vient délivrer d'elle,

ACTE I, SCÈNE 1.

Dans mon esprit aussitôt
Quelque songe la rappelle
Qui me réveille en sursaut.

CYDIPPE.

Ma sœur, voilà mon martyre.
Dans vos discours je me voi,
Et vous venez là de dire
Tout ce qui se passe en moi.

AGLAURE.

Mais encor, raisonnons un peu sur cette affaire :
Quels charmes si puissants en elle sont épars?
Et par où, dites-moi, du grand secret de plaire
L'honneur est-il acquis à ses moindres regards?
Que voit-on dans sa personne
Pour inspirer tant d'ardeurs?
Quel droit de beauté lui donne
L'empire de tous les cœurs?
Elle a quelques attraits, quelque éclat de jeunesse,
On en tombe d'accord, je n'en disconviens pas;
Mais lui cède-t-on fort pour quelque peu d'aînesse,
Et se voit-on sans appas?
Est-on d'une figure à faire qu'on se raille?
N'a-t-on point quelques traits et quelques agréments,
Quelque teint, quelques yeux, quelque air et quelque
A pouvoir dans nos fers jeter quelques amants? [taille,
Ma sœur, faites-moi la grace
De me parler franchement :
Suis-je faite d'un air, à votre jugement,
Que mon mérite au sien doive céder la place?
Et dans quelque ajustement

Trouvez-vous qu'elle m'efface?
CYDIPPE.
Qui? vous, ma sœur? Nullement.
Hier à la chasse, près d'elle,
Je vous regardai long-temps :
Et sans vous donner d'encens,
Vous me parûtes plus belle.
Mais, moi, dites, ma sœur, sans me vouloir flatter,
Sont-ce des visions que je me mets en tête,
Quand je me crois taillée à pouvoir mériter
La gloire de quelque conquête?
AGLAURE.
Vous, ma sœur? Vous avez, sans nul déguisement,
Tout ce qui peut causer une amoureuse flamme.
Vos moindres actions brillent d'un agrément
Dont je me sens toucher l'ame;
Et je serois votre amant,
Si j'étois autre que femme.
CYDIPPE.
D'où vient donc qu'on la voit l'emporter sur nous deux,
Qu'à ses premiers regards les cœurs rendent les armes,
Et que d'aucun tribut de soupirs et de vœux
On ne fait honneur à nos charmes?
AGLAURE.
Toutes les dames, d'une voix,
Trouvent ses attraits peu de chose;
Et du nombre d'amants qu'elle tient sous ses lois,
Ma sœur, j'ai découvert la cause.
CYDIPPE.
Pour moi, je la devine; et l'on doit présumer

Qu'il faut que là dessous soit caché du mystère.
Ce secret de tout enflammer
N'est point de la nature un effet ordinaire :
L'art de la Thessalie entre dans cette affaire ;
Et quelque main a su, sans doute, lui former
Un charme pour se faire aimer.

AGLAURE.

Sur un plus fort appui ma croyance se fonde ;
Et le charme qu'elle a pour attirer les cœurs,
C'est un air en tout temps désarmé de rigueurs,
Des regards caressants que la bouche seconde,
Un souris chargé de douceurs,
Qui tend les bras à tout le monde,
Et ne vous promet que faveurs.
Notre gloire n'est plus aujourd'hui conservée ;
Et l'on n'est plus au temps de ces nobles fiertés
Qui, par un digne essai d'illustres cruautés,
Vouloient voir d'un amant la constance éprouvée.
De tout ce noble orgueil qui nous seyoit si bien
On est bien descendu dans le siècle où nous sommes ;
Et l'on en est réduit à n'espérer plus rien,
A moins que l'on se jette à la tête des hommes.

CYDIPPE.

Oui, voilà le secret de l'affaire ; et je voi
Que vous le prenez mieux que moi.
C'est pour nous attacher à trop de bienséance
Qu'aucun amant, ma sœur, à nous ne veut venir ;
Et nous voulons trop soutenir
L'honneur de notre sexe et de notre naissance.
Les hommes maintenant aiment ce qui leur rit :

L'espoir, plus que l'amour, est ce qui les attire ;
   Et c'est par là que Psyché nous ravit
  Tous les amants qu'on voit sous son empire.
Suivons, suivons l'exemple ; ajustons-nous au temps,
Abaissons-nous, ma sœur, à faire des avances,
Et ne ménageons plus de tristes bienséances
Qui nous ôtent les fruits du plus beau de nos ans.

AGLAURE.

J'approuve la pensée, et nous avons matière
    D'en faire l'épreuve première
Aux deux princes qui sont les derniers arrivés.
Ils sont charmants, ma sœur ; et leur personne entière
    Me... Les avez-vous observés ?

CYDIPPE.

Ah, ma sœur ! ils sont faits tous deux d'une manière
Que mon ame... Ce sont deux princes achevés.

AGLAURE.

Je trouve qu'on pourroit rechercher leur tendresse.
    Sans se faire déshonneur.

CYDIPPE.

Je trouve que, sans honte, une belle princesse
    Leur pourroit donner son cœur.

AGLAURE.

  Les voici tous deux ; et j'admire
  Leur air et leur ajustement.

CYDIPPE.

  Ils ne démentent nullement
  Tout ce que nous venons de dire.

SCÈNE II.

CLÉOMÈNE, AGÉNOR, AGLAURE, CYDIPPE.

AGLAURE.
D'ou vient, princes, d'où vient que vous fuyez ainsi ?
Prenez-vous l'épouvante en nous voyant paroître ?
CLÉOMÈNE.
On nous faisoit croire qu'ici
La princesse Psyché, madame, pourroit être.
AGLAURE.
Tous ces lieux n'ont-ils rien d'agréable pour vous,
Si vous ne les voyez ornés de sa présence ?
AGÉNOR.
Ces lieux peuvent avoir des charmes assez doux ;
Mais nous cherchons Psyché dans notre impatience.
CYDIPPE.
Quelque chose de bien pressant
Vous doit à la chercher pousser tous deux, sans doute.
CLÉOMÈNE.
Le motif est assez puissant,
Puisque notre fortune enfin en dépend toute.
AGLAURE.
Ce seroit trop à nous que de nous informer
Du secret que ces mots nous peuvent enfermer.
CLÉOMÈNE.
Nous ne prétendons point en faire de mystère :
Aussi bien, malgré nous, paroîtroit-il au jour ;
Et le secret ne dure guère,

Madame, quand c'est de l'amour.
CYDIPPE.
Sans aller plus avant, princes, cela veut dire
Que vous aimez Psyché tous deux.
AGÉNOR.
Tous deux soumis à son empire,
Nous allons de concert lui découvrir nos feux.
AGLAURE.
C'est une nouveauté, sans doute, assez bizarre,
Que deux rivaux si bien unis.
CLÉOMÈNE.
Il est vrai que la chose est rare,
Mais non pas impossible à deux parfaits amis.
CYDIPPE.
Est-ce que dans ces lieux il n'est qu'elle de belle ?
Et n'y trouvez-vous point à séparer vos vœux ?
AGLAURE.
Parmi l'éclat du sang, vos yeux n'ont-ils vu qu'elle
A pouvoir mériter vos feux ?
CLÉOMÈNE.
Est-ce que l'on consulte au moment qu'on s'enflamme ?
Choisit-on qui l'on veut aimer ?
Et, pour donner toute son ame,
Regarde-t-on quel droit on a de nous charmer ?
AGÉNOR.
Sans qu'on ait le pouvoir d'élire,
On suit, dans une telle ardeur,
Quelque chose qui nous attire ;
Et lorsque l'amour touche un cœur,
On n'a point de raison à dire.

####### AGLAURE.

En vérité, je plains les fâcheux embarras
 Où je vois que vos cœurs se mettent.
Vous aimez un objet dont les riants appas
Mêleront des chagrins à l'espoir qu'ils vous jettent,
 Et son cœur ne vous tiendra pas
 Tout ce que ses yeux vous promettent.

####### CYDIPPE.

L'espoir qui vous appelle au rang de ses amants
Trouvera du mécompte aux douceurs qu'elle étale;
Et c'est pour essuyer de très fâcheux moments,
Que les soudains retours de son ame inégale.

####### AGLAURE.

Un clair discernement de ce que vous valez
Nous fait plaindre le sort où cet amour vous guide;
Et vous pouvez trouver tous deux, si vous voulez,
Avec autant d'attraits une ame plus solide.

####### CYDIPPE.

 Par un choix plus doux de moitié,
Vous pouvez de l'amour sauver votre amitié;
Et l'on voit en vous deux un mérite si rare,
Qu'un tendre avis veut bien prévenir, par pitié,
 Ce que votre cœur se prépare.

####### CLÉOMÈNE.

Cet avis généreux fait pour nous éclater
 Des bontés qui nous touchent l'ame;
Mais le ciel nous réduit à ce malheur, madame,
 De ne pouvoir en profiter.

####### AGÉNOR.

Votre illustre pitié veut en vain nous distraire

D'un amour dont tous deux nous redoutons l'effet ;
Ce que notre amitié, madame, n'a pas fait,
 Il n'est rien qui le puisse faire.

CYDIPPE.

Il faut que le pouvoir de Psyché... La voici.

SCÈNE III.

PSYCHÉ, CYDIPPE, AGLAURE, CLÉOMÈNE, AGÉNOR.

CYDIPPE.

Venez jouir, ma sœur, de ce qu'on vous apprête.

AGLAURE.

Préparez vos attraits à recevoir ici
Le triomphe nouveau d'une illustre conquête.

CYDIPPE.

Ces princes ont tous deux si bien senti vos coups,
Qu'à vous le découvrir leur bouche se dispose.

PSYCHÉ.

Du sujet qui les tient si rêveurs parmi nous
  Je ne me croyois pas la cause,
  Et j'aurois cru toute autre chose,
  En les voyant parler à vous.

AGLAURE.

  N'ayant ni beauté ni naissance
A pouvoir mériter leur amour et leurs soins,
  Ils nous favorisent, au moins,
  De l'honneur de la confidence.

CLÉOMÈNE, *à Psyché.*

L'aveu qu'il nous faut faire à vos divins appas

ACTE I, SCÈNE III.

Est sans doute, madame, un aveu téméraire ;
    Mais tant de cœurs, près du trépas,
Sont, par de tels aveux, forcés à vous déplaire,
Que vous êtes réduite à ne les punir pas
    Des foudres de votre colère.
    Vous voyez en nous deux amis
Qu'un doux rapport d'humeurs sut joindre dès l'en-
Et ces tendres liens se sont vus affermis   [fance;
Par cent combats d'estime et de reconnoissance.
Du destin ennemi les assauts rigoureux,
Les mépris de la mort et l'aspect des supplices,
Par d'illustres éclats de mutuels offices,
Ont de notre amitié signalé les beaux nœuds :
Mais, à quelques essais qu'elle se soit trouvée,
    Son grand triomphe est en ce jour ;
Et rien ne fait tant voir sa constance éprouvée,
Que de se conserver au milieu de l'amour.
Oui, malgré tant d'appas, son illustre constance
Aux lois qu'elle nous fait a soumis tous nos vœux ;
Elle vient, d'une douce et pleine déférence,
Remettre à votre choix le succès de nos feux ;
Et, pour donner un poids à notre concurrence,
Qui des raisons d'état entraîne la balance
    Sur le choix de l'un de nous deux,
Cette même amitié s'offre, sans répugnance,
D'unir nos deux états au sort du plus heureux.

          AGÉNOR.

    Oui, de ces deux états, madame,
Que sous votre heureux choix nous nous offrons d'unir,
    Nous voulons faire à notre flamme

Un secours pour vous obtenir.
Ce que, pour ce bonheur, près du roi votre père,
    Nous nous sacrifions tous deux
N'a rien de difficile à nos yeux amoureux;
Et c'est au plus heureux faire un don nécessaire
    D'un pouvoir dont le malheureux,
    Madame, n'aura plus affaire.

PSYCHÉ.

Le choix que vous m'offréz, princes, montre à mes yeux
De quoi remplir les vœux de l'ame la plus fière;
Et vous me le parez tous deux d'une manière
Qu'on ne peut rien offrir qui soit plus précieux.
Vos feux, votre amitié, votre vertu suprême,
Tout me relève en vous l'offre de votre foi;
Et j'y vois un mérite à s'opposer lui-même
    A ce que vous voulez de moi.
Ce n'est pas à mon cœur qu'il faut que je défère
    Pour entrer sous de tels liens;
Ma main, pour se donner, attend l'ordre d'un père,
Et mes sœurs ont des droits qui vont devant les miens.
Mais, si l'on me rendoit sur mes vœux absolue,
Vous y pourriez avoir trop de part à la fois;
Et toute mon estime, entre vous suspendue,
Ne pourroit sur aucun laisser tomber mon choix.
    A l'ardeur de votre poursuite
Je répondrois assez de mes vœux les plus doux;
    Mais c'est, parmi tant de mérite,   [pour vous.
Trop que deux cœurs pour moi, trop peu qu'un cœur
De mes plus doux souhaits j'aurois l'ame gênée
    A l'effort de votre amitié;

ACTE I, SCÈNE III.

Et j'y vois l'un de vous prendre une destinée
  A me faire trop de pitié.
Oui, princes, à tous ceux dont l'amour suit le vôtre
 Je vous préfèrerois tous deux avec ardeur ;
  Mais je n'aurois jamais le cœur
De pouvoir préférer l'un de vous deux à l'autre.
  A celui que je choisirois
Ma tendresse feroit un trop grand sacrifice ;
Et je m'imputerois à barbare injustice
  Le tort qu'à l'autre je ferois.
Oui, tous deux vous brillez de trop de grandeur d'ame
  Pour en faire aucun malheureux ;
Et vous devez chercher, dans l'amoureuse flamme,
  Le moyen d'être heureux tous deux.
  Si votre cœur me considère
Assez pour me souffrir de disposer de vous,
  J'ai deux sœurs capables de plaire,
Qui peuvent bien vous faire un destin assez doux ;
Et l'amitié me rend leur personne assez chère
  Pour vous souhaiter leurs époux.

CLÉOMÈNE.

 Un cœur dont l'amour est extrême
  Peut-il bien consentir, hélas !
  D'être donné par ce qu'il aime ?
Sur nos deux cœurs, madame, à vos divins appas
  Nous donnons un pouvoir suprême,
  Disposez-en pour le trépas ;
  Mais pour une autre que vous-même,
Ayez cette bonté de n'en disposer pas.

AGÉNOR.

Aux princesses, madame, on feroit trop d'outrage ;
Et c'est, pour leurs attraits, un indigne partage
  Que les restes d'une autre ardeur.
Il faut d'un premier feu la pureté fidèle
  Pour aspirer à cet honneur
  Où votre bonté nous appelle ;
  Et chacune mérite un cœur
  Qui n'ait soupiré que pour elle.

AGLAURE.

  Il me semble, sans nul courroux,
  Qu'avant que de vous en défendre,
  Princes, vous deviez bien attendre
  Qu'on se fût expliqué sur vous.
Nous croyez-vous un cœur si facile et si tendre ?
Et, lorsqu'on parle ici de vous donner à nous,
  Savez-vous si l'on veut vous prendre ?

CYDIPPE.

Je pense que l'on a d'assez hauts sentiments
Pour refuser un cœur qu'il faut qu'on sollicite,
Et qu'on ne veut devoir qu'à son propre mérite
  La conquête de ses amants.

PSYCHÉ.

J'ai cru pour vous, mes sœurs, une gloire assez grande,
Si la possession d'un mérite si haut...

SCÈNE IV.

PSYCHÉ, AGLAURE, CYDIPPE, CLÉOMÈNE, AGÉNOR, LYCAS.

LYCAS, *à Psyché.*

Ah, madame!

PSYCHÉ.

Qu'as-tu?

LYCAS.

Le roi...

PSYCHÉ.

Quoi?

LYCAS.

Vous demande.

PSYCHE.

De ce trouble si grand que faut-il que j'attende?

LYCAS.

Vous ne le saurez que trop tôt.

PSYCHÉ.

Hélas! que pour le roi tu me donnes à craindre!

LYCAS.

Ne craignez que pour vous; c'est vous que l'on doit

PSYCHÉ.   [plaindre.

C'est pour louer le ciel, et me voir hors d'effroi,
De savoir que je n'aie à craindre que pour moi.
Mais apprends-moi, Lycas, le sujet qui te touche.

LYCAS.

Souffrez que j'obéisse à qui m'envoie ici,

Madame, et qu'on vous laisse apprendre de sa bouche
Ce qui peut m'affliger ainsi.
PSYCHÉ.
Allons savoir sur quoi l'on craint tant ma foiblesse.

SCÈNE V.

AGLAURE, CYDIPPE, LYCAS.

AGLAURE.
Si ton ordre n'est pas jusqu'à nous étendu,
Dis-nous quel grand malheur nous couvre ta tristesse.
LYCAS.
Hélas! ce grand malheur dans la cour répandu,
  Voyez-le vous-même, princesse,
Dans l'oracle qu'au roi les destins ont rendu.
Voici ses propres mots que la douleur, madame,
  A gravés au fond de mon ame :

  « Que l'on ne pense nullement
  « A vouloir de Psyché conclure l'hyménée :
« Mais qu'au sommet d'un mont elle soit promptement
    « En pompe funèbre menée;
    « Et que, de tous abandonnée,
« Pour époux elle attende en ces lieux constamment
« Un monstre dont on a la vue empoisonnée,
« Un serpent qui répand son venin en tous lieux,
« Et trouble dans sa rage et la terre et les cieux. »

    Après un arrêt si sévère,
Je vous quitte, et vous laisse à juger entre vous

Si, par de plus cruels et plus sensibles coups,
Tous les dieux nous pouvoient expliquer leur colère.

SCÈNE VI.

AGLAURE, CYDIPPE.

CYDIPPE.

Ma sœur, que sentez-vous à ce soudain malheur
Où nous voyons Psyché par les destins plongée ?

AGLAURE.

Mais vous, que sentez-vous, ma sœur ?

CYDIPPE.

A ne vous point mentir, je sens que, dans mon cœur,
   Je n'en suis pas trop affligée.

AGLAURE.

   Moi, je sens quelque chose au mien
   Qui ressemble assez à la joie.
   Allons, le destin nous envoie
Un mal que nous pouvons regarder comme un bien.

FIN DU PREMIER ACTE.

PREMIER INTERMÈDE.

La scène est changée en des rochers affreux, et fait voir dans l'éloignement une effroyable solitude. C'est dans ce désert que Psyché doit être exposée pour obéir à l'oracle. Une troupe de personnes affligées y viennent déplorer sa disgrace.

FEMMES DÉSOLÉES, HOMMES AFFLIGÉS,
CHANTANTS ET DANSANTS.

UNE FEMME DÉSOLÉE.

Deh! piangete al pianto mio,
Sassi duri, antiche selve;
Lacrimate, fonti, e belve,
D'un bel volto il fato rio.

PREMIER HOMME AFFLIGÉ.

Ahi! dolore!

SECOND HOMME AFFLIGÉ.

Ahi! martire!

PREMIER HOMME AFFLIGÉ.

Cruda morte!

FEMME DÉSOLÉE ET SECOND HOMME AFFLIGÉ.

Empia sorte!

LES DEUX HOMMES AFFLIGÉS.

Che condanni a morir tanta beltà!

TOUS TROIS ENSEMBLE.

Cieli! stelle! Ahi! crudeltà!

UNE FEMME DÉSOLÉE.

Rispondete a' miei lamenti,

INTERMÈDE I.

Antri cavi, ascose rupi:
Deh! ridite, fondi cupi,
Del mio duolo i mesti accenti.

PREMIER HOMME AFFLIGÉ.
Ahi! dolore!

SECOND HOMME AFFLIGÉ.
Ahi! martire!

PREMIER HOMME AFFLIGÉ.
Cruda morte!

FEMME DÉSOLÉE ET SECOND HOMME AFFLIGÉ.
Empia sorte!

LES DEUX HOMMES AFFLIGÉS.
Che condanni a morir tanta beltà!

TOUS TROIS ENSEMBLE.
Cieli! stelle! Ahi! crudeltà!

SECOND HOMME AFFLIGÉ.
Com' esser può fra voi, o numi eterni,
Chi voglia estinta una beltà innocente?
Ahi! che tanto rigor, cielo inclemente,
Vince di crudeltà gli stessi inferni!

PREMIER HOMME AFFLIGÉ.
Nume fiero!

SECOND HOMME AFFLIGÉ.
Dio severo!

LES DEUX HOMMES AFFLIGÉS.
Perchè tanto rigor
Contro innocente cor?
Ahi! sentenza inudita!
Dar morte alla beltà, che altrui dà vita!

ENTRÉE DE BALLET.

Six hommes affligés et six femmes désolées expriment, en dansant, leur douleur par leurs attitudes.

UNE FEMME DÉSOLÉE.

Ahi! ch' indarno si tarda!
Non resiste agli dei mortale affetto:
Alto impero ne sforza :
Ove commanda il ciel, l'uom cede a forza.

PREMIER HOMME AFFLIGÉ.

Ahi! dolore!

SECOND HOMME AFFLIGÉ.

Ahi! martire!

PREMIER HOMME AFFLIGÉ.

Cruda morte!

FEMME DÉSOLÉE ET SECOND HOMME AFFLIGÉ.

Empia sorte!

LES DEUX HOMMES AFFLIGÉS.

Che condanni a morir tanta beltà!

TOUS TROIS ENSEMBLE.

Cieli! stelle! Ahi! crudeltà [1]!

---

[1] Voici la traduction que Fontenelle, dans son opéra de *Psyché*, a donnée en vers, de cet intermède italien, de la composition de Lulli, auteur de la musique du poëme :

FEMME DÉSOLÉE.

Mêlez vos pleurs avec nos larmes,
Durs rochers, froides eaux ; et vous, tigres affreux,
Pleurez le destin rigoureux
D'un objet dont le crime est d'avoir trop de charmes.

INTERMÈDE I.

PREMIER HOMME AFFLIGÉ.

O dieux, quelle douleur!

SECOND HOMME AFFLIGÉ.

Ah, quel malheur!

PREMIER HOMME AFFLIGÉ.

Rigueur mortelle!

FEMME DÉSOLÉE ET SECOND HOMME AFFLIGÉ.

Fatalité cruelle!

LES DEUX HOMMES AFFLIGÉS.

Faut-il, hélas!
Qu'un sort barbare
Puisse condamner au trépas
Une beauté si rare!

TOUS TROIS ENSEMBLE.

Cieux, astres, pleins de dureté!
Ah, quelle cruauté!

UNE FEMME DÉSOLÉE.

Répondez à ma plainte, échos de ces bocages;
Qu'un bruit lugubre éclate au fond de ces forêts.
Que les antres profonds, les cavernes sauvages
Répètent les accents de mes tristes regrets.

PREMIER HOMME AFFLIGÉ.

O dieux, quelle douleur! etc.

SECOND HOMME AFFLIGÉ.

Quel de vous, ô grands dieux! avec tant de furie,
Veut détruire tant de beauté?
Impitoyable ciel, par cette barbarie,
Voulez-vous surmonter l'enfer en cruauté?

PREMIER HOMME AFFLIGÉ.

Dieu plein de haine!

SECOND HOMME AFFLIGÉ.

Divinité trop inhumaine!

LES DEUX HOMMES AFFLIGÉS.

Pourquoi ce courroux si puissant
Contre un cœur innocent?
O rigueur inouïe!
Trancher de beaux jours,
Lorsqu'ils donnent la vie
A tant d'Amours!

PSYCHE.

UNE FEMME DÉSOLÉE.

Que c'est un vain secours contre un mal sans remède
Que d'inutiles pleurs et des cris superflus!
Quand le ciel a donné des ordres absolus,
  Il faut que l'effort humain cède.

PREMIER HOMME AFFLIGÉ.

O dieux, quelle douleur! etc.

FIN DU PREMIER INTERMÈDE.

ACTE SECOND.

SCÈNE I.

LE ROI, PSYCHÉ, AGLAURE, CYDIPPE,
LYCAS, SUITE.

PSYCHÉ.

De vos larmes, seigneur, la source m'est bien chère,
Mais c'est trop aux bontés que vous avez pour moi
Que de laisser régner les tendresses de père
    Jusque dans les yeux d'un grand roi.
Ce qu'on vous voit ici donner à la nature
Au rang que vous tenez, seigneur, fait trop d'injure ;
Et j'en dois refuser les touchantes faveurs.
    Laissez moins sur votre sagesse
    Prendre d'empire à vos douleurs,
Et cessez d'honorer mon destin par des pleurs,
Qui, dans le cœur d'un roi, montrent de la foiblesse.

LE ROI.

Ah, ma fille ! à ces pleurs laisse mes yeux ouverts :
Mon deuil est raisonnable, encor qu'il soit extrême ;
Et, lorsque pour toujours on perd ce que je perds,
La sagesse, crois-moi, peut pleurer elle-même.
    En vain l'orgueil du diadème
Veut qu'on soit insensible à ces cruels revers,
En vain de la raison les secours sont offerts
Pour vouloir d'un œil sec voir mourir ce qu'on aime :

L'effort en est barbare aux yeux de l'univers,
Et c'est brutalité plus que vertu suprême.
  Je ne veux point, dans cette adversité,
  Parer mon cœur d'insensibilité,
    Et cacher l'ennui qui me touche;
    Je renonce à la vanité
    De cette dureté farouche
    Que l'on appelle fermeté;
    Et de quelque façon qu'on nomme
Cette vive douleur dont je ressens les coups,
Je veux bien l'étaler, ma fille, aux yeux de tous,
Et dans le cœur d'un roi montrer le cœur d'un homme.

PSYCHÉ.

Je ne mérite pas cette grande douleur;
Opposez, opposez un peu de résistance
    Aux droits qu'elle prend sur un cœur
Dont mille événements ont marqué la puissance.
Quoi! faut-il que pour moi vous renonciez, seigneur,
    A cette royale constance
Dont vous avez fait voir, dans les coups du malheur,
    Une fameuse expérience?

LE ROI.

La constance est facile en mille occasions.
    Toutes les révolutions
Où nous peut exposer la fortune inhumaine,
La perte des grandeurs, les persécutions,
Le poison de l'envie et les traits de la haine,
    N'ont rien que ne puissent, sans peine,
    Braver les résolutions
D'une ame où la raison est un peu souveraine.

ACTE II, SCÈNE I.

Mais ce qui porte des rigueurs
A faire succomber les cœurs
Sous le poids des douleurs amères,
Ce sont, ce sont les rudes traits
De ces fatalités sévères
Qui nous enlèvent pour jamais
Les personnes qui nous sont chères.
La raison contre de tels coups
N'offre point d'armes secourables;
Et voilà des dieux en courroux
Les foudres les plus redoutables
Qui se puissent lancer sur nous.

PSYCHÉ.

Seigneur, une douceur ici vous est offerte.
Votre hymen a reçu plus d'un présent des dieux.
    Et, par une faveur ouverte,
Ils ne vous ôtent rien, en m'ôtant à vos yeux,
Dont ils n'aient pris le soin de réparer la perte.
Il vous reste de quoi consoler vos douleurs;
Et cette loi du ciel, que vous nommez cruelle,
    Dans les deux princesses mes sœurs,
    Laisse à l'amitié paternelle
    Où placer toutes ses douceurs.

LE ROI.

Ah, de mes maux soulagement frivole!
Rien, rien ne s'offre à moi qui de toi me console.
C'est sur mes déplaisirs que j'ai les yeux ouverts;
    Et, dans un destin si funeste,
    Je regarde ce que je perds,
    Et ne vois point ce qui me reste.

PSYCHÉ.

Vous savez mieux que moi qu'aux volontés des dieux,
  Seigneur, il faut régler les nôtres;
Et je ne puis vous dire, en ces tristes adieux,
Que ce que beaucoup mieux vous pouvez dire aux autres.
    Ces dieux sont maîtres souverains
    Des présents qu'ils daignent nous faire;
    Ils ne les laissent dans nos mains
    Qu'autant de temps qu'il peut leur plaire;
    Lorsqu'ils viennent les retirer,
    On n'a nul droit de murmurer
Des graces que leur main ne veut plus nous étendre.
Seigneur, je suis un don qu'ils ont fait à vos vœux;
Et quand, par cet arrêt, ils veulent me reprendre,
Ils ne vous ôtent rien que vous ne teniez d'eux;
Et c'est sans murmurer que vous devez me rendre.

LE ROI.

    Ah! cherche un meilleur fondement
Aux consolations que ton cœur me présente;
Et de la fausseté de ce raisonnement
    Ne fais point un accablement
    A cette douleur si cuisante
    Dont je souffre ici le tourment.
Crois-tu là me donner une raison puissante
Pour ne me plaindre point de cet arrêt des cieux?
    Et, dans le procédé des dieux,
    Dont tu veux que je me contente,
    Une rigueur assassinante
    Ne paroît-elle pas aux yeux?
Vois l'état où ces dieux me forcent à te rendre,

ACTE II, SCÈNE I.

Et l'autre où te reçut mon cœur infortuné :
Tu connoîtras par là qu'ils me viennent reprendre
  Bien plus que ce qu'ils m'ont donné.
  Je reçus d'eux en toi, ma fille,
Un présent que mon cœur ne leur demandoit pas;
  J'y trouvois alors peu d'appas,
Et leur en vis, sans joie, accroître ma famille.
  Mais mon cœur, ainsi que mes yeux,
S'est fait de ce présent une douce habitude;
J'ai mis quinze ans de soins, de veilles et d'étude
  A me le rendre précieux;
 Je l'ai paré de l'aimable richesse
  De mille brillantes vertus;
En lui j'ai renfermé, par des soins assidus,
Tous les plus beaux trésors que fournit la sagesse;
A lui j'ai de mon ame attaché la tendresse;
J'en ai fait de ce cœur le charme et l'alégresse,
La consolation de mes sens abattus,
  Le doux espoir de ma vieillesse.
  Ils m'ôtent tout cela, ces dieux!
Et tu veux que je n'aie aucun sujet de plainte
Sur cet affreux arrêt dont je souffre l'atteinte!
Ah! leur pouvoir se joue avec trop de rigueur
  Des tendresses de notre cœur.
Pour m'ôter leur présent, leur falloit-il attendre
  Que j'en eusse fait tout mon bien?
Ou plutôt, s'ils avoient dessein de le reprendre,
N'eût-il pas été mieux de ne me donner rien?

   PSYCHÉ.

Seigneur, redoutez la colère

De ces dieux contre qui vous osez éclater.
LE ROI.
Après ce coup, que peuvent-ils me faire ?
Ils m'ont mis en état de ne rien redouter.
PSYCHÉ.
Ah, seigneur ! je tremble des crimes
Que je vous fais commettre ; et je dois me haïr.
LE ROI.
Ah, qu'ils souffrent, du moins, mes plaintes légitimes !
Ce m'est assez d'effort que de leur obéir ;
Ce doit leur être assez que mon cœur t'abandonne
Au barbare respect qu'il faut qu'on ait pour eux,
Sans prétendre gêner la douleur que me donne
L'épouvantable arrêt d'un sort si rigoureux.
Mon juste désespoir ne sauroit se contraindre :
Je veux, je veux garder ma douleur à jamais ;
Je veux sentir toujours la perte que je fais ;
De la rigueur du ciel je veux toujours me plaindre ;
Je veux, jusqu'au trépas, incessamment pleurer
Ce que tout l'univers ne peut me réparer.
PSYCHÉ.
Ah, de grace, seigneur ! épargnez ma foiblesse ;
J'ai besoin de constance en l'état où je suis.
Ne fortifiez point l'excès de mes ennuis
Des larmes de votre tendresse.
Seuls ils sont assez forts ; et c'est trop pour mon cœur
De mon destin et de votre douleur.
LE ROI.
Oui, je dois t'épargner mon deuil inconsolable.
Voici l'instant fatal de m'arracher à toi ;

Mais comment prononcer ce mot épouvantable?
Il le faut toutefois, le ciel m'en fait la loi;
  Une rigueur inévitable
M'oblige à te laisser en ce funeste lieu.
  Adieu! Je vais... Adieu!

SCÈNE II.

PSYCHÉ, AGLAURE, CYDIPPE.

PSYCHÉ.

Suivez le roi, mes sœurs : vous essuierez ses larmes,
  Vous adoucirez ses douleurs;
  Et vous l'accableriez d'alarmes,
Si vous vous exposiez encore à mes malheurs.
  Conservez-lui ce qui lui reste;
Le serpent que j'attends peut vous être funeste,
  Vous envelopper dans mon sort,
Et me porter en vous une seconde mort.
  Le ciel m'a seule condamnée
  A son haleine empoisonnée :
  Rien ne sauroit me secourir;
Et je n'ai pas besoin d'exemple pour mourir.

AGLAURE.

Ne nous enviez pas ce cruel avantage
De confondre nos pleurs avec vos déplaisirs,
De mêler nos soupirs à vos derniers soupirs :
D'une tendre amitié souffrez ce dernier gage!

PSYCHÉ.

C'est vous perdre inutilement.

CYDIPPE.

C'est en votre faveur espérer un miracle,
Ou vous accompagner jusques au monument.

PSYCHÉ.

Que peut-on se promettre après un tel oracle?

AGLAURE.

Un oracle jamais n'est sans obscurité : [tendre,
On l'entend d'autant moins, que mieux on croit l'en-
Et peut-être, après tout, n'en devez-vous attendre
  Que gloire et que félicité.
Laissez-nous voir, ma sœur, par une digne issue,
Cette frayeur mortelle heureusement déçue;
  Ou mourir du moins avec vous,
Si le ciel à nos vœux ne se montre plus doux.

PSYCHÉ.

Ma sœur, écoutez mieux la voix de la nature
  Qui vous appelle auprès du roi.
 Vous m'aimez trop; le devoir en murmure;
  Vous en savez l'indispensable loi.
Un père vous doit être encor plus cher que moi.
Rendez-vous toutes deux l'appui de sa vieillesse;
Vous lui devez chacune un gendre et des neveux.
Mille rois à l'envi vous gardent leur tendresse,
Mille rois à l'envi vous offriront leurs vœux.
L'oracle me veut seule; et seule aussi je veux
  Mourir, si je puis, sans foiblesse,
Ou ne vous avoir pas pour témoins toutes deux
De ce que, malgré moi, la nature m'en laisse.

AGLAURE.

Partager vos malheurs c'est vous importuner?

CYDIPPE.

J'ose dire un peu plus, ma sœur, c'est vous déplaire?
PSYCHÉ.

Non; mais enfin c'est me gêner,
Et peut-être du ciel redoubler la colère.
AGLAURE.

Vous le voulez, et nous partons.
Daigne ce même ciel, plus juste et moins sévère,
Vous envoyer le sort que nous vous souhaitons,
  Et que notre amitié sincère,
En dépit de l'oracle, et malgré vous, espère.
PSYCHÉ.

Adieu. C'est un espoir, ma sœur, et des souhaits
  Qu'aucun des dieux ne remplira jamais.

SCÈNE III.

PSYCHÉ.

  Enfin, seule et toute à moi-même,
Je puis envisager cet affreux changement,
  Qui, du haut d'une gloire extrême,
  Me précipite au monument.
  Cette gloire étoit sans seconde;
L'éclat s'en répandoit jusqu'aux deux bouts du monde;
Tout ce qu'il a de rois sembloient faits pour m'aimer;
  Tous leurs sujets, me prenant pour déesse,
   Commençoient à m'accoutumer
   Aux encens qu'ils m'offroient sans cesse;
Leurs soupirs me suivoient sans qu'il m'en coûtât rien;

Mon ame restoit libre en captivant tant d'ames;
Et j'étois, parmi tant de flammes,
Reine de tous les cœurs et maîtresse du mien.
O ciel, m'auriez-vous fait un crime
De cette insensibilité?
Déployez-vous sur moi tant de sévérité
Pour n'avoir à leurs vœux rendu que de l'estime?
Si vous m'imposiez cette loi
Qu'il fallût faire un choix pour ne pas vous déplaire,
Puisque je ne pouvois le faire,
Que ne le faisiez-vous pour moi?
Que ne m'inspiriez-vous ce qu'inspire à tant d'autres
Le mérite, l'amour, et... Mais que vois-je ici...

SCÈNE IV.

CLÉOMÈNE, AGÉNOR, PSYCHÉ.

CLÉOMÈNE.

Deux amis, deux rivaux, dont l'unique souci
Est d'exposer leurs jours pour conserver les vôtres.

PSYCHÉ.

Puis-je vous écouter quand j'ai chassé deux sœurs?
Princes, contre le ciel pensez-vous me défendre?
Vous livrer au serpent qu'ici je dois attendre,
Ce n'est qu'un désespoir qui sied mal aux grands cœurs;
Et mourir alors que je meurs,
C'est accabler une ame tendre,
Qui n'a que trop de ses douleurs.

AGÉNOR.

Un serpent n'est pas invincible;

Cadmus, qui n'aimoit rien, défit celui de Mars.
Nous aimons; et l'Amour sait rendre tout possible
   Au cœur qui suit ses étendards,
A la main dont lui-même il conduit tous les dards.

PSYCHÉ.

Voulez-vous qu'il vous serve en faveur d'une ingrate
   Que tous ses traits n'ont pu toucher;
Qu'il dompte sa vengeance au moment qu'elle éclate,
   Et vous aide à m'en arracher?
   Quand même vous m'auriez servie,
   Quand vous m'auriez rendu la vie,
Quel fruit espérez-vous de qui ne peut aimer?

CLÉOMÈNE.

Ce n'est point par l'espoir d'un si charmant salaire
   Que nous nous sentons animer;
   Nous ne cherchons qu'à satisfaire
Aux devoirs d'un amour qui n'ose présumer
   Que jamais, quoi qu'il puisse faire,
   Il soit capable de vous plaire,
   Et digne de vous enflammer.
Vivez, belle princesse, et vivez pour un autre;
   Nous le verrons d'un œil jaloux;
   Nous en mourrons, mais d'un trépas plus doux
   Que s'il nous falloit voir le vôtre:
Et si nous ne mourons en vous sauvant le jour,
Quelque amour qu'à nos yeux vous préfériez au nôtre,
Nous voulons bien mourir de douleur et d'amour.

PSYCHÉ.

Vivez, princes, vivez, et de ma destinée
Ne songez plus à rompre ou partager la loi.

Je crois vous l'avoir dit, le ciel ne veut que moi,
    Le ciel m'a seule condamnée.
Je pense ouïr déja les mortels sifflements
    De son ministre qui s'approche :
Ma frayeur me le peint, me l'offre à tous moments ;
Et maîtresse qu'elle est de tous mes sentiments,
Elle me le figure au haut de cette roche.
J'en tombe de foiblesse; et mon cœur abattu
Ne soutient plus qu'à peine un reste de vertu.
Adieu, princes; fuyez, qu'il ne vous empoisonne.

          AGÉNOR.

Rien ne s'offre à nos yeux encor qui les étonne ;
Et quand vous vous peignez un si proche trépas,
    Si la force vous abandonne,
    Nous avons des cœurs et des bras
    Que l'espoir n'abandonne pas.
Peut-être qu'un rival a dicté cet oracle,
Que l'or a fait parler celui qui l'a rendu.
    Ce ne seroit pas un miracle
Que, pour un dieu muet, un homme eût répondu;
Et dans tous les climats on n'a que trop d'exemples
Qu'il est, ainsi qu'ailleurs, des méchants dans les tem-
          CLÉOMÈNE.   [ples.

Laissez-nous opposer au lâche ravisseur
A qui le sacrilége indignement vous livre,
Un amour qu'a le ciel choisi pour défenseur
De la seule beauté pour qui nous voulons vivre.
Si nous n'osons prétendre à sa possession,
Du moins, en son péril, permettez-nous de suivre
L'ardeur et les devoirs de notre passion.

ACTE II, SCÈNE IV.

PSYCHÉ.

Portez-les à d'autres moi-mêmes,
Princes, portez-les à mes sœurs,
Ces devoirs, ces ardeurs extrêmes,
Dont pour moi sont remplis vos cœurs :
Vivez pour elles, quand je meurs.
Plaignez de mon destin les funestes rigueurs,
Sans leur donner en vous de nouvelles matières.
Ce sont mes volontés dernières ;
Et l'on a reçu de tout temps
Pour souveraines lois les ordres des mourants.

CLÉOMÈNE.

Princesse...

PSYCHÉ.

Encore un coup, princes, vivez pour elles.
Tant que vous m'aimerez, vous devez m'obéir ;
Ne me réduisez pas à vouloir vous haïr,
Et vous regarder en rebelles,
A force de m'être fidèles.
Allez ; laissez-moi seule expirer en ce lieu,
Où je n'ai plus de voix que pour vous dire adieu.
Mais je sens qu'on m'enlève, et l'air m'ouvre une route
D'où vous n'entendrez plus cette mourante voix.
Adieu, princes, adieu pour la dernière fois.
Voyez si de mon sort vous pouvez être en doute.

(*Psyché est enlevée en l'air par deux Zéphyrs.*)

AGÉNOR.

Nous la perdons de vue. Allons tous deux chercher
Sur le faîte de ce rocher,
Prince, les moyens de la suivre.

CLÉOMÈNE.

Allons-y chercher ceux de ne lui point survivre.

SCÈNE V.

L'AMOUR, *en l'air.*

Allez mourir, rivaux d'un dieu jaloux,
    Dont vous méritez le courroux
Pour avoir eu le cœur sensible aux mêmes charmes.
Et toi, forge, Vulcain, mille brillants attraits
    Pour orner un palais
Où l'Amour de Psyché veut essuyer les larmes,
    Et lui rendre les armes.

FIN DU SECOND ACTE.

SECOND INTERMÈDE.

La scène se change en une cour magnifique, ornée de colonnes de lapis, enrichies de figures d'or, qui forment un palais pompeux et brillant, que l'Amour destine pour Psyché.

VULCAIN, CYCLOPES, FÉES.

VULCAIN.

Dépêchez, préparez ces lieux
Pour le plus aimable des dieux;
Que chacun pour lui s'intéresse;
N'oubliez rien des soins qu'il faut.
　　Quand l'Amour presse,
On n'a jamais fait assez tôt.

L'Amour ne veut point qu'on diffère :
　　Travaillez, hâtez-vous;
　Frappez, redoublez vos coups;
　　Que l'ardeur de lui plaire
　Fasse vos soins les plus doux.

PREMIÈRE ENTRÉE DE BALLET.

Les Cyclopes achèvent en cadence de grands vases d'or que les Fées leur apportent.

VULCAIN.

Servez bien un dieu si charmant;

Il se plaît dans l'empressement :
Que chacun pour lui s'intéresse ;
N'oubliez rien des soins qu'il faut.
    Quand l'Amour presse,
On n'a jamais fait assez tôt.

L'Amour ne veut point qu'on diffère :
    Travaillez, hâtez-vous ;
Frappez, redoublez vos coups ;
    Que l'ardeur de lui plaire
Fasse vos soins les plus doux.

DEUXIÈME ENTRÉE DE BALLET.

Les Cyclopes et les Fées placent en cadence les vases d'or qui doivent être de nouveaux ornements du palais de l'Amour.

FIN DU SECOND INTERMÈDE.

ACTE TROISIÈME.

SCÈNE I.

L'AMOUR, ZÉPHYRE.

ZÉPHYRE.
Oui, je me suis galamment acquitté
De la commission que vous m'avez donnée;
Et, du haut du rocher, je l'ai, cette beauté,
Par le milieu des airs doucement amenée
  Dans ce beau palais enchanté,
  Où vous pouvez en liberté
  Disposer de sa destinée.
Mais vous me surprenez par ce grand changement
  Qu'en votre personne vous faites :
Cette taille, ces traits et cet ajustement
  Cachent tout-à-fait qui vous êtes ;
Et je donne aux plus fins à pouvoir en ce jour
  Vous reconnoître pour l'Amour.

L'AMOUR.
Aussi ne veux-je pas qu'on puisse me connoître :
Je ne veux à Psyché que découvrir mon cœur,
Rien que les beaux transports de cette vive ardeur
  Que ses doux charmes y font naître ;
Et pour en exprimer l'amoureuse langueur,

Et cacher ce que je puis être
Aux yeux qui m'imposent des lois,
J'ai pris la forme que tu vois.

ZÉPHYRE.

En tout vous êtes un grand maître :
C'est ici que je le connois.
Sous des déguisements de diverse nature,
On a vu les dieux amoureux
Chercher à soulager cette douce blessure
Que reçoivent les cœurs de vos traits pleins de feux :
Mais en bon sens vous l'emportez sur eux ;
Et voilà la bonne figure
Pour avoir un succès heureux
Près de l'aimable sexe où l'on porte ses vœux.
Oui, de ces formes-là l'assistance est bien forte ;
Et, sans parler ni de rang, ni d'esprit,
Qui peut trouver moyen d'être fait de la sorte
Ne soupire guère à crédit.

L'AMOUR.

J'ai résolu, mon cher Zéphyre,
De demeurer ainsi toujours ;
Et l'on ne peut le trouver à redire
A l'aîné de tous les Amours.
Il est temps de sortir de cette longue enfance
Qui fatigue ma patience ;
Il est temps désormais que je devienne grand.

ZÉPHYRE.

Fort bien, vous ne pouvez mieux faire ;
Et vous entrez dans un mystère
Qui ne demande rien d'enfant.

ACTE III, SCÈNE I.

L'AMOUR.

Ce changement, sans doute, irritera ma mère.

ZÉPHYRE.

Je prévois là dessus quelque peu de colère.
  Bien que les disputes des ans
Ne doivent point régner parmi des immortelles,
Votre mère Vénus est de l'humeur des belles,
  Qui n'aiment point de grands enfants.
  Mais où je la trouve outragée,
C'est dans le procédé que l'on vous voit tenir ;
  Et c'est l'avoir étrangement vengée
Que d'aimer la beauté qu'elle vouloit punir.
Cette haine où ses vœux prétendent que réponde
La puissance d'un fils que redoutent les dieux...

L'AMOUR.

Laissons cela, Zéphyre, et me dis si tes yeux
Ne trouvent pas Psyché la plus belle du monde.
Est-il rien sur la terre, est-il rien dans les cieux,
Qui puisse lui ravir le titre glorieux
  De beauté sans seconde?
  Mais je la vois, mon cher Zéphyre,
Qui demeure surprise à l'éclat de ces lieux.

ZÉPHYRE.

Vous pouvez vous montrer pour finir son martyre,
  Lui découvrir son destin glorieux,
Et vous dire entre vous tout ce que peuvent dire
  Les soupirs, la bouche et les yeux.
En confident discret, je sais ce qu'il faut faire
Pour ne pas interrompre un amoureux mystère.

SCÈNE II.

PSYCHÉ.

Où suis-je? et, dans un lieu que je croyois barbare,
Quelle savante main a bâti ce palais
    Que l'art, que la nature pare
    De l'assemblage le plus rare
    Que l'œil puisse admirer jamais?
    Tout rit, tout brille, tout éclate
Dans ces jardins, dans ces appartements,
    Dont les pompeux ameublements
    N'ont rien qui n'enchante et ne flatte;
Et, de quelque côté que tournent mes frayeurs,
Je ne vois sous mes pas que de l'or ou des fleurs.
Le ciel auroit-il fait cet amas de merveilles
    Pour la demeure d'un serpent?
Et lorsque, par leur vue, il amuse et suspend
De mon destin jaloux les rigueurs sans pareilles,
    Veut-il montrer qu'il s'en repent?
Non, non; c'est de sa haine, en cruauté féconde,
    Le plus noir, le plus rude trait,
Qui, par une rigueur nouvelle et sans seconde,
    N'étale ce choix qu'elle a fait
    De ce qu'a de plus beau le monde,
Qu'afin que je le quitte avec plus de regret.
    Que son espoir est ridicule,
  S'il croit par là soulager mes douleurs!
Tout autant de moments que ma mort se recule

Sont autant de nouveaux malheurs;
Plus elle tarde, et plus de fois je meurs.
Ne me fais plus languir; viens prendre ta victime,
Monstre qui dois me déchirer.
Veux-tu que je te cherche? et faut-il que j'anime
Tes fureurs à me dévorer?
Si le ciel veut ma mort, si ma vie est un crime,
De ce peu qui m'en reste ose enfin t'emparer :
Je suis lasse de murmurer
Contre un châtiment légitime;
Je suis lasse de soupirer :
Viens, que j'achève d'expirer.

SCÈNE III.

L'AMOUR, PSYCHÉ, ZÉPHYRE.

L'AMOUR.

Le voilà ce serpent, ce monstre impitoyable,
Qu'un oracle étonnant pour vous a préparé,
Et qui n'est pas, peut-être, à tel point effroyable
Que vous vous l'êtes figuré.

PSYCHÉ.

Vous, seigneur, vous seriez ce monstre dont l'oracle
A menacé mes tristes jours,
Vous qui semblez plutôt un dieu qui, par miracle,
Daigne venir lui-même à mon secours?

L'AMOUR.

Quel besoin de secours au milieu d'un empire
Où tout ce qui respire

N'attend que vos regards pour en prendre la loi,
Où vous n'avez à craindre autre monstre que moi?
PSYCHÉ.
Qu'un monstre tel que vous inspire peu de crainte!
  Et que, s'il a quelque poison,
  Une ame auroit peu de raison
  De hasarder la moindre plainte
  Contre une favorable atteinte
Dont tout le cœur craindroit la guérison!
A peine je vous vois, que mes frayeurs cessées
Laissent évanouir l'image du trépas,
Et que je sens couler dans mes veines glacées
Un je ne sais quel feu que je ne connois pas.
J'ai senti de l'estime et de la complaisance,
  De l'amitié, de la reconnoissance;
De la compassion les chagrins innocents
  M'en ont fait sentir la puissance;
Mais je n'ai point encor senti ce que je sens.
Je ne sais ce que c'est; mais je sais qu'il me charme,
  Que je n'en conçois point d'alarme.
Plus j'ai les yeux sur vous, plus je me sens charmer.
Tout ce que j'ai senti n'agissoit point de même;
  Et je dirois que je vous aime,
Seigneur, si je savois ce que c'est que d'aimer.
Ne les détournez point, ces yeux qui m'empoisonnent,
Ces yeux tendres, ces yeux perçants, mais amoureux,
Qui semblent partager le trouble qu'ils me donnent.
  Hélas! plus ils sont dangereux,
  Plus je me plais à m'attacher sur eux.
Par quel ordre du ciel, que je ne puis comprendre,

Vous dis-je plus que je ne dois,
Moi, de qui la pudeur devroit du moins attendre
Que vous m'expliquassiez le trouble où je vous vois?
Vous soupirez, seigneur, ainsi que je soupire;
Vos sens, comme les miens, paroissent interdits :
C'est à moi de m'en taire, à vous de me le dire;
 Et cependant c'est moi qui vous le dis.

L'AMOUR.

Vous avez eu, Psyché, l'ame toujours si dure,
 Qu'il ne faut pas vous étonner
 Si, pour en réparer l'injure,
L'Amour, en ce moment, se paie avec usure
 De ceux qu'elle a dû lui donner.
Ce moment est venu qu'il faut que votre bouche
Exhale des soupirs si long-temps retenus;
Et qu'en vous arrachant à cette humeur farouche,
Un amas de transports aussi doux qu'inconnus
Aussi sensiblement tout-à-la-fois vous touche,
Qu'ils ont dû vous toucher durant tant de beaux jours
Dont cette ame insensible a profané le cours.

PSYCHÉ.

N'aimer point, c'est donc un grand crime?

L'AMOUR.

En souffrez-vous un rude châtiment?

PSYCHÉ.

C'est punir assez doucement.

L'AMOUR.

C'est lui choisir sa peine légitime,
Et se faire justice, en ce glorieux jour,
D'un manquement d'amour par un excès d'amour.

PSYCHÉ.
Que n'ai-je été plus tôt punie !
J'y mets le bonheur de ma vie.
Je devrois en rougir, ou le dire plus bas :
Mais le supplice a trop d'appas ;
Permettez que tout haut je le die et redie :
Je le dirois cent fois, et n'en rougirois pas.
Ce n'est point moi qui parle ; et de votre présence
L'empire surprenant, l'aimable violence,
Dès que je veux parler, s'empare de ma voix.
C'est en vain qu'en secret ma pudeur s'en offense,
Que le sexe et la bienséance
Osent me faire d'autres lois :
Vos yeux de ma réponse eux-mêmes font le choix ;
Et ma bouche, asservie à leur toute-puissance,
Ne me consulte plus sur ce que je me dois.

L'AMOUR.
Croyez, belle Psyché, croyez ce qu'ils vous disent,
Ces yeux qui ne sont point jaloux :
Qu'à l'envi les vôtres m'instruisent
De tout ce qui se passe en vous.
Croyez-en ce cœur qui soupire,
Et qui, tant que le vôtre y voudra repartir,
Vous dira bien plus, d'un soupir,
Que cent regards ne peuvent dire.
C'est le langage le plus doux ;
C'est le plus fort, c'est le plus sûr de tous.

PSYCHÉ.
L'intelligence en étoit due
A nos cœurs, pour les rendre également contents.

ACTE III, SCÈNE III.

J'ai soupiré, vous m'avez entendue ;
Vous soupirez, je vous entends.
Mais ne me laissez plus en doute,
Seigneur, et dites-moi si, par la même route,
Après moi le Zéphyre ici vous a rendu
Pour me dire ce que j'écoute.
Quand j'y suis arrivée, étiez-vous attendu ?
Et, quand vous lui parlez, êtes-vous entendu ?

L'AMOUR.

J'ai dans ce doux climat un souverain empire,
Comme vous l'avez sur mon cœur :
L'Amour m'est favorable ; et c'est en sa faveur
Qu'à mes ordres Éole a soumis le Zéphyre.
C'est l'Amour qui, pour voir mes feux récompensés,
Lui-même a dicté cet oracle
Par qui vos beaux jours menacés
D'une foule d'amants se sont débarrassés,
Et qui m'a délivré de l'éternel obstacle
De tant de soupirs empressés
Qui ne méritoient pas de vous être adressés.
Ne me demandez point quelle est cette province,
Ni le nom de son prince ;
Vous le saurez quand il en sera temps.
Je veux vous acquérir ; mais c'est par mes services,
Par des soins assidus, et par des vœux constants,
Par les amoureux sacrifices
De tout ce que je suis,
De tout ce que je puis,
Sans que l'éclat du rang pour moi vous sollicite,
Sans que de mon pouvoir je me fasse un mérite ;

Et, bien que souverain dans cet heureux séjour,
Je ne vous veux, Psyché, devoir qu'à mon amour.
Venez en admirer avec moi les merveilles,
Princesse, et préparez vos yeux et vos oreilles
  A ce qu'il a d'enchantements;
 Vous y verrez des bois et des prairies
  Contester sur leurs agréments
  Avec l'or et les pierreries;
Vous n'entendrez que des concerts charmants;
De cent beautés vous y serez servie,
Qui vous adoreront sans vous porter envie,
  Et brigueront à tous moments,
  D'une ame soumise et ravie,
  L'honneur de vos commandements.

   PSYCHÉ.

 Mes volontés suivent les vôtres;
 Je n'en saurois plus avoir d'autres.
Mais votre oracle enfin vient de me séparer
  De deux sœurs et du roi mon père,
  Que mon trépas imaginaire
  Réduit tous trois à me pleurer.
Pour dissiper l'erreur dont leur ame accablée
De mortels déplaisirs se voit pour moi comblée,
  Souffrez que mes sœurs soient témoins,
  Et de ma gloire, et de vos soins;
Prêtez-leur, comme à moi, les ailes du Zéphyre,
  Qui leur puissent de votre empire,
 Ainsi qu'à moi, faciliter l'accès:
 Faites-leur voir en quel lieu je respire;
Faites-leur de ma perte admirer le succès.

ACTE III, SCÈNE III.

L'AMOUR.

Vous ne me donnez pas, Psyché, toute votre ame.
Ce tendre souvenir d'un père et de deux sœurs
    Me vole une part des douceurs
    Que je veux toutes pour ma flamme.
N'ayez d'yeux que pour moi qui n'en ai que pour vous;
Ne songez qu'à m'aimer, ne songez qu'à me plaire.
Et quand de tels soucis osent vous en distraire...

PSYCHÉ.

Des tendresses du sang peut-on être jaloux?

L'AMOUR.

Je le suis, ma Psyché, de toute la nature.
Les rayons du soleil vous baisent trop souvent :
Vos cheveux souffrent trop les caresses du vent;
    Dès qu'il les flatte, j'en murmure :
    L'air même que vous respirez,
Avec trop de plaisir passe par votre bouche :
    Votre habit de trop près vous touche;
    Et sitôt que vous soupirez,
    Je ne sais quoi qui m'effarouche
Craint parmi vos soupirs des soupirs égarés.
Mais vous voulez vos sœurs. Allez, partez, Zéphyre;
    Psyché le veut, je ne l'en puis dédire.

(Zéphyre s'envole.)

SCÈNE IV.

L'AMOUR, PSYCHÉ.

L'AMOUR.

Quand vous leur ferez voir ce bienheureux séjour,
De ces trésors faites-leur cent largesses,
Prodiguez-leur caresses sur caresses ;
Et du sang, s'il se peut, épuisez les tendresses,
Pour vous rendre toute à l'amour.
Je n'y mêlerai point d'importune présence.
Mais ne leur faites pas de si longs entretiens ;
Vous ne sauriez pour eux avoir de complaisance
Que vous ne dérobiez aux miens.

PSYCHÉ.

Votre amour me fait une grace
Dont je n'abuserai jamais.

L'AMOUR.

Allons voir cependant ces jardins, ce palais,
Où vous ne verrez rien que votre éclat n'efface.
Et vous, petits Amours, et vous, jeunes Zéphyrs,
Qui pour armes n'avez que de tendres soupirs,
Montrez tous à l'envi ce qu'à voir ma princesse
Vous avez senti d'alégresse.

FIN DU TROISIÈME ACTE.

TROISIÈME INTERMÈDE.

L'AMOUR, PSYCHÉ.

UN ZÉPHYR chantant, DEUX AMOURS chantants; TROUPE D'AMOURS et de ZÉPHYRS dansants.

PREMIÈRE ENTRÉE DE BALLET.

Les Amours et les Zéphyrs, pour obéir à l'Amour, marquent par leurs danses la joie qu'ils ont de voir Psyché.

UN ZÉPHYR.

Aimable jeunesse,
Suivez la tendresse,
Joignez aux beaux jours
La douceur des Amours.
C'est pour vous surprendre
Qu'on vous fait entendre
Qu'il faut éviter leurs soupirs,
Et craindre leurs désirs;
Laissez-vous apprendre
Quels sont leurs plaisirs.

DEUX AMOURS ENSEMBLE.

Chacun est obligé d'aimer
A son tour;
Et plus on a de quoi charmer,
Plus on doit à l'Amour.

PREMIER AMOUR.

Un cœur jeune et tendre
Est obligé de se rendre ;
Il n'a point à prendre
De fâcheux détour.

LES DEUX AMOURS ENSEMBLE.

Chacun est obligé d'aimer
A son tour ;
Et plus on a de quoi charmer,
Plus on doit à l'Amour.

SECOND AMOUR.

Pourquoi se défendre ?
Que sert-il d'attendre ?
Quand on perd un jour,
On le perd sans retour.

LES DEUX AMOURS ENSEMBLE.

Chacun est obligé d'aimer
A son tour ;
Et plus on a de quoi charmer,
Plus on doit à l'Amour.

DEUXIÈME ENTRÉE DE BALLET.

Les deux troupes d'Amours et de Zéphyrs recommencent leurs danses.

LE ZÉPHYR.

L'Amour a des charmes,
Rendons-lui les armes ;
Ses soins et ses pleurs
Ne sont pas sans douceurs.
Un cœur pour les suivre
A cent maux se livre.

INTERMÈDE III.

Il faut, pour goûter ses appas,
Languir jusqu'au trépas.
Mais ce n'est pas vivre
Que de n'aimer pas.

LES DEUX AMOURS ENSEMBLE.

S'il faut des soins et des travaux
En aimant,
On est payé de mille maux
Par un heureux moment.

PREMIER AMOUR.

On craint, on espère ;
Il faut du mystère ;
Mais on n'obtient guère
De bien sans tourment.

LES DEUX AMOURS ENSEMBLE.

S'il faut des soins et des travaux
En aimant,
On est payé de mille maux
Par un heureux moment.

SECOND AMOUR.

Que peut-on mieux faire
Qu'aimer et que plaire ?
C'est un soin charmant
Que l'emploi d'un amant.

LES DEUX AMOURS ENSEMBLE.

S'il faut des soins et des travaux
En aimant,
On est payé de mille maux
Par un heureux moment.

FIN DU TROISIÈME INTERMÈDE.

ACTE QUATRIÈME.

Le théâtre représente un jardin superbe et charmant. On y voit des berceaux de verdure soutenus par des termes d'or, décorés par des vases d'orangers, et par des arbres chargés de toutes sortes de fruits. Le milieu du théâtre est rempli de fleurs les plus belles et les plus rares. On découvre dans l'enfoncement plusieurs dômes de rocailles, ornés de coquillages, de fontaines et de statues; et toute cette vue se termine par un magnifique palais.

SCÈNE I.

AGLAURE, CYDIPPE.

AGLAURE.

Je n'en puis plus, ma sœur; j'ai vu trop de merveilles :
L'avenir aura peine à les bien concevoir ;
Le soleil qui voit tout, et qui nous fait tout voir,
    N'en a jamais vu de pareilles.
    Elles me chagrinent l'esprit ;
Et ce brillant palais, ce pompeux équipage,
    Font un odieux étalage
Qui m'accable de honte autant que de dépit.
   Que la fortune indignement me traite !
    Et que sa largesse indiscrète
Prodigue aveuglément, épuise, unit d'efforts,
    Pour faire de tant de trésors
    Le partage d'une cadette !

CYDIPPE.

J'entre dans tous vos sentiments,

J'ai les mêmes chagrins; et dans ces lieux charmants
  Tout ce qui vous déplaît me blesse :
Tout ce que vous prenez pour un mortel affront,
  Comme vous, m'accable, et me laisse
L'amertume dans l'ame et la rougeur au front.

AGLAURE.

  Non, ma sœur, il n'est point de reines
Qui, dans leur propre état, parlent en souveraines
  Comme Psyché parle en ces lieux.
On l'y voit obéie avec exactitude,
Et de ses volontés une amoureuse étude
  Les cherche jusque dans ses yeux.
  Mille beautés s'empressent autour d'elle,
  Et semblent dire à nos regards jaloux :
Quels que soient nos attraits, elle est encor plus belle;
Et nous, qui la servons, le sommes plus que vous.
  Elle prononce, on exécute;
Aucun ne s'en défend, aucun ne s'en rebute.
  Flore, qui s'attache à ses pas,
Répand à pleines mains, autour de sa personne,
  Ce qu'elle a de plus doux appas ;
  Zéphyre vole aux ordres qu'elle donne ;
Et son amante et lui, s'en laissant trop charmer,
Quittent, pour la servir, les soins de s'entr'aimer.

CYDIPPE.

  Elle a des dieux à son service ;
  Elle aura bientôt des autels ;
Et nous ne commandons qu'à de chétifs mortels,
  De qui l'audace et le caprice,
Contre nous, à toute heure, en secret révoltés,

Opposent à nos volontés
Ou le murmure, ou l'artifice.

AGLAURE.

C'étoit peu que dans notre cour
Tant de cœurs à l'envi nous l'eussent préférée;
Ce n'étoit pas assez que, de nuit et de jour,
D'une foule d'amants elle y fût adorée :
Quand nous nous consolions de la voir au tombeau
  Par l'ordre imprévu d'un oracle,
  Elle a voulu de son destin nouveau
Faire, en notre présence, éclater le miracle,
  Et choisir nos yeux pour témoins
De ce qu'au fond du cœur nous souhaitions le moins.

CYDIPPE.

  Ce qui le plus me désespère
C'est cet amant parfait et si digne de plaire,
  Qui se captive sous ses lois.
Quand nous pourrions choisir entre tous les monar- [ques,
  En est-il un, de tant de rois,
  Qui porte de si nobles marques?
  Se voir du bien par delà ses souhaits
N'est souvent qu'un bonheur qui fait des misérables :
Il n'est ni train pompeux, ni superbes palais
Qui n'ouvrent quelque porte à des maux incurables :
Mais avoir un amant d'un mérite achevé,
  Et s'en voir chèrement aimée,
  C'est un bonheur si haut, si relevé,
Que sa grandeur ne peut être exprimée.

AGLAURE. [nui.

N'en parlons plus, ma sœur; nous en mourrions d'en-

Songeons plutôt à la vengeance ;
Et trouvons le moyen de rompre entre elle et lui
Cette adorable intelligence.
La voici. J'ai des coups tout prêts à lui porter,
Qu'elle aura peine d'éviter.

SCÈNE II.

PSYCHÉ, AGLAURE, CYDIPPE.

PSYCHÉ.

Je viens vous dire adieu ; mon amant vous renvoie,
Et ne sauroit vous endurer
Que vous lui retranchiez un moment de la joie
Qu'il prend de se voir seul à me considérer.
Dans un simple regard, dans la moindre parole,
Son amour trouve des douceurs
Qu'en faveur du sang je lui vole,
Quand je les partage à des sœurs.

AGLAURE.

La jalousie est assez fine ;
Et ces délicats sentiments
Méritent bien qu'on s'imagine
Que celui qui pour vous a ces empressements
Passe le commun des amants.
Je vous en parle ainsi, faute de le connoître.
Vous ignorez son nom et ceux dont il tient l'être ;
Nos esprits en sont alarmés.
Je le tiens un grand prince, et d'un pouvoir suprême,
Bien au delà du diadème ;

Ses trésors, sous vos pas confusément semés,
Ont de quoi faire honte à l'abondance même ;
    Vous l'aimez autant qu'il vous aime ;
    Il vous charme, et vous le charmez :
Votre félicité, ma sœur, seroit extrême,
    Si vous saviez qui vous aimez.

      PSYCHÉ.

    Que m'importe ? j'en suis aimée.
    Plus il me voit, plus je lui plais.
Il n'est point de plaisirs dont l'ame soit charmée
    Qui ne préviennent mes souhaits ;
Et je vois mal de quoi la vôtre est alarmée,
    Quand tout me sert dans ce palais.

      AGLAURE.

    Qu'importe qu'ici tout vous serve,
Si toujours cet amant vous cache ce qu'il est ?
Nous ne nous alarmons que pour votre intérêt.
En vain tout vous y rit, en vain tout vous y plaît :
Le véritable amour ne fait point de réserve ;
    Et qui s'obstine à se cacher
Sent quelque chose en soi qu'on lui peut reprocher.
    Si cet amant devient volage,
Car souvent en amour le change est assez doux ;
    Et, j'ose le dire entre nous,
Pour grand que soit l'éclat dont brille ce visage,
Il en peut être ailleurs d'aussi belles que vous ;
Si, dis-je, un autre objet sous d'autres lois l'engage ;
    Si, dans l'état où je vous voi,
    Seule en ses mains, et sans défense,
    Il va jusqu'à la violence,

Sur qui vous vengera le roi,
Ou de ce changement, ou de cette insolence?
PSYCHÉ.
Ma sœur, vous me faites trembler.
Juste ciel! pourrois-je être assez infortunée...
CYDIPPE.
Que sait-on si déja les nœuds de l'hyménée...
PSYCHÉ.
N'achevez pas, ce seroit m'accabler.
AGLAURE.
Je n'ai plus qu'un mot à vous dire.
Ce prince qui vous aime, et qui commande aux vents,
Qui vous donne pour char les ailes du Zéphyre,
Et de nouveaux plaisirs vous comble à tous moments,
Quand il rompt à vos yeux l'ordre de la nature,
Peut-être à tant d'amour mêle un peu d'imposture;
Peut-être ce palais n'est qu'un enchantement;
Et ces lambris dorés, ces amas de richesses
    Dont il achète vos tendresses,
Dès qu'il sera lassé de souffrir vos caresses,
    Disparoîtront en un moment.
Vous savez comme nous ce que peuvent les charmes.
PSYCHÉ.
Que je sens à mon tour de cruelles alarmes!
AGLAURE.
Notre amitié ne veut que votre bien.
PSYCHÉ.
Adieu, mes sœurs, finissons l'entretien;
J'aime, et je crains qu'on ne s'impatiente.
    Partez; et demain, si je puis,

Vous me verrez, ou plus contente,
Ou dans l'accablement des plus mortels ennuis.

AGLAURE.

Nous allons dire au roi quelle nouvelle gloire,
Quel excès de bonheur le ciel répand sur vous.

CYDIPPE.

Nous allons lui conter d'un changement si doux
　　La surprenante et merveilleuse histoire.

PSYCHÉ.

Ne l'inquiétez point, ma sœur, de vos soupçons;
Et quand vous lui peindrez un si charmant empire..

AGLAURE.

Nous savons toutes deux ce qu'il faut taire ou dire,
Et n'avons pas besoin, sur ce point, de leçons.
(*Un nuage descend, qui enveloppe les deux sœurs de
　　Psyché: Zéphyre les enlève dans les airs.*)

SCÈNE III.

L'AMOUR, PSYCHÉ.

L'AMOUR.

Enfin vous êtes seule! et je puis vous redire,
Sans avoir pour témoins vos importunes sœurs,
Ce que des yeux si beaux ont pris sur moi d'empire,
　　Et quels excès ont les douceurs
　　Qu'une sincère ardeur inspire
　　Sitôt qu'elle assemble deux cœurs.
Je puis vous expliquer de mon âme ravie
　　Les amoureux empressements,

ACTE IV, SCÈNE III.

Et vous jurer qu'à vous seule asservie,
Elle n'a pour objet de ses ravissements
Que de voir cette ardeur de même ardeur suivie,
  Ne concevoir plus d'autre envie
Que de régler mes vœux sur vos désirs,
Et de ce qui vous plaît faire tous mes plaisirs...
  Mais d'où vient qu'un triste nuage
Semble offusquer l'éclat de ces beaux yeux?
Vous manque-t-il quelque chose en ces lieux?
Des vœux qu'on vous y rend dédaignez-vous l'hommage?

PSYCHÉ.

Non, seigneur.

L'AMOUR.

Qu'est-ce donc? Et d'où vient mon malheur?
J'entends moins de soupirs d'amour que de douleur;
Je vois de votre teint les roses amorties
  Marquer un déplaisir secret;
  Vos sœurs à peine sont parties,
  Que vous soupirez de regret.
Ah, Psyché! de deux cœurs quand l'ardeur est la même,
  Ont-ils des soupirs différents?
Et quand on aime bien, et qu'on voit ce qu'on aime,
  Peut-on songer à des parents?

PSYCHÉ.

Ce n'est point là ce qui m'afflige.

L'AMOUR.

Est-ce l'absence d'un rival,
Et d'un rival aimé, qui fait qu'on me néglige?

PSYCHÉ.

Dans un cœur tout à vous que vous pénétrez mal!

Je vous aime, seigneur; et mon amour s'irrite
De l'indigne soupçon que vous avez formé.
Vous ne connoissez pas quel est votre mérite,
  Si vous craignez de n'être pas aimé.
Je vous aime; et, depuis que j'ai vu la lumière,
    Je me suis montrée assez fière,
  Pour dédaigner les vœux de plus d'un roi;
Et, s'il vous faut ouvrir mon ame tout entière,
Je n'ai trouvé que vous qui fût digne de moi.
    Cependant j'ai quelque tristesse
    Qu'en vain je voudrois vous cacher;
Un noir chagrin se mêle à toute ma tendresse,
    Dont je ne la puis détacher.
Ne m'en demandez point la cause :
Peut-être, la sachant, voudrez-vous m'en punir;
Et si j'ose aspirer encore à quelque chose,
Je suis sûre du moins de ne point l'obtenir.

        L'AMOUR.

Et ne craignez-vous point qu'à mon tour je m'irrite
Que vous connoissiez mal quel est votre mérite,
    Ou feigniez de ne pas savoir
  Quel est sur moi votre absolu pouvoir?
Ah! si vous en doutez, soyez désabusée.
Parlez.

        PSYCHÉ.
  J'aurai l'affront de me voir refusée.

        L'AMOUR.

Prenez en ma faveur de meilleurs sentiments,
    L'expérience en est aisée;
Parlez : tout se tient prêt à vos commandements.

ACTE IV, SCÈNE III.

Si, pour m'en croire, il vous faut des serments,
J'en jure vos beaux yeux, ces maîtres de mon ame,
Ces divins auteurs de ma flamme;
Et si ce n'est assez d'en jurer vos beaux yeux,
J'en jure par le Styx, comme jurent les dieux.

PSYCHÉ.

J'ose craindre un peu moins après cette assurance.
Seigneur, je vois ici la pompe et l'abondance;
Je vous adore, et vous m'aimez :
Mon cœur en est ravi, mes sens en sont charmés;
Mais, parmi ce bonheur suprême,
J'ai le malheur de ne savoir qui j'aime.
Dissipez cet aveuglement,
Et faites-moi connoître un si parfait amant.

L'AMOUR.

Psyché, que venez-vous de dire?

PSYCHÉ.

Que c'est le bonheur où j'aspire;
Et si vous ne me l'accordez...

L'AMOUR.

Je l'ai juré, je n'en suis plus le maître;
Mais vous ne savez pas ce que vous demandez.
Laissez-moi mon secret. Si je me fais connoître,
Je vous perds, et vous me perdez.
Le seul remède est de vous en dédire.

PSYCHÉ.

C'est là sur vous mon souverain empire!

L'AMOUR.

Vous pouvez tout, et je suis tout à vous.
Mais si nos feux vous semblent doux,

Ne mettez point d'obstacle à leur charmante suite ;
Ne me forcez point à la fuite :
C'est le moindre malheur qui nous puisse arriver
D'un souhait qui vous a séduite.

PSYCHÉ.

Seigneur, vous voulez m'éprouver ;
Mais je sais ce que j'en dois croire.
De grace, apprenez-moi tout l'excès de ma gloire,
Et ne me cachez plus pour quel illustre choix
J'ai rejeté les vœux de tant de rois.

L'AMOUR.

Le voulez-vous ?

PSYCHÉ.

Souffrez que je vous en conjure.

L'AMOUR.

Si vous saviez, Psyché, la cruelle aventure
Que par là vous vous attirez...

PSYCHÉ.

Seigneur, vous me désespérez !

L'AMOUR.

Pensez-y bien, je puis encor me taire.

PSYCHÉ.

Faites-vous des serments pour n'y point satisfaire ?

L'AMOUR.

Hé bien ! je suis le dieu le plus puissant des dieux,
Absolu sur la terre, absolu dans les cieux ;
Dans les eaux, dans les airs, mon pouvoir est suprême ;
En un mot je suis l'Amour même
Qui de mes propres traits m'étois blessé pour vous ;
Et sans la violence, hélas que vous me faites,

Et qui vient de changer mon amour en courroux,
  Vous m'alliez avoir pour époux.
  Vos volontés sont satisfaites,
  Vous avez su qui vous aimiez,
Vous connoissez l'amant que vous charmiez,
  Psyché, voyez où vous en êtes :
Vous me forcez vous-même à vous quitter ;
Vous me forcez vous-même à vous ôter
  Tout l'effet de votre victoire.
Peut-être vos beaux yeux ne me reverront plus.
Ce palais, ces jardins, avec moi disparus,
Vont faire évanouir votre naissante gloire.
  Vous n'avez pas voulu m'en croire ;
  Et, pour tout fruit de ce doute éclairci,
  Le Destin, sous qui le ciel tremble,
Plus fort que mon amour, que tous les dieux ensemble,
Vous va montrer sa haine, et me chasse d'ici.
(*L'Amour s'envole, et le jardin s'évanouit.*)

SCÈNE IV.

Le théâtre représente un désert, et les bords sauvages d'un fleuve.

PSYCHÉ, LE DIEU DU FLEUVE, *assis sur un amas de roseaux et appuyé sur une urne.*

PSYCHÉ.

Cruel destin ! funeste inquiétude !
  Fatale curiosité !
Qu'avez-vous fait, affreuse solitude,

De toute ma félicité?
J'aimais un dieu, j'en étois adorée,
Mon bonheur redoubloit de moment en moment;
Et je me vois, seule, éplorée,
Au milieu d'un désert, où, pour accablement,
Et confuse et désespérée,
Je sens croître l'amour, quand j'ai perdu l'amant.
Le souvenir m'en charme et m'empoisonne;
Sa douceur tyrannise un cœur infortuné
Qu'aux plus cuisants chagrins ma flamme a condamné.
O ciel! quand l'Amour m'abandonne,
Pourquoi me laisse-t-il l'amour qu'il m'a donné?
Source de tous les biens inépuisable et pure,
Maître des hommes et des dieux,
Cher auteur des maux que j'endure,
Êtes-vous pour jamais disparu de mes yeux?
Je vous en ai banni moi-même;
Dans un excès d'amour, dans un bonheur extrême,
D'un indigne soupçon mon cœur s'est alarmé.
Cœur ingrat, tu n'avois qu'un feu mal allumé;
Et l'on ne peut vouloir, du moment que l'on aime,
Que ce que veut l'objet aimé.
Mourons : c'est le parti qui seul me reste à suivre,
Après la perte que je fais.
Pour qui, grands dieux! voudrois-je vivre?
Et pour qui former des souhaits?
Fleuve, de qui les eaux baignent ces tristes sables,
Ensevelis mon crime dans tes flots;
Et, pour finir des maux si déplorables,
Laisse-moi dans ton lit assurer mon repos.

ACTE IV, SCÈNE V.

LE DIEU DU FLEUVE.

Ton trépas souilleroit mes ondes,
Psyché : le ciel te le défend ;
Et peut-être qu'après des douleurs si profondes
Un autre sort t'attend.
Fuis plutôt de Vénus l'implacable colère.
Je la vois qui te cherche et qui te veut punir :
L'amour du fils a fait la haine de la mère.
Fuis ; je saurai la retenir.

PSYCHÉ.

J'attends ses fureurs vengeresses ;
Qu'auront-elles pour moi qui ne me soit trop doux ?
Qui cherche le trépas ne craint dieux, ni déesses,
Et peut braver tout leur courroux.

SCÈNE V.

VÉNUS, PSYCHÉ, LE DIEU DU FLEUVE.

VÉNUS.

Orgueilleuse Psyché, vous m'osez donc attendre,
Après m'avoir sur terre enlevé mes honneurs,
Après que vos traits suborneurs
Ont reçu les encens qu'aux miens seuls on doit rendre ?
J'ai vu mes temples désertés ;
J'ai vu tous les mortels, séduits par vos beautés,
Idolâtrer en vous la beauté souveraine,
Vous offrir des respects jusqu'alors inconnus,
Et ne se mettre pas en peine
S'il étoit une autre Vénus :

6.

Et je vous vois encor l'audace
De n'en pas redouter les justes châtiments,
Et de me regarder en face,
Comme si c'étoit peu de mes ressentiments !

PSYCHÉ.

Si de quelques mortels on m'a vue adorée,
Est-ce un crime pour moi d'avoir eu des appas
Dont leur ame inconsidérée
Laissoit charmer des yeux qui ne vous voyoient pas ?
Je suis ce que le ciel m'a faite,
Je n'ai que les beautés qu'il m'a voulu prêter.
Si les vœux qu'on m'offroit vous ont mal satisfaite,
Pour forcer tous les cœurs à vous les reporter,
Vous n'aviez qu'à vous présenter,
Qu'à ne leur cacher plus cette beauté parfaite
Qui, pour les rendre à leur devoir,
Pour se faire adorer, n'a qu'à se faire voir.

VÉNUS.

Il falloit vous en mieux défendre.
Ces respects, ces encens, se doivent refuser ;
Et, pour les mieux désabuser,
Il falloit, à leurs yeux, vous-même me les rendre.
Vous avez aimé cette erreur
Pour qui vous ne deviez avoir que de l'horreur :
Vous avez bien fait plus ; votre humeur arrogante,
Sur le mépris de mille rois,
Jusques aux cieux a porté de son choix
L'ambition extravagante.

PSYCHÉ.

J'aurois porté mon choix, déesse, jusqu'aux cieux ?

ACTE IV, SCÈNE V.

VÉNUS.

Votre innocence est sans seconde.
Dédaigner tous les rois du monde,
N'est-ce pas aspirer aux dieux ?

PSYCHÉ.

Si l'Amour pour eux tous m'avoit endurci l'ame,
  Et me réservoit toute à lui,
En puis-je être coupable ? et faut-il qu'aujourd'hui,
  Pour prix d'une si belle flamme,
Vous vouliez m'accabler d'un éternel ennui !

VÉNUS.

Psyché, vous deviez mieux connoître
Qui vous étiez, et quel étoit ce dieu.

PSYCHÉ.

Et m'en a-t-il donné ni le temps ni le lieu,
Lui qui de tout mon cœur d'abord s'est rendu maître ?

VÉNUS.

Tout votre cœur s'en est laissé charmer,
Et vous l'avez aimé dès qu'il vous a dit : J'aime.

PSYCHÉ.

Pouvois-je n'aimer pas le dieu qui fait aimer,
  Et qui me parloit pour lui-même ?
C'est votre fils : vous savez son pouvoir ;
  Vous en connoissez le mérite.

VÉNUS.

Oui, c'est mon fils ; mais un fils qui m'irrite,
Un fils qui me rend mal ce qu'il sait me devoir,
  Un fils qui fait qu'on m'abandonne,
Et qui, pour mieux flatter ses indignes amours,
Depuis que vous l'aimez ne blesse plus personne

Qui vienne à mes autels implorer mon secours.
>Vous m'en avez fait un rebelle.

On m'en verra vengée, et hautement, sur vous ;
Et je vous apprendrai s'il faut qu'une mortelle
>Souffre qu'un dieu soupire à ses genoux.

Suivez-moi : vous verrez, par votre expérience,
>A quelle folle confiance
>
>Vous portoit cette ambition.

Venez, et préparez autant de patience
>Qu'on vous voit de présomption.

FIN DU QUATRIÈME ACTE.

QUATRIÈME INTERMÈDE.

La scène représente les enfers. On y voit une mer toute de feu, dont les flots sont dans une perpétuelle agitation. Cette mer effroyable est bornée par des ruines enflammées; et, au milieu de ses flots agités, au travers d'une gueule affreuse, paroît le palais infernal de Pluton.

PREMIÈRE ENTRÉE DE BALLET.

Des furies se réjouissent d'avoir allumé la rage dans l'ame de la plus douce des divinités.

DEUXIÈME ENTRÉE DE BALLET.

Des lutins, faisant des sauts périlleux, se mêlent avec les furies, et essaient d'épouvanter Psyché; mais les charmes de sa beauté obligent les furies et les lutins à se retirer.

FIN DU QUATRIÈME INTERMÈDE.

ACTE CINQUIÈME.

Psyché passe dans une barque, et paroît avec la boîte qu'elle a été demander à Proserpine de la part de Vénus.

SCÈNE I.

PSYCHÉ.

Effroyables replis des ondes infernales,
Noirs palais où Mégère et ses sœurs font leur cour,
    Éternels ennemis du jour.
Parmi vos Ixions et parmi vos Tantales,
Parmi tant de tourments qui n'ont point d'intervalles,
    Est-il dans votre affreux séjour,
    Quelques peines qui soient égales
Aux travaux où Vénus condamne mon amour?
    Elle n'en peut être assouvie;
Et, depuis qu'à ses lois je me trouve asservie,
Depuis qu'elle me livre à ses ressentiments,
  Il m'a fallu, dans ces cruels moments,
    Plus d'une ame et plus d'une vie,
    Pour remplir ses commandements.
    Je souffrirois tout avec joie,
Si, parmi les rigueurs que sa haine déploie,
Mes yeux pouvoient revoir, ne fût-ce qu'un moment,
    Ce cher, cet adorable amant.

ACTE V, SCÈNE I.

Je n'ose le nommer : ma bouche criminelle
    D'avoir trop exigé de lui,
S'en est rendue indigne; et, dans ce dur ennui,
    La souffrance la plus mortelle,
Dont m'accable à toute heure un renaissant trépas,
    Est celle de ne le voir pas.
    Si son courroux duroit encore,
Jamais aucun malheur n'approcheroit du mien;
Mais, s'il avoit pitié d'une ame qui l'adore,
Quoi qu'il fallût souffrir, je ne souffrirois rien.
Oui, destins, s'il calmoit cette juste colère,
    Tous mes malheurs seroient finis;
Pour me rendre insensible aux fureurs de la mère,
    Il ne faut qu'un regard du fils.
Je n'en veux plus douter, il partage ma peine;
Il voit ce que je souffre, et souffre comme moi;
    Tout ce que j'endure le gêne,
Lui-même il s'en impose une amoureuse loi.
En dépit de Vénus, en dépit de mon crime,
C'est lui qui me soutient, c'est lui qui me ranime
Au milieu des périls où l'on me fait courir;
Il garde la tendresse où son feu le convie,
Et prend soin de me rendre une nouvelle vie
    Chaque fois qu'il me faut mourir.
    Mais que me veulent ces deux ombres
Qu'à travers le faux jour de ces demeures sombres
    J'entrevois s'avancer vers moi?

SCÈNE II.

PSYCHÉ, CLÉOMÈNE, AGÉNOR.

PSYCHÉ.
Cléomène, Agénor, est-ce vous que je voi?
Qui vous a ravi la lumière?
CLÉOMÈNE.
La plus juste douleur qui d'un beau désespoir
Nous eût pu fournir la matière;
Cette pompe funèbre où du sort le plus noir
Vous attendiez la rigueur la plus fière,
L'injustice la plus entière.
AGÉNOR.
Sur ce même rocher où le ciel en courroux
Vous promettoit, au lieu d'époux,
Un serpent dont soudain vous seriez dévorée,
Nous tenions la main préparée
A repousser sa rage, ou mourir avec vous.
Vous le savez, princesse; et, lorsqu'à notre vue
Par le milieu des airs vous êtes disparue,
Du haut de ce rocher, pour suivre vos beautés,
Ou plutôt pour goûter cette amoureuse joie
D'offrir pour vous au monstre une première proie,
D'amour et de douleur l'un et l'autre emportés,
Nous nous sommes précipités.
CLÉOMÈNE.
Heureusement déçus au sens de votre oracle,
Nous en avons ici reconnu le miracle,

Et su que le serpent prêt à vous dévorer
>Étoit le dieu qui fait qu'on aime,
Et qui, tout dieu qu'il est, vous adorant lui-même,
>Ne pouvoit endurer
Qu'un mortel comme nous osât vous adorer.

AGÉNOR.

>Pour prix de vous avoir suivie
Nous jouissons ici d'un trépas assez doux.
>Qu'avions-nous affaire de vie,
>>Si nous ne pouvions être à vous?
>Nous revoyons ici vos charmes,
Qu'aucun des deux là-haut n'auroit revus jamais.
Heureux si nous voyons la moindre de vos larmes
Honorer des malheurs que vous nous avez faits!

PSYCHÉ.

>Puis-je avoir des larmes de reste,
Après qu'on a porté les miens au dernier point?
Unissons nos soupirs dans un sort si funeste :
>Les soupirs ne s'épuisent point.
Mais vous soupireriez, princes, pour une ingrate.
Vous n'avez point voulu survivre à mes malheurs;
>Et quelque douleur qui m'abatte,
>>Ce n'est point pour vous que je meurs.

CLÉOMÈNE.

L'avons-nous mérité, nous, dont toute la flamme
N'a fait que vous lasser du récit de nos maux?

PSYCHÉ.

Vous pouviez mériter, princes, toute mon ame,
>Si vous n'eussiez été rivaux.
>Ces qualités incomparables,

Qui de l'un et de l'autre accompagnoient les vœux,
    Vous rendoient tous deux trop aimables
    Pour mépriser aucun des deux.

AGÉNOR.

Vous avez pu, sans être injuste ni cruelle,
Nous refuser un cœur réservé pour un dieu.
Mais revoyez Vénus. Le Destin nous rappelle,
    Et nous force à vous dire adieu.

PSYCHÉ.

Ne vous donne-t-il point le loisir de me dire
    Quel est ici votre séjour?

CLÉOMÈNE.

Dans des bois toujours verts, où d'amour on respire.
    Aussitôt qu'on est mort d'amour,
D'amour on y revit, d'amour on y soupire,
Sous les plus douces lois de son heureux empire;
Et l'éternelle nuit n'ose en chasser le jour
    Que lui-même il attire
    Sur nos fantômes qu'il inspire,
Et dont aux enfers même il se fait une cour.

AGÉNOR.

Vos envieuses sœurs, après nous descendues,
    Pour vous perdre se sont perdues;
    Et l'une et l'autre tour à tour,
Pour le prix d'un conseil qui leur coûte la vie,
A côté d'Ixion, à côté de Titye,
Souffrent tantôt la roue, et tantôt le vautour.
L'Amour, par les Zéphyrs, s'est fait prompte justice
De leur envenimée et jalouse malice:
Ces ministres ailés de son juste courroux,

Sous couleur de les rendre encore auprès de vous,
Ont plongé l'une et l'autre au fond d'un précipice,
Où le spectacle affreux de leurs corps déchirés
N'étale que le moindre et le premier supplice
  De ces conseils dont l'artifice
  Fait les maux dont vous soupirez.

PSYCHÉ.

Que je les plains!

CLÉOMÈNE.

   Vous êtes seule à plaindre.
Mais nous demeurons trop à vous entretenir.
Adieu! Puissions-nous vivre en votre souvenir!
Puissiez-vous, et bientôt, n'avoir plus rien à craindre!
Puisse, et bientôt, l'Amour vous enlever aux cieux,
  Vous y mettre à côté des dieux;
Et, rallumant un feu qui ne se puisse éteindre,
Affranchir à jamais l'éclat de vos beaux yeux
  D'augmenter le jour en ces lieux!

SCÈNE III.

PSYCHÉ.

Pauvres amants, leur amour dure encore!
 Tout morts qu'ils sont, l'un et l'autre m'adore,
Moi, dont la dureté reçut si mal leurs vœux!
Tu n'en fais pas ainsi, toi qui seul m'as ravie,
Amant que j'aime encor cent fois plus que ma vie,
  Et qui brises de si beaux nœuds!
Ne me fuis plus, et souffre que j'espère

Que tu pourras un jour rabaisser l'œil sur moi,
Qu'à force de souffrir j'aurai de quoi te plaire,
    De quoi me rengager ta foi.
Mais ce que j'ai souffert m'a trop défigurée
    Pour rappeler un tel espoir ;
  L'œil abattu, triste, désespérée,
    Languissante et décolorée,
    De quoi puis-je me prévaloir,
Si par quelque miracle, impossible à prévoir,
Ma beauté qui t'a plu ne se voit réparée ?
    Je porte ici de quoi la réparer.
    Ce trésor de beauté divine,
Qu'en mes mains, pour Vénus, a remis Proserpine,
Enferme des appas dont je puis m'emparer ;
    Et l'éclat en doit être extrême,
    Puisque Vénus, la beauté même,
    Les demande pour se parer.
En dérober un peu, seroit-ce un si grand crime ?
Pour plaire aux yeux d'un dieu qui s'est fait mon amant,
Pour regagner son cœur et finir mon tourment,
    Tout n'est-il pas trop légitime ?
Ouvrons. Quelles vapeurs m'offusquent le cerveau !
Et que vois-je sortir de cette boîte ouverte ?
Amour, si ta pitié ne s'oppose à ma perte,
Pour ne revivre plus je descends au tombeau.
              (Psyché s'évanouit.)

SCÈNE IV.

L'AMOUR, PSYCHÉ, *évanouie.*

L'AMOUR.

Votre péril, Psyché, dissipe ma colère,
Ou plutôt de mes feux l'ardeur n'a point cessé ;
Et, bien qu'au dernier point vous m'ayez su déplaire,
  Je ne me suis intéressé
  Que contre celle de ma mère.
J'ai vu tous vos travaux, j'ai suivi vos malheurs ;
Mes soupirs ont partout accompagné vos pleurs.
Tournez les yeux vers moi, je suis encor le même.
Quoi ! je dis et redis tout haut que je vous aime,
Et vous ne dites point, Psyché, que vous m'aimez !
Est-ce que pour jamais vos beaux yeux sont fermés,
Qu'à jamais la clarté leur vient d'être ravie ?
O mort ! devois-tu prendre un dard si criminel,
Et sans aucun respect pour mon être éternel,
  Attenter à ma propre vie ?
Combien de fois, ingrate déité,
  Ai-je grossi ton noir empire
Par les mépris et par la cruauté
D'une orgueilleuse ou farouche beauté !
  Combien même, s'il le faut dire,
T'ai-je immolé de fidèles amants
  A force de ravissements !
  Va, je ne blesserai plus d'ames,
  Je ne percerai plus de cœurs

Qu'avec des dards trempés aux divines liqueurs
Qui nourrissent du ciel les immortelles flammes,
Et n'en lancerai plus que pour faire à tes yeux
    Autant d'amants, autant de dieux.
    Et vous, impitoyable mère,
    Qui la forcez à m'arracher
    Tout ce que j'avois de plus cher,
Craignez, à votre tour, l'effet de ma colère.
    Vous me voulez faire la loi,
Vous, qu'on voit si souvent la recevoir de moi!
Vous qui portez un cœur sensible comme un autre,
Vous enviez au mien les délices du vôtre!
Mais dans ce même cœur j'enfoncerai des coups
Qui ne seront suivis que de chagrins jaloux;
Je vous accablerai de honteuses surprises,
Et choisirai partout, à vos yeux les plus doux,
    Des Adonis et des Anchises
    Qui n'auront que haine pour vous.

SCÈNE V.

VÉNUS, L'AMOUR; PSYCHÉ *évanouie.*

VÉNUS.

La menace est respectueuse;
Et d'un enfant, qui fait le révolté,
    La colère présomptueuse...

L'AMOUR.

Je ne suis plus enfant, et je l'ai trop été;
Et ma colère est juste autant qu'impétueuse.

ACTE V, SCÈNE V.

VÉNUS.

L'impétuosité s'en devroit retenir,
 Et vous pourriez vous souvenir
 Que vous me devez la naissance.

L'AMOUR.

 Et vous pourriez n'oublier pas
 Que vous avez un cœur et des appas
 Qui relèvent de ma puissance ;
Que mon arc de la vôtre est l'unique soutien ;
 Que, sans mes traits, elle n'est rien ;
 Et que, si les cœurs les plus braves
En triomphe par vous se sont laissé traîner,
 Vous n'avez jamais fait d'esclaves
 Que ceux qu'il m'a plu d'enchaîner.
Ne me vantez donc plus ces droits de la naissance
 Qui tyrannisent mes désirs ;
Et, si vous ne voulez perdre mille soupirs,
Songez, en me voyant, à la reconnoissance,
 Vous qui tenez de ma puissance
 Et votre gloire et vos plaisirs.

VÉNUS.

 Comment l'avez-vous défendue,
 Cette gloire dont vous parlez ?
 Comment me l'avez-vous rendue ?
Et quand vous avez vu mes autels désolés,
 Mes temples violés,
 Mes honneurs ravalés,
Si vous avez pris part à tant d'ignominie,
 Comment en a-t-on vu punie
 Psyché, qui me les a volés ?

Je vous ai commandé de la rendre charmée
  Du plus vil de tous les mortels,
Qui ne daignât répondre à son ame enflammée
  Que par des rebuts éternels,
  Par les mépris les plus cruels :
  Et vous-même l'avez aimée !
Vous avez contre moi séduit des immortels ;
C'est pour vous qu'à mes yeux les Zéphyrs l'ont cachée,
  Qu'Apollon même, suborné,
  Par un oracle adroitement tourné
    Me l'avoit si bien arrachée,
    Que, si sa curiosité,
    Par une aveugle défiance,
    Ne l'eût rendue à ma vengeance,
  Elle échappoit à mon cœur irrité.
  Voyez l'état où votre amour l'a mise,
  Votre Psyché ; son ame va partir,
Voyez ; et si la vôtre en est encore éprise,
    Recevez son dernier soupir.
Menacez, bravez-moi, cependant qu'elle expire.
    Tant d'insolence vous sied bien !
Et je dois endurer quoi qu'il vous plaise dire,
    Moi qui, sans vos traits, ne puis rien !

L'AMOUR.

Vous ne pouvez que trop, déesse impitoyable ;
Le destin l'abandonne à tout votre courroux.
    Mais soyez moins inexorable
Aux prières, aux pleurs d'un fils à vos genoux.
  Ce doit vous être un spectacle assez doux
    De voir d'un œil Psyché mourante,

ACTE V, SCÈNE V.

Et de l'autre ce fils, d'une voix suppliante,
Ne vouloir plus tenir son bonheur que de vous.
Rendez-moi ma Psyché; rendez-lui tous ses charmes;
　　Rendez-la, déesse, à mes larmes;
Rendez à mon amour, rendez à ma douleur
Le charme de mes yeux et le choix de mon cœur.

VÉNUS.

　Quelque amour que Psyché vous donne,
De ses malheurs, par moi, n'attendez pas la fin;
　　Si le destin me l'abandonne,
　　Je l'abandonne à son destin.
Ne m'importunez plus; et, dans cette infortune,
Laissez-la, sans Vénus, triompher ou périr.

L'AMOUR.

　　Hélas! si je vous importune,
Je ne le ferois pas si je pouvois mourir.

VÉNUS.

　Cette douleur n'est pas commune
Qui force un immortel à souhaiter la mort.

L'AMOUR.

Voyez, par son excès, si mon amour est fort.
　　Ne lui ferez-vous grace aucune?

VÉNUS.

　Je vous l'avoue, il me touche le cœur,
Votre amour; il désarme, il fléchit ma rigueur.
　Votre Psyché reverra la lumière.

L'AMOUR.

Que je vous vais partout faire donner d'encens!

VÉNUS.

Oui, vous la reverrez dans sa beauté première:

Mais de vos vœux reconnoissants
Je veux la déférence entière ;
Je veux qu'un vrai respect laisse à mon amitié
Vous choisir une autre moitié.

L'AMOUR.

Et moi, je ne veux plus de grace ;
Je reprends toute mon audace :
Je veux Psyché, je veux sa foi ;
Je veux qu'elle revive, et revive pour moi,
Et tiens indifférent que votre haine lasse
En faveur d'une autre se passe.
Jupiter, qui paroît, va juger entre nous
De mes emportements et de votre courroux.

(*Après quelques éclairs et des roulements de tonnerre, Jupiter paroît en l'air sur son aigle, et descend sur terre.*)

SCÈNE VI.

JUPITER, VÉNUS, L'AMOUR ; PSYCHÉ *évanouie.*

L'AMOUR.

Vous à qui seul tout est possible,
Père des dieux, souverain des mortels,
Fléchissez la rigueur d'une mère inflexible,
Qui, sans moi, n'auroit point d'autels.
J'ai pleuré, j'ai prié, je soupire, menace,
Et perds menaces et soupirs.
Elle ne veut pas voir que de mes déplaisirs
Dépend du monde entier l'heureuse ou triste face,

Et que, si Psyché perd le jour,
Si Psyché n'est à moi, je ne suis plus l'Amour.
Oui, je romprai mon arc, je briserai mes flèches,
J'éteindrai jusqu'à mon flambeau,
Je laisserai languir la nature au tombeau ;
Ou, si je daigne aux cœurs faire encor quelques brèches
Avec ces pointes d'or qui me font obéir,
Je vous blesserai tous là-haut pour des mortelles,
Et ne décocherai sur elles
Que des traits émoussés qui forcent à haïr,
Et qui ne font que des rebelles,
Des ingrates et des cruelles.
Par quelle tyrannique loi,
Tiendrai-je, à vous servir, mes armes toujours prêtes,
Et vous ferai-je à tous conquêtes sur conquêtes,
Si vous me défendez d'en faire une pour moi ?

JUPITER, *à Vénus.*

Ma fille, sois-lui moins sévère.
Tu tiens de sa Psyché le destin en tes mains :
La Parque, au moindre mot, va suivre ta colère ;
Parle, et laisse-toi vaincre aux tendresses de mère,
Ou redoute un courroux que moi-même je crains.
Veux-tu donner le monde en proie
A la haine, au désordre, à la confusion,
Et d'un dieu d'union,
D'un dieu de douceur et de joie,
Faire un dieu d'amertume et de division ?
Considère ce que nous sommes,
Et si les passions doivent nous dominer :
Plus la vengeance a de quoi plaire aux hommes,

Plus il sied bien aux dieux de pardonner.
VÉNUS.
Je pardonnne à ce fils rebelle ;
Mais voulez-vous qu'il me soit reproché
Qu'une misérable mortelle,
L'objet de mon courroux, l'orgueilleuse Psyché,
Sous ombre qu'elle est un peu belle,
Par un hymen, dont je rougis,
Souille mon alliance et le lit de mon fils?
JUPITER.
Hé bien, je la fais immortelle,
Afin d'y rendre tout égal.
VÉNUS.
Je n'ai plus de mépris, ni de haine pour elle,
Et l'admets à l'honneur de ce nœud conjugal.
Psyché, reprenez la lumière,
Pour ne la reperdre jamais :
Jupiter a fait votre paix ;
Et je quitte cette humeur fière
Qui s'opposoit à vos souhaits.
PSYCHÉ, *sortant de son évanouissement.*
C'est donc vous, ô grande déesse,
Qui redonnez la vie à ce cœur innocent !
VÉNUS.
Jupiter vous fait grace, et ma colère cesse.
Vivez, Vénus l'ordonne ; aimez, elle y consent.
PSYCHÉ, *à l'Amour.*
Je vous revois enfin, cher objet de ma flamme !
L'AMOUR, *à Psyché.*
Je vous possède enfin, délices de mon ame !

JUPITER.

Venez, amants, venez aux cieux,
Achever un si grand et si digne hyménée.
Viens-y, belle Psyché, changer de destinée ;
Viens prendre place au rang des dieux.

FIN DU CINQUIÈME ACTE.

CINQUIÈME INTERMÈDE.

JUPITER, VÉNUS, L'AMOUR, PSYCHÉ;
CHŒUR DES DIVINITÉS CÉLESTES.
APOLLON, LES MUSES; LES ARTS, *travestis en bergers.*
BACCHUS, SILÈNE; SATYRES, ÉGIPANS, MÉNADES.
MOME; POLICHINELLES, MATASSINS.
MARS; TROUPES DE GUERRIERS.

Le théâtre représente le ciel. Le palais de Jupiter descend, et laisse voir dans l'éloignement, par trois suites de perspectives, les autres palais des dieux du ciel les plus puissants. Un nuage sort du théâtre, sur lequel l'Amour et Psyché se placent, et sont enlevés par un second nuage, qui vient, en descendant, se joindre au premier. Jupiter et Vénus se croisent en l'air, dans leurs machines, et se rangent près de l'Amour et de Psyché. Les divinités qui avoient été partagées entre Vénus et son fils se réunissent en les voyant d'accord, et toutes ensemble, par des concerts, des chants et des danses, célèbrent la fête des noces de l'Amour et de Psyché.

APOLLON.

Unissons-nous, troupe immortelle,
Le dieu d'amour devient heureux amant,
Et Vénus a repris sa douceur naturelle
En faveur d'un fils si charmant;
Il va goûter en paix, après un long tourment,
Une félicité qui doit être éternelle.

INTERMÈDE V.

CHŒUR DES DIVINITÉS CÉLESTES.

Célébrons ce grand jour;
Célébrons tous une fête si belle;
Que nos chants en tous lieux en portent la nouvelle;
Qu'ils fassent retentir le céleste séjour!
Chantons, répétons tour à tour
Qu'il n'est point d'ame si cruelle
Qui tôt où tard ne se rende à l'Amour.

BACCHUS.

Si quelquefois,
Suivant nos douces lois,
La raison se perd et s'oublie,
Ce que le vin nous cause de folie
Commence et finit en un jour;
Mais quand un cœur est enivré d'amour,
Souvent c'est pour toute la vie.

MOME.

Je cherche à médire
Sur la terre et dans les cieux:
Je soumets à ma satire
Les plus grands dieux.
Il n'est, dans l'univers, que l'Amour qui m'étonne,
Il est le seul que j'épargne aujourd'hui;
Il n'appartient qu'à lui
De n'épargner personne.

MARS.

Mes plus fiers ennemis, vaincus ou pleins d'effroi,
Ont vu toujours ma valeur triomphante;
L'Amour est le seul qui se vante
D'avoir pu triompher de moi.

CHŒUR DES DIVINITÉS CÉLESTES.
Chantons les plaisirs charmants
 Des heureux amants;
 Que tout le ciel s'empresse
 A leur faire sa cour.
 Célébrons ce beau jour
Par mille doux chants d'alégresse;
 Célébrons ce beau jour
Par mille doux chants pleins d'amour !

PREMIÈRE ENTRÉE DE BALLET.

SUITE D'APOLLON.

Danse des Arts travestis en bergers.

Le dieu qui nous engage
A lui faire la cour,
Défend qu'on soit trop sage.
Les plaisirs ont leur tour :
C'est leur plus doux usage
Que de finir les soins du jour ;
 La nuit est le partage
 Des jeux et de l'amour.

 Ce seroit grand dommage
 Qu'en ce charmant séjour
 On eût un cœur sauvage.
 Les plaisirs ont leur tour :
 C'est leur plus doux usage
Que de finir les soins du jour ;

La nuit est le partage
Des jeux et de l'amour.

DEUX MUSES.

Gardez-vous, beautés sévères,
Les amours font trop d'affaires;
Craignez toujours de vous laisser charmer.
Quand il faut que l'on soupire,
Tout le mal n'est pas de s'enflammer;
Le martyre
De le dire
Coûte plus cent fois que d'aimer.

On ne peut aimer sans peines;
Il est peu de douces chaînes;
A tout moment on se sent alarmer.
Quand il faut que l'on soupire,
Tout le mal n'est pas de s'enflammer;
Le martyre
De le dire
Coûte plus cent fois que d'aimer.

DEUXIÈME ENTRÉE DE BALLET.

SUITE DE BACCHUS.

Danse des Ménades et des Égipans.

BACCHUS.

Admirons le jus de la treille :
Qu'il est puissant, qu'il a d'attraits !
Il sert aux douceurs de la paix;

Et, dans la guerre, il fait merveille ;
Mais, surtout pour les amours,
Le vin est d'un grand secours.

SILÈNE, *monté sur un âne.*

Bacchus veut qu'on boive à longs traits.
On ne se plaint jamais
Sous son heureux empire ;
Tout le jour on n'y fait que rire,
Et la nuit on y dort en paix.

Ce dieu rend nos vœux satisfaits :
Que sa cour a d'attraits !
Chantons-y bien sa gloire.
Tout le jour on n'y fait que boire,
Et la nuit on y dort en paix.

SILÈNE ET DEUX SATYRES, ENSEMBLE.

Voulez-vous des douceurs parfaites?
Ne les cherchez qu'au fond des pots.

PREMIER SATYRE.

Les grandeurs sont sujettes
A mille peines secrètes.

SECOND SATYRE.

L'Amour fait perdre le repos.

TOUS TROIS ENSEMBLE.

Voulez-vous des douceurs parfaites?
Ne les cherchez qu'au fond des pots.

PREMIER SATYRE.

C'est là que sont les ris, les jeux, les chansonnettes.

SECOND SATYRE.

C'est dans le vin qu'on trouve les bons mots.

INTERMÈDE V.

TOUS TROIS ENSEMBLE.

Voulez-vous des douceurs parfaites ?
Ne les cherchez qu'au fond des pots.

TROISIÈME ENTRÉE DE BALLET.

Deux Satyres enlèvent Silène de dessus son âne, qui leur sert à voltiger et à former des jeux agréables et surprenants.

QUATRIÈME ENTRÉE DE BALLET.

SUITE DE MOME.

Danse de Polichinelles et de Matassins.

MOME.

Folâtrons, divertissons-nous,
Raillons : nous ne saurions mieux faire ;
La raillerie est nécessaire
    Dans les jeux les plus doux.
Sans la douceur que l'on goûte à médire,
On trouve peu de plaisirs sans ennui ;
  Rien n'est si plaisant que de rire,
  Quand on rit aux dépens d'autrui.

Plaisantons, ne pardonnons rien.
Rions : rien n'est plus à la mode ;
On court péril d'être incommode
    En disant trop de bien.
Sans la douceur que l'on goûte à médire,
On trouve peu de plaisirs sans ennui ;
  Rien n'est si plaisant que de rire,
  Quand on rit aux dépens d'autrui.

CINQUIÈME ENTRÉE DE BALLET.

SUITE DE MARS.

MARS.

Laissons en paix toute la terre.
Cherchons de doux amusements;
Parmi les jeux les plus charmants
Mêlons l'image de la guerre.

Quatre guerriers portant des masses et des boucliers, quatre autres armés de piques, et quatre autres avec des drapeaux, font, en dansant, une manière d'exercice.

SIXIÈME ET DERNIÈRE ENTRÉE DE BALLET.

Les quatre troupes différentes, de la suite d'Apollon, de Bacchus, de Mome et de Mars, s'unissent et se mêlent ensemble.

CHŒUR DES DIVINITÉS CÉLESTES.

Chantons les plaisirs charmants
　　Des heureux amants.
　Répondez-nous, trompettes,
　　Timbales et tambours,
　　Accordez-vous toujours
Avec le doux son des musettes;
　　Accordez-vous toujours
Avec le doux chant des amours.

FIN DE PSYCHÉ.

LES
FEMMES SAVANTES,

COMÉDIE EN CINQ ACTES

ET EN VERS.

Représentée à Paris sur le théâtre du Palais-Royal,
le 11 mars 1672.

PERSONNAGES.

CHRYSALE, bourgeois [1].
PHILAMINTE, femme de Chrysale [2].
ARMANDE [3],
HENRIETTE [4], } filles de Chrysale et de Philaminte.
ARISTE, frère de Chrysale [5].
BÉLISE, sœur de Chrysale [6].
CLITANDRE, amant d'Henriette [7].
TRISSOTIN, bel esprit [8].
VADIUS, savant [9].
MARTINE, servante [10].
LÉPINE, valet de Chrysale.
JULIEN, valet de Vadius.
UN NOTAIRE.

ACTEURS.

[1] MOLIÈRE. — [2] Mademoiselle HERVÉ. — [3] Mademoiselle BÉJART (Madame MOLIÈRE.) — [4] Mademoiselle DE BRIE. — [5] DU CROISY. — [6] HUBERT. — [7] LA GRANGE. — [8] DE BRIE. — [9] BEAUVAL. — [10] Mademoiselle BEAUVAL.

La scène est à Paris, dans la maison de Chrysale.

LES FEMMES SAVANTES.

ACTE PREMIER.

SCÈNE I.

ARMANDE, HENRIETTE.

ARMANDE.

Quoi! le beau nom de fille est un titre, ma sœur,
Dont vous voulez quitter la charmante douceur!
Et de vous marier vous osez faire fête!
Ce vulgaire dessein vous peut monter en tête!

HENRIETTE.

Oui, ma sœur.

ARMANDE.

Ah, ce oui se peut-il supporter!
Et, sans un mal de cœur, sauroit-on l'écouter!

HENRIETTE.

Qu'a donc le mariage en soi qui vous oblige,
Ma sœur...

ARMANDE.

Ah, mon dieu, fi!

HENRIETTE.

Comment!

ARMANDE.

                    Ah, fi! vous dis-je.
Ne concevez-vous point ce que, dès qu'on l'entend,
Un tel mot à l'esprit offre de dégoûtant,
De quelle étrange image on est par lui blessée,
Sur quelle sale vue il traîne la pensée?
N'en frissonnez-vous point? et pouvez-vous, ma sœur,
Aux suites de ce mot résoudre votre cœur?

HENRIETTE.

Les suites de ce mot, quand je les envisage,
Me font voir un mari, des enfants, un ménage;
Et je ne vois rien là, si j'en puis raisonner,
Qui blesse la pensée, et fasse frissonner.

ARMANDE.

De tels attachements, ô ciel! sont pour vous plaire!

HENRIETTE.

Et qu'est-ce qu'à mon âge on a de mieux à faire
Que d'attacher à soi, par le titre d'époux,
Un homme qui vous aime, et soit aimé de vous;
Et, de cette union, de tendresse suivie,
Se faire les douceurs d'une innocente vie?
Ce nœud bien assorti n'a-t-il pas des appas?

ARMANDE.

Mon dieu, que votre esprit est d'un étage bas!
Que vous jouez au monde un petit personnage,
De vous claquemurer aux choses du ménage,
Et de n'entrevoir point de plaisirs plus touchants
Qu'une idole d'époux et des marmots d'enfants!
Laissez aux gens grossiers, aux personnes vulgaires,
Les bas amusements de ces sortes d'affaires.

A de plus hauts objets élevez vos désirs,
Songez à prendre un goût des plus nobles plaisirs,
Et, traitant de mépris les sens et la matière,
A l'esprit, comme nous, donnez-vous tout entière.
Vous avez notre mère en exemple à vos yeux,
Que du nom de savante on honore en tous lieux :
Tâchez, ainsi que moi, de vous montrer sa fille;
Aspirez aux clartés qui sont dans la famille,
Et vous rendez sensible aux charmantes douceurs
Que l'amour de l'étude épanche dans les cœurs.
Loin d'être aux lois d'un homme en esclave asservie,
Mariez-vous, ma sœur, à la philosophie,
Qui nous monte au dessus de tout le genre humain,
Et donne à la raison l'empire souverain,
Soumettant à ses lois la partie animale,
Dont l'appétit grossier aux bêtes nous ravale.
Ce sont là les beaux feux, les doux attachements
Qui doivent de la vie occuper les moments;
Et les soins où je vois tant de femmes sensibles
Me paroissent aux yeux des pauvretés horribles.

HENRIETTE.

Le ciel, dont nous voyons que l'ordre est tout-puissant,
Pour différents emplois nous fabrique en naissant,
Et tout esprit n'est pas composé d'une étoffe
Qui se trouve taillée à faire un philosophe.
Si le vôtre est né propre aux élévations
Où montent des savants les spéculations,
Le mien est fait, ma sœur, pour aller terre à terre,
Et dans les petits soins son foible se resserre.

Ne troublons point du ciel les justes règlements ;
Et de nos deux instincts suivons les mouvements.
Habitez, par l'essor d'un grand et beau génie,
Les hautes régions de la philosophie ;
Tandis que mon esprit, se tenant ici-bas,
Goûtera de l'hymen les terrestres appas.
Ainsi, dans nos desseins l'une à l'autre contraire,
Nous saurons toutes deux imiter notre mère :
Vous, du côté de l'ame et des nobles désirs ;
Moi, du côté des sens et des grossiers plaisirs :
Vous, aux productions d'esprit et de lumière ;
Moi, dans celles, ma sœur, qui sont de la matière.

ARMANDE.

Quand sur une personne on prétend se régler,
C'est par les beaux côtés qu'il faut lui ressembler ;
Et ce n'est point du tout la prendre pour modèle,
Ma sœur, que de tousser et de cracher comme elle.

HENRIETTE.

Mais vous ne seriez pas ce dont vous vous vantez,
Si ma mère n'eût eu que de ces beaux côtés ;
Et bien vous prend, ma sœur, que son noble génie
N'ait pas vaqué toujours à la philosophie.
De grace, souffrez-moi, par un peu de bonté,
Des bassesses à qui vous devez la clarté ;
Et ne supprimez point, voulant qu'on vous seconde,
Quelque petit savant qui veut venir au monde.

ARMANDE.

Je vois que votre esprit ne peut être guéri
Du fol entêtement de vous faire un mari :

Mais sachons, s'il vous plaît, qui vous songez à prendre.
Votre visée¹ au moins n'est pas mise à Clitandre?

HENRIETTE.

Et par quelle raison n'y seroit-elle pas?
Manque-t-il de mérite? Est-ce un choix qui soit bas?

ARMANDE.

Non : mais c'est un dessein qui seroit malhonnête
Que de vouloir d'une autre enlever la conquête;
Et ce n'est pas un fait dans le monde ignoré
Que Clitandre ait pour moi hautement soupiré.

HENRIETTE.

Oui : mais tous ces soupirs chez vous sont choses vaines,
Et vous ne tombez point aux bassesses humaines;
Votre esprit à l'hymen renonce pour toujours,
Et la philosophie a toutes vos amours.
Ainsi, n'ayant au cœur nul dessein pour Clitandre,
Que vous importe-t-il qu'on y puisse prétendre?

ARMANDE.

Cet empire que tient la raison sur les sens
Ne fait pas renoncer aux douceurs des encens;
Et l'on peut pour époux refuser un mérite
Que pour adorateur on veut bien à sa suite.

HENRIETTE.

Je n'ai pas empêché qu'à vos perfections
Il n'ait continué ses adorations;
Et je n'ai fait que prendre, au refus de votre ame,
Ce qu'est venu m'offrir l'hommage de sa flamme.

¹ *Votre visée n'est pas mise à*, etc. Cette expression étoit autrefois de bonne compagnie : on exprimeroit aujourd'hui la même idée par *votre dévolu n'est pas jeté sur*, etc.

ARMANDE.

Mais à l'offre des vœux d'un amant dépité
Trouvez-vous, je vous prie, entière sûreté?
Croyez-vous pour vos yeux sa passion bien forte,
Et qu'en son cœur pour moi toute flamme soit morte?

HENRIETTE.

Il me le dit, ma sœur; et, pour moi, je le croi.

ARMANDE.

Ne soyez pas, ma sœur, d'une si bonne foi;
Et croyez, quand il dit qu'il me quitte et vous aime,
Qu'il n'y songe pas bien, et se trompe lui-même.

HENRIETTE.

Je ne sais; mais enfin, si c'est votre plaisir,
Il nous est bien aisé de nous en éclaircir :
Je l'aperçois qui vient; et, sur cette matière,
Il pourra nous donner une pleine lumière.

SCÈNE II.

CLITANDRE, ARMANDE, HENRIETTE.

HENRIETTE.

Pour me tirer d'un doute où me jette ma sœur,
Entre elle et moi, Clitandre, expliquez votre cœur;
Découvrez-en le fond, et nous daignez apprendre
Qui de nous à vos vœux est en droit de prétendre.

ARMANDE.

Non, non, je ne veux point à votre passion
Imposer la rigueur d'une explication :
Je ménage les gens, et sais comme embarrasse

Le contraignant effort de ces aveux en face.
CLITANDRE.
Non, madame, mon cœur, qui dissimule peu,
Ne sent nulle contrainte à faire un libre aveu.
Dans aucun embarras un tel pas ne me jette;
Et j'avouerai tout haut, d'une ame franche et nette,
Que les tendres liens où je suis arrêté,
(*montrant Henriette.*)
Mon amour et mes vœux, sont tous de ce côté.
Qu'à nulle émotion cet aveu ne vous porte;
Vous avez bien voulu les choses de la sorte.
Vos attraits m'avoient pris; et mes tendres soupirs
Vous ont assez prouvé l'ardeur de mes désirs;
Mon cœur vous consacroit une flamme immortelle:
Mais vos yeux n'ont pas cru leur conquête assez belle.
J'ai souffert sous leur joug cent mépris différents;
Ils régnoient sur mon ame en superbes tyrans;
Et je me suis cherché, lassé de tant de peines,
Des vainqueurs plus humains et de moins rudes chaînes.
(*montrant Henriette.*)
Je les ai rencontrés, madame, dans ces yeux,
Et leurs traits à jamais me seront précieux;
D'un regard pitoyable ils ont séché mes larmes,
Et n'ont pas dédaigné le rebut de vos charmes.
De si rares bontés m'ont si bien su toucher,
Qu'il n'est rien qui me puisse à mes fers arracher;
Et j'ose maintenant vous conjurer, madame,
De ne vouloir tenter nul effort sur ma flamme,
De ne point essayer à rappeler un cœur
Résolu de mourir dans cette douce ardeur.

ARMANDE.

Hé! qui vous dit, monsieur, que l'on ait cette envie,
Et que de vous enfin si fort on se soucie?
Je vous trouve plaisant de vous le figurer,
Et bien impertinent de me le déclarer.

HENRIETTE.

Hé! doucement, ma sœur. Où donc est la morale
Qui sait si bien régir la partie animale,
Et retenir la bride aux efforts du courroux?

ARMANDE.

Mais vous, qui m'en parlez, où la pratiquez-vous?
De répondre à l'amour que l'on vous fait paroître,
Sans le congé[1] de ceux qui vous ont donné l'être?
Sachez que le devoir vous soumet à leurs lois,
Qu'il ne vous est permis d'aimer que par leur choix;
Qu'ils ont sur votre cœur l'autorité suprême,
Et qu'il est criminel d'en disposer vous-même.

HENRIETTE.

Je rends grace aux bontés que vous me faites voir
De m'enseigner si bien les choses du devoir.
Mon cœur sur vos leçons veut régler sa conduite;
Et pour vous faire voir, ma sœur, que j'en profite,
Clitandre, prenez soin d'appuyer votre amour
De l'agrément de ceux dont j'ai reçu le jour.
Faites-vous sur mes vœux un pouvoir légitime,
Et me donnez moyen de vous aimer sans crime.

CLITANDRE.

J'y vais de tous mes soins travailler hautement;

---

[1] *Sans le congé,* pour *sans la permission.*

Et j'attendois de vous ce doux consentement.
ARMANDE.
Vous triomphez, ma sœur, et faites une mine
A vous imaginer que cela me chagrine.
HENRIETTE.
Moi, ma sœur! point du tout. Je sais que sur vos sens
Les droits de la raison sont toujours tout-puissants,
Et que, par les leçons qu'on prend dans la sagesse,
Vous êtes au dessus d'une telle foiblesse.
Loin de vous soupçonner d'aucun chagrin, je croi
Qu'ici vous daignerez vous employer pour moi,
Appuyer sa demande, et, de votre suffrage,
Presser l'heureux moment de notre mariage.
Je vous en sollicite, et, pour y travailler...
ARMANDE.
Votre petit esprit se mêle de railler,
Et d'un cœur qu'on vous jette on vous voit toute fière.
HENRIETTE.
Tout jeté qu'est ce cœur, il ne vous déplaît guère;
Et si vos yeux sur moi le pouvoient ramasser,
Ils prendroient aisément le soin de se baisser.
ARMANDE.
A répondre à cela je ne daigne descendre;
Et ce sont sots discours qu'il ne faut pas entendre.
HENRIETTE.
C'est fort bien fait à vous; et vous nous faites voir
Des modérations qu'on ne peut concevoir.

SCÈNE III.

CLITANDRE, HENRIETTE.

HENRIETTE.

Votre sincère aveu ne l'a pas peu surprise.

CLITANDRE.

Elle mérite assez une telle franchise ;
Et toutes les hauteurs de sa folle fierté
Sont dignes, tout au moins, de ma sincérité.
Mais, puisqu'il m'est permis, je vais à votre père,
Madame...

HENRIETTE.

Le plus sûr est de gagner ma mère.
Mon père est d'une humeur à consentir à tout,
Mais il met peu de poids aux choses qu'il résout ;
Il a reçu du ciel certaine bonté d'ame
Qui le soumet d'abord à ce que veut sa femme.
C'est elle qui gouverne ; et, d'un ton absolu,
Elle dicte pour loi ce qu'elle a résolu.
Je voudrois bien vous voir pour elle et pour ma tante
Une ame, je l'avoue, un peu plus complaisante,
Un esprit qui, flattant les visions du leur,
Vous pût de leur estime attirer la chaleur.

CLITANDRE.

Mon cœur n'a jamais pu, tant il est né sincère,
Même dans votre sœur, flatter leur caractère ;
Et les femmes docteurs ne sont point de mon goût.

Je consens qu'une femme ait des clartés ¹ de tout;
Mais je ne lui veux point la passion choquante
De se rendre savante afin d'être savante;
Et j'aime que souvent, aux questions qu'on fait,
Elle sache ignorer les choses qu'elle sait :
De son étude enfin je veux qu'elle se cache,
Et qu'elle ait du savoir sans vouloir qu'on le sache,
Sans citer les auteurs, sans dire de grands mots,
Et clouer de l'esprit à ses moindres propos.
Je respecte beaucoup madame votre mère;
Mais je ne puis du tout approuver sa chimère,
Et me rendre l'écho des choses qu'elle dit,
Aux encens qu'elle donne à son héros d'esprit.
Son monsieur Trissotin me chagrine, m'assomme;
Et j'enrage de voir qu'elle estime un tel homme,
Qu'elle nous mette au rang des grands et beaux esprits
Un benêt dont partout on siffle les écrits,
Un pédant dont on voit la plume libérale
D'officieux papiers fournir toute la Halle.

HENRIETTE.

Ses écrits, ses discours, tout m'en semble ennuyeux,
Et je me trouve assez votre goût et vos yeux;
Mais, comme sur ma mère il a grande puissance,
Vous devez vous forcer à quelque complaisance.
Un amant fait sa cour où s'attache son cœur,
Il veut de tout le monde y gagner la faveur;
Et, pour n'avoir personne à sa flamme contraire,

---

¹ *Clartés* s'employoit alors pour *lumières* : l'expression étoit noble et de bon ton.

Jusqu'au chien du logis il s'efforce de plaire.
CLITANDRE.
Oui, vous avez raison; mais monsieur Trissotin
M'inspire au fond de l'ame un dominant chagrin.
Je ne puis consentir, pour gagner ses suffrages,
A me déshonorer en prisant ses ouvrages;
C'est par eux qu'à mes yeux il a d'abord paru,
Et je le connoissois avant que l'avoir vu.
Je vis, dans le fatras des écrits qu'il nous donne,
Ce qu'étale en tous lieux sa pédante personne,
La constante hauteur de sa présomption,
Cette intrépidité de bonne opinion,
Cet indolent état de confiance extrême
Qui le rend en tout temps si content de soi-même,
Qui fait qu'à son mérite incessamment il rit,
Qu'il se sait si bon gré de tout ce qu'il écrit,
Et qu'il ne voudroit pas changer sa renommée
Contre tous les honneurs d'un général d'armée.
HENRIETTE.
C'est avoir de bons yeux que de voir tout cela.
CLITANDRE.
Jusques à sa figure encor la chose alla,
Et je vis, par les vers qu'à la tête il nous jette,
De quel air il falloit que fût fait le poëte;
Et j'en avois si bien deviné tous les traits,
Que, rencontrant un homme un jour dans le Palais,
Je gageai que c'étoit Trissotin en personne,
Et je vis qu'en effet la gageure étoit bonne.
HENRIETTE.
Quel conte!

CLITANDRE.

Non ; je dis la chose comme elle est.
Mais je vois votre tante : agréez, s'il vous plaît,
Que mon cœur lui déclare ici notre mystère,
Et gagne sa faveur auprès de votre mère.

SCÈNE IV.

BÉLISE, CLITANDRE.

CLITANDRE.

Souffrez, pour vous parler, madame, qu'un amant
Prenne l'occasion de cet heureux moment,
Et se découvre à vous de la sincère flamme...

BÉLISE.

Ah, tout beau ! Gardez-vous de m'ouvrir trop votre ame.
Si je vous ai su mettre au rang de mes amants,
Contentez-vous des yeux pour vos seuls truchements ;
Et ne m'expliquez point par un autre langage
Des désirs qui, chez moi, passent pour un outrage.
Aimez-moi, soupirez, brûlez pour mes appas ;
Mais qu'il me soit permis de ne le savoir pas.
Je puis fermer les yeux sur vos flammes secrètes,
Tant que vous vous tiendrez aux muets interprètes ;
Mais si la bouche vient à s'en vouloir mêler,
Pour jamais de ma vue il vous faut exiler.

CLITANDRE.

Des projets de mon cœur ne prenez point d'alarme.
Henriette, madame, est l'objet qui me charme ;
Et je viens ardemment conjurer vos bontés

De seconder l'amour que j'ai pour ses beautés.

BÉLISE.

Ah, certes! le détour est d'esprit, je l'avoue;
Ce subtil faux-fuyant mérite qu'on le loue,
Et, dans tous les romans où j'ai jeté les yeux,
Je n'ai rien rencontré de plus ingénieux.

CLITANDRE.

Ceci n'est point du tout un trait d'esprit, madame;
Et c'est un pur aveu de ce que j'ai dans l'ame.
Les cieux, par les liens d'une immuable ardeur,
Aux beautés d'Henriette ont attaché mon cœur;
Henriette me tient sous son aimable empire,
Et l'hymen d'Henriette est le bien où j'aspire.
Vous y pouvez beaucoup; et tout ce que je veux,
C'est que vous y daigniez favoriser mes vœux.

BÉLISE.

Je vois où doucement veut aller la demande,
Et je sais sous ce nom ce qu'il faut que j'entende.
La figure est adroite; et, pour n'en point sortir,
Aux choses que mon cœur m'offre à vous repartir,
Je dirai qu'Henriette à l'hymen est rebelle,
Et que, sans rien prétendre, il faut brûler pour elle.

CLITANDRE.

Hé, madame! à quoi bon un pareil embarras?
Et pourquoi voulez-vous penser ce qui n'est pas?

BÉLISE.

Mon dieu, point de façons! Cessez de vous défendre
De ce que vos regards m'ont souvent fait entendre.
Il suffit que l'on est contente du détour
Dont s'est adroitement avisé votre amour,

Et que, sous la figure où le respect l'engage,
On veut bien se résoudre à souffrir son hommage,
Pourvu que ses transports par l'honneur éclairés
N'offrent à mes autels que des vœux épurés.

CLITANDRE.

Mais...

BÉLISE.

Adieu. Pour ce coup, ceci doit vous suffire;
Et je vous ai plus dit que je ne voulois dire.

CLITANDRE.

Mais votre erreur...

BÉLISE.

Laissez. Je rougis maintenant;
Et ma pudeur s'est fait un effort surprenant.

CLITANDRE.

Je veux être pendu, si je vous aime; et sage...

BÉLISE.

Non, non, je ne veux rien entendre davantage.

SCÈNE V.

CLITANDRE.

Diantre soit de la folle avec ses visions!
A-t-on rien vu d'égal à ses préventions?
Allons commettre un autre au soin que l'on me donne,
Et prenons le secours d'une sage personne.

FIN DU PREMIER ACTE.

ACTE SECOND.

SCÈNE I.

ARISTE, *quittant Clitandre, et lui parlant encore.*

Oui, je vous porterai la réponse au plus tôt :
J'appuierai, presserai, ferai tout ce qu'il faut.
Qu'un amant pour un mot a de choses à dire !
Et qu'impatiemment il veut ce qu'il désire !
Jamais...

SCÈNE II.

CHRYSALE, ARISTE.

ARISTE.
Ah ! Dieu vous gard', mon frère !
CHRYSALE.
Et vous aussi,
Mon frère !
ARISTE.
Savez-vous ce qui m'amène ici ?
CHRYSALE.
Non ; mais, si vous voulez, je suis prêt à l'apprendre.
ARISTE.
Depuis assez long-temps vous connoissez Clitandre ?

CHRYSALE.

Sans doute, et je le vois qui fréquente chez nous.

ARISTE.

En quelle estime est-il, mon frère, auprès de vous?

CHRYSALE.

D'homme d'honneur, d'esprit, de cœur et de conduite;
Et je vois peu de gens qui soient de son mérite.

ARISTE.

Certain désir qu'il a conduit ici mes pas;
Et je me réjouis que vous en fassiez cas.

CHRYSALE.

Je connus feu son père en mon voyage à Rome.

ARISTE.

Fort bien.

CHRYSALE.

C'étoit, mon frère, un fort bon gentilhomme.

ARISTE.

On le dit.

CHRYSALE.

Nous n'avions alors que vingt-huit ans,
Et nous étions, ma foi, tous deux de verts galants.

ARISTE.

Je le crois.

CHRYSALE.

Nous donnions chez les dames romaines;
Et tout le monde, là, parloit de nos fredaines;
Nous faisions des jaloux.

ARISTE.

Voilà qui va des mieux.
Mais venons au sujet qui m'amène en ces lieux.

SCÈNE III.

BÉLISE, *entrant doucement, et écoutant;*
CHRYSALE, ARISTE.

ARISTE.
Clitandre auprès de vous me fait son interprète,
Et son cœur est épris des graces d'Henriette.
CHRYSALE.
Quoi! de ma fille?
ARISTE.
Oui : Clitandre en est charmé;
Et je ne vis jamais amant plus enflammé.
BÉLISE, *à Ariste.*
Non, non, je vous entends. Vous ignorez l'histoire;
Et l'affaire n'est pas ce que vous pouvez croire.
ARISTE.
Comment, ma sœur?
BÉLISE.
Clitandre abuse vos esprits,
Et c'est d'un autre objet que son cœur est épris.
ARISTE.
Vous raillez. Ce n'est pas Henriette qu'il aime?
BÉLISE.
Non, j'en suis assurée.
ARISTE.
Il me l'a dit lui-même.
BÉLISE.
Hé, oui!

ACTE II, SCÈNE III.

ARISTE.
Vous me voyez, ma sœur, chargé par lui
D'en faire la demande à son père aujourd'hui.

BÉLISE.
Fort bien !

ARISTE.
Et son amour même m'a fait instance
De presser les moments d'une telle alliance.

BÉLISE.
Encor mieux. On ne peut tromper plus galamment.
Henriette, entre nous, est un amusement,
Un voile ingénieux, un prétexte, mon frère,
A couvrir d'autres feux dont je sais le mystère ;
Et je veux bien tous deux vous mettre hors d'erreur.

ARISTE.
Mais, puisque vous savez tant de choses, ma sœur,
Dites-nous, s'il vous plaît, cet autre objet qu'il aime.

BÉLISE.
Vous le voulez savoir ?

ARISTE.
Oui. Quoi ?

BÉLISE.
Moi.

ARISTE.
Vous ?

BÉLISE.
Moi-même.

ARISTE.
Hai, ma sœur !

BÉLISE.

Qu'est-ce donc que veut dire ce hai?
Et qu'a de surprenant le discours que je fai?
On est faite d'un air, je pense, à pouvoir dire
Qu'on n'a pas pour un cœur soumis à son empire;
Et Dorante, Damis, Cléonte, et Lycidas,
Peuvent bien faire voir qu'on a quelques appas.

ARISTE.

Ces gens vous aiment?

BÉLISE.

Oui, de toute leur puissance.

ARISTE.

Ils vous l'ont dit?

BÉLISE.

Aucun n'a pris cette licence;
Ils m'ont su révérer si fort jusqu'à ce jour,
Qu'ils ne m'ont jamais dit un mot de leur amour.
Mais, pour m'offrir leur cœur et vouer leur service,
Les muets truchements ont tous fait leur office.

ARISTE.

On ne voit presque point céans venir Damis.

BÉLISE.

C'est pour me faire voir un respect plus soumis.

ARISTE.

De mots piquants partout Dorante vous outrage.

BÉLISE.

Ce sont emportements d'une jalouse rage.

ARISTE.

Cléonte et Lycidas ont pris femme tous deux.

BÉLISE.
C'est par un désespoir où j'ai réduit leurs feux.
ARISTE.
Ma foi, ma chère sœur, vision toute claire.
CHRYSALE, *à Bélise.*
De ces chimères-là vous devez vous défaire.
BÉLISE.
Ah, chimères! Ce sont des chimères, dit-on.
Chimères, moi! Vraiment, chimères est fort bon!
Je me réjouis fort de chimères, mes frères;
Et je ne savois pas que j'eusse des chimères.

SCÈNE IV.

CHRYSALE, ARISTE.

CHRYSALE.
Notre sœur est folle, oui.
ARISTE.
              Cela croît tous les jours.
Mais, encore une fois, reprenons le discours.
Clitandre vous demande Henriette pour femme;
Voyez quelle réponse on doit faire à sa flamme.
CHRYSALE.
Faut-il le demander? J'y consens de bon cœur,
Et tiens son alliance à singulier honneur.
ARISTE.
Vous savez que de biens il n'a pas l'abondance,
Que...

CHRYSALE.

C'est un intérêt qui n'est pas d'importance :
Il est riche en vertus, cela vaut des trésors ;
Et puis son père et moi n'étions qu'un en deux corps.

ARISTE.

Parlons à votre femme, et voyons à la rendre
Favorable...

CHRYSALE.

Il suffit, je l'accepte pour gendre.

ARISTE.

Oui ; mais pour appuyer votre consentement,
Mon frère, il n'est pas mal d'avoir son agrément.
Allons...

CHRYSALE.

Vous moquez-vous ? il n'est pas nécessaire.
Je réponds de ma femme, et prends sur moi l'affaire.

ARISTE.

Mais....

CHRYSALE.

Laissez faire, dis-je, et n'appréhendez pas.
Je la vais disposer aux choses, de ce pas.

ARISTE.

Soit. Je vais là dessus sonder votre Henriette,
Et reviendrai savoir...

CHRYSALE.

C'est une affaire faite ;
Et je vais à ma femme en parler sans délai.

SCÈNE V.

CHRYSALE, MARTINE.

MARTINE.

Me voilà bien chanceuse! Hélas! l'an dit bien vrai,
Qui veut noyer son chien l'accuse de la rage;
Et service d'autrui n'est pas un héritage.

CHRYSALE.

Qu'est-ce donc? Qu'avez-vous, Martine?

MARTINE.

Ce que j'ai?

CHRYSALE.

Oui.

MARTINE.

J'ai que l'on me donne aujourd'hui mon congé,
Monsieur.

CHRYSALE.

Votre congé?

MARTINE.

Oui. Madame me chasse.

CHRYSALE.

Je n'entends pas cela. Comment?

MARTINE.

On me menace,
Si je ne sors d'ici, de me bailler cent coups.

CHRYSALE.

Non, vous demeurerez; je suis content de vous.
Ma femme bien souvent a la tête un peu chaude;
Et je ne veux pas, moi...

SCÈNE VI.

PHILAMINTE, BÉLISE, CHRYSALE, MARTINE.

PHILAMINTE, *apercevant Martine.*
Quoi, je vous vois, maraude!
Vite, sortez, friponne; allons, quittez ces lieux;
Et ne vous présentez jamais devant mes yeux.

CHRYSALE.
Tout doux.

PHILAMINTE.
Non, c'en est fait.

CHRYSALE.
Hé!

PHILAMINTE.
Je veux qu'elle sorte.

CHRYSALE.
Mais qu'a-t-elle commis pour vouloir de la sorte...

PHILAMINTE.
Quoi! vous la soutenez?

CHRYSALE.
En aucune façon.

PHILAMINTE.
Prenez-vous son parti contre moi?

CHRYSALE.
Mon dieu, non:
Je ne fais seulement que demander son crime.

PHILAMINTE.
Suis-je pour la chasser sans cause légitime?

CHRYSALE.
Je ne dis pas cela; mais il faut de nos gens...
PHILAMINTE.
Non, elle sortira, vous dis-je, de céans.
CHRYSALE.
Hé bien, oui! Vous dit-on quelque chose là contre?
PHILAMINTE.
Je ne veux point d'obstacle aux désirs que je montre.
CHRYSALE.
D'accord.
PHILAMINTE.
Et vous devez, en raisonnable époux,
Être pour moi contre elle, et prendre mon courroux.
CHRYSALE.
(*se tournant vers Martine.*)
Aussi fais-je. Oui, ma femme avec raison vous chasse,
Coquine; et votre crime est indigne de grace.
MARTINE.
Qu'est-ce donc que j'ai fait?
CHRYSALE, *bas.*
Ma foi, je ne sais pas.
PHILAMINTE.
Elle est d'humeur encore à n'en faire aucun cas.
CHRYSALE.
A-t-elle, pour donner matière à votre haine,
Cassé quelque miroir, ou quelque porcelaine?
PHILAMINTE.
Voudrois-je la chasser, et vous figurez-vous
Que pour si peu de chose on se mette en courroux?

CHRYSALE.
(à Martine.)   (à Philaminte.)
Qu'est-ce à dire? L'affaire est donc considérable?

PHILAMINTE.
Sans doute. Me voit-on femme déraisonnable?

CHRYSALE.
Est-ce qu'elle a laissé, d'un esprit négligent,
Dérober quelque aiguière ou quelque plat d'argent?

PHILAMINTE.
Cela ne seroit rien.

CHRYSALE, *à Martine.*
Oh, oh! Peste, la belle!
(à Philaminte.)
Quoi! l'avez-vous surprise à n'être pas fidèle?

PHILAMINTE.
C'est pis que tout cela.

CHRYSALE.
Pis que tout cela?

PHILAMINTE.
Pis.

CHRYSALE.
(à Martine.)   (à Philaminte.)
Comment, diantre, friponne! Euh! a-t-elle commis...

PHILAMINTE.
Elle a, d'une insolence, à nulle autre pareille,
Après trente leçons, insulté mon oreille
Par l'impropriété d'un mot sauvage et bas
Qu'en termes décisifs condamne Vaugelas.

CHRYSALE.
Est-ce là....

PHILAMINTE.

Quoi! toujours, malgré nos remontrances,
Heurter le fondement de toutes les sciences,
La grammaire, qui sait régenter jusqu'aux rois,
Et les fait, la main haute, obéir à ses lois!

CHRYSALE.

Du plus grand des forfaits je la croyois coupable.

PHILAMINTE.

Quoi! vous ne trouvez pas ce crime impardonnable?

CHRYSALE.

Si fait.

PHILAMINTE.

Je voudrois bien que vous l'excusassiez!

CHRYSALE.

Je n'ai garde.

BÉLISE.

Il est vrai que ce sont des pitiés :
Toute construction est par elle détruite;
Et des lois du langage on l'a cent fois instruite.

MARTINE.

Tout ce que vous prêchez est, je crois, bel et bon;
Mais je ne saurois, moi, parler votre jargon.

PHILAMINTE.

L'impudente! Appeler un jargon le langage,
Fondé sur la raison et sur le bel usage!

MARTINE.

Quand on se fait entendre on parle toujours bien,
Et tous vos biaux dictons ne servent pas de rien.

PHILAMINTE.

Hé bien! ne voilà pas encore de son style?
Ne servent pas de rien!

BÉLISE.

O cervelle indocile !
Faut-il qu'avec les soins qu'on prend incessamment
On ne te puisse apprendre à parler congrûment !
De *pas*, mis avec *rien*, tu fais la récidive ;
Et c'est, comme on t'a dit, trop d'une négative.

MARTINE.

Mon dieu ! je n'avons pas étugué comme vous,
Et je parlons tout droit comme on parle cheux nous.

PHILAMINTE.

Ah ! peut-on y tenir ?

BÉLISE.

Quel solécisme horrible !

PHILAMINTE.

En voilà pour tuer une oreille sensible.

BÉLISE.

Ton esprit, je l'avoue, est bien matériel :
Je n'est qu'un singulier, *avons* est pluriel.
Veux-tu toute ta vie offenser la grammaire ?

MARTINE.

Qui parle d'offenser grand'mère ni grand-père ?

PHILAMINTE.

O ciel !

BÉLISE.

Grammaire est prise à contre-sens par toi ;
Et je t'ai dit déja d'où vient ce mot.

MARTINE.

Ma foi !
Qu'il vienne de Chaillot, d'Auteuil, ou de Pontoise,
Cela ne me fait rien.

####### BÉLISE.
Quelle ame villageoise!
La grammaire, du verbe et du nominatif,
Comme de l'adjectif avec le substantif,
Nous enseigne les lois.

####### MARTINE.
J'ai, madame, à vous dire
Que je ne connois point ces gens-là.

####### PHILAMINTE.
Quel martyre!

####### BÉLISE.
Ce sont les noms des mots; et l'on doit regarder
En quoi c'est qu'il les faut faire ensemble accorder.

####### MARTINE.
Qu'ils s'accordent entre eux, ou se gourment, qu'im-
####### PHILAMINTE, *à Bélise.* [porte?
Hé, mon dieu! finissez un discours de la sorte.
(*à Chrysale.*)
Vous ne voulez pas, vous, me la faire sortir?

####### CHRYSALE.
(*à part.*)
Si fait. A son caprice il me faut consentir.
Va, ne l'irrite point; retire-toi, Martine.

####### PHILAMINTE.
Comment! vous avez peur d'offenser la coquine!
Vous lui parlez d'un ton tout-à-fait obligeant!

####### CHRYSALE.
(*d'un ton ferme.*)   (*d'un ton plus doux.*)
Moi? point. Allons, sortez. Va-t'en, ma pauvre enfant.

SCÈNE VII.

PHILAMINTE, CHRYSALE, BÉLISE.

CHRYSALE.
Vous êtes satisfaite, et la voilà partie :
Mais je n'approuve point une telle sortie ;
C'est une fille propre aux choses qu'elle fait,
Et vous me la chassez pour un maigre sujet.

PHILAMINTE.
Vous voulez que toujours je l'aie à mon service,
Pour mettre incessamment mon oreille au supplice,
Pour rompre toute loi d'usage et de raison
Par un barbare amas de vices d'oraison,
De mots estropiés, cousus, par intervalles,
De proverbes traînés dans les ruisseaux des halles ?

BÉLISE.
Il est vrai que l'on sue à souffrir ses discours ;
Elle y met Vaugelas en pièces tous les jours ;
Et les moindres défauts de ce grossier génie
Sont ou le pléonasme, ou la cacophonie.

CHRYSALE.
Qu'importe qu'elle manque aux lois de Vaugelas,
Pourvu qu'à la cuisine elle ne manque pas ?
J'aime bien mieux, pour moi, qu'en épluchant ses herbes
Elle accommode mal les noms avec les verbes,
Et redise cent fois un bas et méchant mot,
Que de brûler ma viande, ou saler trop mon pot :
Je vis de bonne soupe, et non de beau langage.

Vaugelas n'apprend point à bien faire un potage;
Et Malherbe et Balzac, si savants en beaux mots,
En cuisine peut-être auroient été des sots.

PHILAMINTE.

Que ce discours grossier terriblement assomme!
Et quelle indignité pour ce qui s'appelle homme,
D'être baissé sans cesse aux soins matériels,
Au lieu de se hausser vers les spirituels!
Le corps, cette guenille, est-il d'une importance,
D'un prix à mériter seulement qu'on y pense?
Et ne devons-nous pas laisser cela bien loin?

CHRYSALE.

Oui, mon corps est moi-même, et j'en veux prendre soin.
Guenille, si l'on veut; ma guenille m'est chère.

BÉLISE.

Le corps avec l'esprit fait figure, mon frère :
Mais, si vous en croyez tout le monde savant,
L'esprit doit sur le corps prendre le pas devant;
Et notre plus grand soin, notre première instance,
Doit être à le nourrir du suc de la science.

CHRYSALE.

Ma foi, si vous songez à nourrir votre esprit,
C'est de viande bien creuse, à ce que chacun dit;
Et vous n'avez nul soin, nulle sollicitude
Pour...

PHILAMINTE.

Ah! *sollicitude* à mon oreille est rude;
Il pue étrangement son ancienneté.

BÉLISE.

Il est vrai que le mot est bien *collet-monté.*

CHRYSALE.

Voulez-vous que je dise? Il faut qu'enfin j'éclate,
Que je lève le masque, et décharge ma rate.
De folles on vous traite, et j'ai fort sur le cœur...

PHILAMINTE.

Comment donc!

CHRYSALE, *à Bélise.*

C'est à vous que je parle, ma sœur.
Le moindre solécisme en parlant vous irrite;
Mais vous en faites, vous, d'étranges en conduite.
Vos livres éternels ne me contentent pas;
Et, hors un gros Plutarque à mettre mes rabats,
Vous devriez brûler tout ce meuble inutile,
Et laisser la science aux docteurs de la ville;
M'ôter, pour faire bien, du grenier de céans
Cette longue lunette à faire peur aux gens,
Et cent brimborions dont l'aspect importune;
Ne point aller chercher ce qu'on fait dans la lune,
Et vous mêler un peu de ce qu'on fait chez vous,
Où nous voyons aller tout sens dessus dessous.
Il n'est pas bien honnête, et pour beaucoup de causes,
Qu'une femme étudie et sache tant de choses.
Former aux bonnes mœurs l'esprit de ses enfants,
Faire aller son ménage, avoir l'œil sur ses gens,
Et régler la dépense avec économie,
Doit être son étude et sa philosophie.
Nos pères, sur ce point, étoient gens bien sensés,
Qui disoient qu'une femme en sait toujours assez,
Quand la capacité de son esprit se hausse
A connoître un pourpoint d'avec un haut-de-chausse.

Les leurs ne lisoient point, mais elles vivoient bien;
Leurs ménages étoient tout leur docte entretien;
Et leurs livres, un dé, du fil et des aiguilles,
Dont elles travailloient au trousseau de leurs filles.
Les femmes d'à présent sont bien loin de ces mœurs :
Elles veulent écrire, et devenir auteurs;
Nulle science n'est pour elles trop profonde,
Et céans beaucoup plus qu'en aucun lieu du monde;
Les secrets les plus hauts s'y laissent concevoir,
Et l'on sait tout chez moi, hors ce qu'il faut savoir.
On y sait comme vont lune, étoile polaire,
Vénus, Saturne et Mars, dont je n'ai point affaire;
Et dans ce vain savoir, qu'on va chercher si loin,
On ne sait comme va mon pot, dont j'ai besoin.
Mes gens à la science aspirent pour vous plaire,
Et tous ne font rien moins que ce qu'ils ont à faire;
Raisonner est l'emploi de toute ma maison;
Et le raisonnement en bannit la raison.
L'un me brûle mon rôt en lisant quelque histoire,
L'autre rêve à des vers quand je demande à boire;
Enfin je vois par eux votre exemple suivi,
Et j'ai des serviteurs, et ne suis point servi.
Une pauvre servante, au moins, m'étoit restée,
Qui de ce mauvais air n'étoit point infectée;
Et voilà qu'on la chasse avec un grand fracas,
A cause qu'elle manque à parler Vaugelas !
Je vous le dis, ma sœur, tout ce train-là me blesse,
Car c'est, comme j'ai dit, à vous que je m'adresse.
Je n'aime point céans tous vos gens à latin,
Et principalement ce monsieur Trissotin;

C'est lui qui dans des vers vous a tympanisées ;
Tous les propos qu'il tient sont des billevesées :
On cherche ce qu'il dit après qu'il a parlé ;
Et je lui crois, pour moi, le timbre un peu fêlé.

PHILAMINTE.

Quelle bassesse, ô ciel, et d'ame et de langage !

BÉLISE.

Est-il de petits corps un plus lourd assemblage,
Un esprit composé d'atomes plus bourgeois?
Et de ce même sang se peut-il que je sois !
Je me veux mal de mort d'être de votre race ;
Et, de confusion, j'abandonne la place.

SCÈNE VIII.

PHILAMINTE, CHRYSALE.

PHILAMINTE.

Avez-vous à lâcher encore quelque trait?

CHRYSALE.

Moi? non. Ne parlons plus de querelles, c'est fait.
Discourons d'autre affaire. A votre fille aînée
On voit quelque dégoût pour les nœuds d'hyménée,
C'est une philosophe enfin ; je n'en dis rien,
Elle est bien gouvernée, et vous faites fort bien :
Mais de tout autre humeur se trouve sa cadette ;
Et je crois qu'il est bon de pourvoir Henriette,
De choisir un mari...

PHILAMINTE.

C'est à quoi j'ai songé,

ACTE II, SCÈNE IX.

Et je veux vous ouvrir l'intention que j'ai.
Ce monsieur Trissotin dont on nous fait un crime,
Et qui n'a pas l'honneur d'être dans votre estime,
Est celui que je prends pour l'époux qu'il lui faut;
Et je sais mieux que vous juger de ce qu'il vaut.
La contestation est ici superflue;
Et de tout point, chez moi, l'affaire est résolue.
Au moins ne dites mot du choix de cet époux;
Je veux à votre fille en parler avant vous.
J'ai des raisons à faire approuver ma conduite,
Et je connoîtrai bien si vous l'aurez instruite.

SCÈNE IX.

ARISTE, CHRYSALE.

ARISTE.

Hé bien? la femme sort, mon frère, et je vois bien
Que vous venez d'avoir ensemble un entretien.

CHRYSALE.

Oui.

ARISTE.

Quel est le succès? Aurons-nous Henriette?
A-t-elle consenti? l'affaire est-elle faite?

CHRYSALE.

Pas tout-à-fait encor.

ARISTE.

Refuse-t-elle?

CHRYSALE.

Non.

ARISTE.
Est-ce qu'elle balance?

CHRYSALE.
En aucune façon.

ARISTE.
Quoi donc?

CHRYSALE.
C'est que pour gendre elle m'offre un autre homme.

ARISTE.
Un autre homme pour gendre?

CHRYSALE.
Un autre.

ARISTE.
Qui se nomme?

CHRYSALE.
Monsieur Trissotin.

ARISTE.
Quoi! ce monsieur Trissotin...

CHRYSALE.
Oui, qui parle toujours de vers et de latin.

ARISTE.
Vous l'avez accepté?

CHRYSALE.
Moi! point. A Dieu ne plaise!

ARISTE.
Qu'avez-vous répondu?

CHRYSALE.
Rien; et je suis bien aise
De n'avoir point parlé, pour ne m'engager pas.

ARISTE.
La raison est fort belle; et c'est faire un grand pas!
Avez-vous su du moins lui proposer Clitandre?
CHRYSALE.
Non; car, comme j'ai vu qu'on parloit d'autre gendre,
J'ai cru qu'il étoit mieux de ne m'avancer point.
ARISTE.
Certes, votre prudence est rare au dernier point!
N'avez-vous point de honte avec votre mollesse?
Et se peut-il qu'un homme ait assez de foiblesse
Pour laisser à sa femme un pouvoir absolu,
Et n'oser attaquer ce qu'elle a résolu?
CHRYSALE.
Mon dieu! vous en parlez, mon frère, bien à l'aise,
Et vous ne savez pas comme le bruit me pèse.
J'aime fort le repos, la paix et la douceur;
Et ma femme est terrible avecque son humeur.
Du nom de philosophe elle fait grand mystère [1],
Mais elle n'en est pas pour cela moins colère;
Et sa morale, faite à mépriser le bien,
Sur l'aigreur de sa bile opère comme rien.
Pour peu que l'on s'oppose à ce que veut sa tête,
On en a pour huit jours d'effroyable tempête.
Elle me fait trembler dès qu'elle prend son ton,
Je ne sais où me mettre, et c'est un vrai dragon;
Et cependant, avec toute sa diablerie,
Il faut que je l'appelle et mon cœur et ma mie.

---

[1] *Faire mystère* signifioit alors, mais dans la conversation seulement, donner beaucoup d'importance aux choses. Molière fait un emploi fréquent de cette locution dans ce sens.

ARISTE.

Allez, c'est se moquer. Votre femme, entre nous,
Est, par vos lâchetés, souveraine sur vous.
Son pouvoir n'est fondé que sur votre foiblesse;
C'est de vous qu'elle prend le titre de maîtresse;
Vous-même à ses hauteurs vous vous abandonnez,
Et vous faites mener, en bête, par le nez. [nomme,
Quoi! vous ne pouvez pas, voyant comme on vous
Vous résoudre une fois à vouloir être un homme,
A faire condescendre une femme à vos vœux,
Et prendre assez de cœur pour dire un Je le veux?
Vous laisserez sans honte immoler votre fille
Aux folles visions qui tiennent la famille,
Et de tout votre bien revêtir un nigaud
Pour six mots de latin qu'il leur fait sonner haut;
Un pédant qu'à tout coup votre femme apostrophe
Du nom de bel esprit et de grand philosophe,
D'homme qu'en vers galants jamais on n'égala,
Et qui n'est, comme on sait, rien moins que tout cela?
Allez, encore un coup, c'est une moquerie,
Et votre lâcheté mérite qu'on en rie.

CHRYSALE.

Oui, vous avez raison, et je vois que j'ai tort.
Allons, il faut enfin montrer un cœur plus fort,
Mon frère.

ARISTE.

C'est bien dit.

CHRYSALE.

C'est une chose infame
Que d'être si soumis au pouvoir d'une femme.

ARISTE.

Fort bien.

CHRYSALE.

De ma douceur elle a trop profité.

ARISTE.

Il est vrai.

CHRYSALE.

Trop joui de ma facilité.

ARISTE.

Sans doute.

CHRYSALE.

Et je lui veux faire aujourd'hui connoître
Que ma fille est ma fille, et que j'en suis le maître,
Pour lui prendre un mari qui soit selon mes vœux.

ARISTE.

Vous voilà raisonnable, et comme je vous veux.

CHRYSALE.

Vous êtes pour Clitandre, et savez sa demeure;
Faites-le-moi venir, mon frère, tout-à-l'heure.

ARISTE.

J'y cours tout de ce pas.

CHRYSALE.

C'est souffrir trop long-temps;
Et je m'en vais être homme à la barbe des gens.

FIN DU SECOND ACTE.

ACTE TROISIÈME.

SCÈNE I.

PHILAMINTE, ARMANDE, BÉLISE, TRISSOTIN, LÉPINE.

PHILAMINTE.
Ah ! mettons-nous ici pour écouter à l'aise
Ces vers que mot à mot il est besoin qu'on pèse.
ARMANDE.
Je brûle de les voir.
BÉLISE.
Et l'on s'en meurt chez nous.
PHILAMINTE, *à Trissotin.*
Ce sont charmes pour moi que ce qui part de vous.
ARMANDE.
Ce m'est une douceur à nulle autre pareille.
BÉLISE.
Ce sont repas friands qu'on donne à mon oreille.
PHILAMINTE.
Ne faites point languir de si pressants désirs.
ARMANDE.
Dépêchez.
BÉLISE.
Faites tôt, et hâtez nos plaisirs.
PHILAMINTE.
A notre impatience offrez votre épigramme.

TRISSOTIN, *à Philaminte.*

Hélas! c'est un enfant tout nouveau-né, madame.
Son sort assurément a lieu de vous toucher;
Et c'est dans votre cour que j'en viens d'accoucher.

PHILAMINTE.

Pour me le rendre cher, il suffit de son père.

TRISSOTIN.

Votre approbation lui peut servir de mère.

BÉLISE.

Qu'il a d'esprit!

SCÈNE II.

HENRIETTE, PHILAMINTE, BÉLISE, ARMANDE, TRISSOTIN, L'ÉPINE.

PHILAMINTE, *à Henriette, qui veut se retirer.*
Holà. Pourquoi donc fuyez-vous?

HENRIETTE.

C'est de peur de troubler un entretien si doux.

PHILAMINTE.

Approchez, et venez, de toutes vos oreilles,
Prendre part au plaisir d'entendre des merveilles.

HENRIETTE.

Je sais peu les beautés de tout ce qu'on écrit,
Et ce n'est pas mon fait que les choses d'esprit.

PHILAMINTE.

Il n'importe. Aussi bien ai-je à vous dire ensuite
Un secret dont il faut que vous soyez instruite.

TRISSOTIN, *à Henriette.*

Les sciences n'ont rien qui vous puisse enflammer,

Et vous ne vous piquez que de savoir charmer.

HENRIETTE.

Aussi peu l'un que l'autre; et je n'ai nulle envie...

BÉLISE.

Ah! songeons à l'enfant nouveau-né, je vous prie.

PHILAMINTE, *à Lépine.*

Allons, petit garçon, vite de quoi s'asseoir.

(*Lépine se laisse tomber.*)

Voyez l'impertinent! Est-ce que l'on doit choir
Après avoir appris l'équilibre des choses?

BÉLISE.

De ta chute, ignorant, ne vois-tu pas les causes?
Et qu'elle vient d'avoir du point fixe écarté
Ce que nous appelons centre de gravité?

LÉPINE.

Je m'en suis aperçu, madame, étant par terre.

PHILAMINTE, *à Lépine qui sort.*

Le lourdaud!

TRISSOTIN.

Bien lui prend de n'être pas de verre.

ARMANDE.

Ah, de l'esprit partout!

BÉLISE.

Cela ne tarit pas.

(*Ils s'asseyent.*)

PHILAMINTE.

Servez-nous promptement votre aimable repas.

TRISSOTIN.

Pour cette grande faim qu'à mes yeux on expose,
Un plat seul de huit vers me semble peu de chose;

ACTE III, SCÈNE II.

Et je pense qu'ici je ne ferai pas mal
De joindre à l'épigramme, ou bien au madrigal,
Le ragoût d'un sonnet qui, chez une princesse,
A passé pour avoir quelque délicatesse.
Il est de sel attique assaisonné partout;
Et vous le trouverez, je crois, d'assez bon goût.

ARMANDE.

Ah! je n'en doute point.

PHILAMINTE.

Donnons vite audience.

BÉLISE, *interrompant Trissotin chaque fois qu'il se dispose à lire.*

Je sens d'aise mon cœur tressaillir par avance.
J'aime la poésie avec entêtement,
Et surtout quand les vers sont tournés galamment.

PHILAMINTE.

Si nous parlons toujours, il ne pourra rien dire.

TRISSOTIN.

So...

BÉLISE, *à Henriette.*

Silence, ma nièce.

ARMANDE.

Ah! laissez-le donc lire.

TRISSOTIN.

SONNET A LA PRINCESSE URANIE,
SUR SA FIÈVRE.

Votre prudence est endormie,
De traiter magnifiquement
Et de loger superbement
Votre plus cruelle ennemie.

BÉLISE.

Ah, le joli début!

ARMANDE.

Qu'il a le tour galant!

PHILAMINTE.

Lui seul des vers aisés possède le talent.

ARMANDE.

A *prudence endormie* il faut rendre les armes.

BÉLISE.

Loger son ennemie est pour moi plein de charmes.

PHILAMINTE.

J'aime *superbement* et *magnifiquement;*
Ces deux adverbes joints font admirablement.

BÉLISE.

Prêtons l'oreille au reste.

TRISSOTIN.

Votre prudence est endormie,
De traiter magnifiquement
Et de loger superbement
Votre plus cruelle ennemie.

ARMANDE.

Prudence endormie!

BÉLISE.

Loger son ennemie!

PHILAMINTE.

Superbement et *magnifiquement!*

TRISSOTIN.

Faites-la sortir, quoi qu'on die,
De votre riche appartement,

ACTE III, SCÈNE II.

Où cette ingrate insolemment
Attaque votre belle vie.

BÉLISE.

Ah, tout doux ! laissez-moi, de grace, respirer.

ARMANDE.

Donnez-nous, s'il vous plaît, le loisir d'admirer.

PHILAMINTE.

On se sent, à ces vers, jusques au fond de l'ame
Couler je ne sais quoi qui fait que l'on se pâme.

ARMANDE.

« Faites-la sortir, quoi qu'on die,
« De votre riche appartement. »
Que *riche appartement* est là joliment dit !
Et que la métaphore est mise avec esprit !

PHILAMINTE.

« Faites-la sortir, quoi qu'on die. »
Ah, que ce *quoi qu'on die* est d'un goût admirable !
C'est à mon sentiment un endroit impayable.

ARMANDE.

De *quoi qu'on die* aussi mon cœur est amoureux.

BÉLISE.

Je suis de votre avis, *quoi qu'on die* est heureux.

ARMANDE.

Je voudrois l'avoir fait.

BÉLISE.

Il vaut toute une pièce.

PHILAMINTE.

Mais en comprend-on bien, comme moi, la finesse ?

ARMANDE ET BÉLISE.

Oh, oh !

PHILAMINTE.

« Faites-la sortir, quoi qu'on die. »
Que de la fièvre on prenne ici les intérêts ;
N'ayez aucun égard, moquez-vous des caquets,
  « Faites-la sortir, quoi qu'on die,
  « Quoi qu'on die, quoi qu'on die. »
Ce *quoi qu'on die* en dit beaucoup plus qu'il ne semble.
Je ne sais pas, pour moi, si chacun me ressemble ;
Mais j'entends là dessous un million de mots.

BÉLISE.

Il est vrai qu'il dit plus de choses qu'il n'est gros.

PHILAMINTE, *à Trissotin.*

Mais quand vous avez fait ce charmant *quoi qu'on die*,
Avez-vous compris, vous, toute son énergie ?
Songiez-vous bien vous-même à tout ce qu'il nous dit ?
Et pensiez-vous alors y mettre tant d'esprit ?

TRISSOTIN.

Hai, hai !

ARMANDE.

  J'ai fort aussi l'*ingrate* dans la tête ;
Cette ingrate de fièvre, injuste, malhonnête,
Qui traite mal les gens qui la logent chez eux.

PHILAMINTE.

Enfin les quatrains sont admirables tous deux.
Venons-en promptement aux tercets, je vous prie.

ARMANDE.

Ah, s'il vous plaît ! encore une fois *quoi qu'on die.*

TRISSOTIN.

  Faites-la sortir quoi qu'on die...

ACTE III, SCÈNE II.

PHILAMINTE, ARMANDE ET BÉLISE.

Quoi qu'on die!

TRISSOTIN.

De votre riche appartement...

PHILAMINTE, ARMANDE ET BÉLISE.

Riche appartement!

TRISSOTIN.

Où cette ingrate insolemment...

PHILAMINTE, ARMANDE ET BÉLISE.

Cette *ingrate* de fièvre.

TRISSOTIN.

Attaque votre belle vie.

PHILAMINTE.

Votre belle vie!

ARMANDE ET BÉLISE.

Ah!

TRISSOTIN.

Quoi! sans respecter votre rang,
Elle se prend à votre sang...

PHILAMINTE, ARMANDE ET BÉLISE.

Ah!

TRISSOTIN.

Et nuit et jour vous fait outrage :
Si vous la conduisez aux bains,
Sans la marchander davantage,
Noyez-la de vos propres mains.

PHILAMINTE.

On n'en peut plus.

BÉLISE.

On pâme.

ARMANDE.

On se meurt de plaisir.

PHILAMINTE.

De mille doux frissons vous vous sentez saisir.

ARMANDE.

« Si vous la conduisez aux bains,... »

BÉLISE.

« Sans la marchander davantage,... »

PHILAMINTE.

« Noyez-la de vos propres mains. »
De vos propres mains, là, noyez-la dans les bains.

ARMANDE.

Chaque pas dans vos vers rencontre un trait charmant.

BÉLISE.

Partout on s'y promène avec ravissement.

PHILAMINTE.

On n'y sauroit marcher que sur de belles choses.

ARMANDE.

Ce sont petits chemins tout parsemés de roses.

TRISSOTIN.

Le sonnet donc vous semble...

PHILAMINTE.

Admirable, nouveau;
Et personne jamais n'a rien fait de si beau.

BÉLISE, *à Henriette.*

Quoi! sans émotion pendant cette lecture!
Vous faites là, ma nièce, une étrange figure.

ACTE III, SCÈNE II.

HENRIETTE.

Chacun fait ici-bas la figure qu'il peut,
Ma tante; et bel esprit, il ne l'est pas qui veut.

TRISSOTIN.

Peut-être que mes vers importunent madame.

HENRIETTE.

Point. Je n'écoute pas.

PHILAMINTE.

Ah! voyons l'épigramme.

TRISSOTIN.

SUR UN CARROSSE DE COULEUR AMARANTE
DONNÉ A UNE DAME DE SES AMIES

PHILAMINTE.

Ses titres ont toujours quelque chose de rare.

ARMANDE.

A cent beaux traits d'esprit leur nouveauté prépare.

TRISSOTIN.

L'amour si chèrement m'a vendu son lien,...

PHILAMINTE, ARMANDE ET BÉLISE.

Ah!

TRISSOTIN.

Qu'il m'en coûte déja la moitié de mon bien;
  Et, quand tu vois ce beau carrosse,
  Où tant d'or se relève en bosse,
  Qu'il étonne tout le pays,
Et fait pompeusement triompher ma Laïs...

PHILAMINTE.

Ah, *ma Laïs!* Voilà de l'érudition.

BÉLISE.

L'enveloppe est jolie, et vaut un million.

TRISSOTIN.

Et quand tu vois ce beau carrosse
Où tant d'or se relève en bosse,
Qu'il étonne tout le pays,
Et fait pompeusement triompher ma Laïs,
Ne dis plus qu'il est amarante,
Dis plutôt qu'il est de ma rente.

ARMANDE.

Oh, oh, oh! Celui-là ne s'attend point du tout.

PHILAMINTE.

On n'a que lui qui puisse écrire de ce goût.

BÉLISE.

« Ne dis plus qu'il est amarante,
« Dis plutôt qu'il est de ma rente. »
Voilà qui se décline, *ma rente, de ma rente, à ma rente*.

PHILAMINTE.

Je ne sais, du moment que je vous ai connu,
Si, sur votre sujet, j'eus l'esprit prévenu;
Mais j'admire partout vos vers et votre prose.

TRISSOTIN, *à Philaminte*.

Si vous vouliez de vous nous montrer quelque chose,
A notre tour aussi nous pourrions admirer.

PHILAMINTE.

Je n'ai rien fait en vers; mais j'ai lieu d'espérer
Que je pourrai bientôt vous montrer en amie
Huit chapitres du plan de notre académie.
Platon s'est au projet simplement arrêté,
Quand de sa république il a fait le traité;
Mais à l'effet entier je veux pousser l'idée
Que j'ai sur le papier en prose accommodée :

Car enfin je me sens un étrange dépit
Du tort que l'on nous fait du côté de l'esprit;
Et je veux nous venger, toutes tant que nous sommes,
De cette indigne classe où nous rangent les hommes,
De borner nos talents à des futilités
Et nous fermer la porte aux sublimes clartés.

ARMANDE.

C'est faire à notre sexe une trop grande offense,
De n'étendre l'effort de notre intelligence
Qu'à juger d'une jupe, ou de l'air d'un manteau,
Ou des beautés d'un point, ou d'un brocard nouveau.

BÉLISE.

Il faut se relever de ce honteux partage,
Et mettre hautement notre esprit hors de page [1].

TRISSOTIN.

Pour les dames on sait mon respect en tous lieux;
Et si je rends hommage aux brillants de leurs yeux,
De leur esprit aussi j'honore les lumières.

PHILAMINTE.

Le sexe aussi vous rend justice en ces matières :
Mais nous voulons montrer à de certains esprits
Dont l'orgueilleux savoir nous traite avec mépris,
Que de science aussi les femmes sont meublées;

---

[1] *Mettre hors de page*, c'est-à-dire *hors de la dépendance d'autrui*. Cette expression vient de l'ancienne chevalerie. A l'âge de sept ans un gentilhomme étoit placé auprès de quelque haut baron ou de quelque illustre chevalier, pour y remplir la place de *page*, de *damoiseau* ou *varlet;* à quatorze ans, il étoit *hors de page* et devenoit écuyer. Louis XI *mit les rois de France hors de page*, manière de parler figurée, pour dire qu'il les rendit absolus. (LA MÉSANGÈRE. *Dictionnaire des Proverbes.*)

Qu'on peut faire comme eux de doctes assemblées,
Conduites en cela par des ordres meilleurs;
Qu'on y veut réunir ce qu'on sépare ailleurs,
Mêler le beau langage et les hautes sciences,
Découvrir la nature en mille expériences,
Et, sur les questions qu'on pourra proposer,
Faire entrer chaque secte, et n'en point épouser.

TRISSOTIN.

Je m'attache pour l'ordre au péripatétisme.

PHILAMINTE.

Pour les abstractions j'aime le platonisme.

ARMANDE.

Épicure me plaît et ses dogmes sont forts.

BÉLISE.

Je m'accommode assez, pour moi, des petits corps;
Mais le vide à souffrir me semble difficile,
Et je goûte bien mieux la matière subtile.

TRISSOTIN.

Descartes, pour l'aimant, donne fort dans mon sens.

ARMANDE.

J'aime ses tourbillons.

PHILAMINTE.

Moi, ses mondes tombants.

ARMANDE.

Il me tarde de voir notre assemblée ouverte,
Et de nous signaler par quelque découverte.

TRISSOTIN.

On en attend beaucoup de vos vives clartés,
Et pour vous la nature a peu d'obscurités.

ACTE III, SCÈNE II.

PHILAMINTE.

Pour moi, sans me flatter, j'en ai déja fait une,
Et j'ai vu clairement des hommes dans la lune.

BÉLISE.

Je n'ai point encor vu d'hommes, comme je crois;
Mais j'ai vu des clochers tout comme je vous vois.

ARMANDE.

Nous approfondirons, ainsi que la physique,
Grammaire, histoire, vers, morale et politique.

PHILAMINTE.

La morale a des traits dont mon cœur est épris,
Et c'étoit autrefois l'amour des grands esprits :
Mais aux stoïciens je donne l'avantage,
Et je ne trouve rien de si beau que leur sage.

ARMANDE.

Pour la langue, on verra dans peu nos règlements,
Et nous y prétendons faire des remuements.
Par une antipathie ou juste, ou naturelle,
Nous avons pris chacune une haine mortelle
Pour un nombre de mots, soit ou verbes, ou noms,
Que mutuellement nous nous abandonnons;
Contre eux nous préparons de mortelles sentences,
Et nous devons ouvrir nos doctes conférences
Par les proscriptions de tous ces mots divers
Dont nous voulons purger et la prose et les vers.

PHILAMINTE.

Mais le plus beau projet de notre académie,
Une entreprise noble, et dont je suis ravie,
Un dessein plein de gloire, et qui sera vanté
Chez tous les beaux esprits de la postérité,

C'est le retranchement de ces syllabes sales
Qui dans les plus beaux mots produisent des scandales,
Ces jouets éternels des sots de tous les temps,
Ces fades lieux communs de nos méchants plaisants,
Ces sources d'un amas d'équivoques infames
Dont on vient faire insulte à la pudeur des femmes.

TRISSOTIN.

Voilà certainement d'admirables projets.

BÉLISE.

Vous verrez nos statuts quand ils seront tous faits.

TRISSOTIN.

Ils ne sauroient manquer d'être tous beaux et sages.

ARMANDE.

Nous serons par nos lois les juges des ouvrages;
Par nos lois, prose et vers, tout nous sera soumis :
Nul n'aura de l'esprit, hors nous et nos amis.
Nous chercherons partout à trouver à redire,
Et ne verrons que nous qui sachent bien écrire.

SCÈNE III.

PHILAMINTE, BÉLISE, ARMANDE, HENRIETTE, TRISSOTIN, LÉPINE.

LÉPINE, *à Trissotin.*

Monsieur, un homme est là qui veut parler à vous;
Il est vêtu de noir, et parle d'un ton doux.

(*Ils se lèvent.*)

TRISSOTIN.

C'est cet ami savant qui m'a fait tant d'instance

De lui donner l'honneur de votre connoissance.
PHILAMINTE.
Pour le faire venir vous avez tout crédit.
(*Trissotin va au devant de Vadius.*)

SCÈNE IV.

PHILAMINTE, BÉLISE, ARMANDE, HENRIETTE.

PHILAMINTE, *à Armande et à Bélise.*
Faisons bien les honneurs au moins de notre esprit.
(*à Henriette qui veut sortir.*)
Holà! Je vous ai dit en paroles bien claires
Que j'ai besoin de vous.
HENRIETTE.
Mais pour quelles affaires?
PHILAMINTE.
Venez; on va dans peu vous les faire savoir.

SCÈNE V.

TRISSOTIN, VADIUS, PHILAMINTE, BÉLISE, ARMANDE, HENRIETTE.

TRISSOTIN, *présentant Vadius.*
Voici l'homme qui meurt du désir de vous voir;
En vous le produisant je ne crains point le blâme
D'avoir admis chez vous un profane, madame :
Il peut tenir son coin parmi les beaux esprits.
PHILAMINTE.
La main qui le présente en dit assez le prix.

TRISSOTIN.

Il a des vieux auteurs la pleine intelligence,
Et sait du grec, madame, autant qu'homme de France.

PHILAMINTE, *à Bélise.*

Du grec! ô ciel! du grec! Il sait du grec, ma sœur!

BÉLISE, *à Armande.*

Ah, ma nièce! du grec!

ARMANDE.

Du grec! quelle douceur!

PHILAMINTE.

Quoi! monsieur sait du grec! Ah! permettez, de grace,
Que, pour l'amour du grec, monsieur, on vous embrasse.
(*Vadius embrasse aussi Bélise et Armande.*)

HENRIETTE, *à Vadius, qui veut aussi l'embrasser.*

Excusez-moi, monsieur, je n'entends pas le grec.

(*Ils s'asseyent.*)

PHILAMINTE.

J'ai pour les livres grecs un merveilleux respect.

VADIUS.

Je crains d'être fâcheux par l'ardeur qui m'engage
A vous rendre aujourd'hui, madame, mon hommage;
Et j'aurai pu troubler quelque docte entretien.

PHILAMINTE.

Monsieur, avec du grec on ne peut gâter rien.

TRISSOTIN.

Au reste, il fait merveille en vers ainsi qu'en prose,
Et pourroit, s'il vouloit, vous montrer quelque chose.

VADIUS.

Les défauts des auteurs dans leurs productions,
C'est d'en tyranniser les conversations;

D'être au palais, au cours, aux ruelles, aux tables,
De leurs vers fatigants lecteurs infatigables.
Pour moi, je ne vois rien de plus sot, à mon sens,
Qu'un auteur qui partout va gueuser des encens ;
Qui, des premiers venus saisissant les oreilles,
En fait le plus souvent les martyrs de ses veilles.
On ne m'a jamais vu ce fol entêtement ;
Et d'un Grec là dessus je suis le sentiment,
Qui, par un dogme exprès, défend à tous les sages
L'indigne empressement de lire leurs ouvrages.
Voici de petits vers pour de jeunes amants,
Sur quoi je voudrois bien avoir vos sentiments.

TRISSOTIN.

Vos vers ont des beautés que n'ont point tous les autres.

VADIUS.

Les Graces et Vénus règnent dans tous les vôtres.

TRISSOTIN.

Vous avez le tour libre et le beau choix des mots.

VADIUS.

On voit partout chez vous l'*ithos* et le *pathos*.

TRISSOTIN.

Nous avons vu de vous des églogues d'un style
Qui passe en doux attraits Théocrite et Virgile.

VADIUS.

Vos odes ont un air noble, galant et doux,
Qui laisse de bien loin votre Horace après vous.

TRISSOTIN.

Est-il rien d'amoureux comme vos chansonnettes ?

VADIUS.

Peut-on rien voir d'égal aux sonnets que vous faites ?

TRISSOTIN.

Rien qui soit plus charmant que vos petits rondeaux?

VADIUS.

Rien de si plein d'esprit que tous vos madrigaux?

TRISSOTIN.

Aux ballades surtout vous êtes admirable.

VADIUS.

Et dans les bouts-rimés je vous trouve adorable.

TRISSOTIN.

Si la France pouvoit connoître votre prix,

VADIUS.

Si le siècle rendoit justice aux beaux esprits,

TRISSOTIN.

En carrosse doré vous iriez par les rues.

VADIUS.

On verroit le public vous dresser des statues.

(à Trissotin.)

Hom! C'est une ballade, et je veux que tout net
Vous m'en...

TRISSOTIN, à *Vadius.*

Avez-vous vu certain petit sonnet
Sur la fièvre qui tient la princesse Uranie?

VADIUS.

Oui. Hier il me fut lu dans une compagnie.

TRISSOTIN.

Vous en savez l'auteur?

VADIUS.

Non; mais je sais fort bien
Qu'à ne le point flatter, son sonnet ne vaut rien.

ACTE III, SCÈNE V.

TRISSOTIN.

Beaucoup de gens pourtant le trouvent admirable.

VADIUS.

Cela n'empêche pas qu'il ne soit misérable;
Et, si vous l'avez vu, vous serez de mon goût.

TRISSOTIN.

Je sais que là dessus je n'en suis point du tout,
Et que d'un tel sonnet peu de gens sont capables.

VADIUS.

Me préserve le ciel d'en faire de semblables!

TRISSOTIN.

Je soutiens qu'on ne peut en faire de meilleur;
Et ma grande raison est que j'en suis l'auteur.

VADIUS.

Vous?

TRISSOTIN.

Moi.

VADIUS.

Je ne sais donc comment se fit l'affaire.

TRISSOTIN.

C'est qu'on fut malheureux de ne pouvoir vous plaire.

VADIUS.

Il faut qu'en écoutant j'aie eu l'esprit distrait,
Ou bien que le lecteur m'ait gâté le sonnet.
Mais laissons ce discours, et voyons ma ballade.

TRISSOTIN.

La ballade, à mon goût, est une chose fade;
Ce n'en est plus la mode, elle sent son vieux temps.

VADIUS.

La ballade pourtant charme beaucoup de gens.

TRISSOTIN.
Cela n'empêche pas qu'elle ne me déplaise.
VADIUS.
Elle n'en reste pas pour cela plus mauvaise.
TRISSOTIN.
Elle a pour les pédants de merveilleux appas.
VADIUS.
Cependant nous voyons qu'elle ne vous plaît pas.
TRISSOTIN.
Vous donnez sottement vos qualités aux autres.

(*Ils se lèvent tous.*)

VADIUS.
Fort impertinemment vous me jetez les vôtres.
TRISSOTIN.
Allez, petit grimaud, barbouilleur de papier.
VADIUS.
Allez, rimeur de halle, opprobre du métier.
TRISSOTIN.
Allez, fripier d'écrits, impudent plagiaire.
VADIUS.
Allez, cuistre...
PHILAMINTE.
Hé, messieurs ! que prétendez-vous faire ?
TRISSOTIN, *à Vadius*.
Va, va restituer tous les honteux larcins
Que réclament sur toi les Grecs et les Latins.
VADIUS.
Va, va-t'en faire amende honorable au Parnasse
D'avoir fait à tes vers estropier Horace.

ACTE III, SCÈNE V.

TRISSOTIN.

Souviens-toi de ton livre, et de son peu de bruit.

VADIUS.

Et toi, de ton libraire à l'hôpital réduit.

TRISSOTIN.

Ma gloire est établie, en vain tu la déchires.

VADIUS.

Oui, oui, je te renvoie à l'auteur des satires.

TRISSOTIN.

Je t'y renvoie aussi.

VADIUS.

J'ai le contentement
Qu'on voit qu'il m'a traité plus honorablement.
Il me donne en passant une atteinte légère
Parmi plusieurs auteurs qu'au palais on révère;
Mais jamais dans ses vers il ne te laisse en paix,
Et l'on t'y voit partout être en butte à ses traits.

TRISSOTIN.

C'est par là que j'y tiens un rang plus honorable.
Il te met dans la foule ainsi qu'un misérable;
Il croit que c'est assez d'un coup pour t'accabler,
Et ne t'a jamais fait l'honneur de redoubler.
Mais il m'attaque à part comme un noble adversaire
Sur qui tout son effort lui semble nécessaire;
Et ses coups contre moi redoublés en tous lieux,
Montrent qu'il ne se croit jamais victorieux.

VADIUS.

Ma plume t'apprendra quel homme je puis être.

TRISSOTIN.

Et la mienne saura te faire voir ton maître.

VADIUS.

Je te défie en vers, prose, grec et latin.

TRISSOTIN.

Hé bien, nous nous verrons seul à seul chez Barbin.

SCÈNE VI.

TRISSOTIN, PHILAMINTE, ARMANDE, BÉLISE, HENRIETTE.

TRISSOTIN.

A mon emportement ne donnez aucun blâme ;
C'est votre jugement que je défends, madame,
Dans le sonnet qu'il a l'audace d'attaquer.

PHILAMINTE.

A vous remettre bien je me veux appliquer.
Mais parlons d'autre affaire. Approchez, Henriette :
Depuis assez long-temps mon ame s'inquiète
De ce qu'aucun esprit en vous ne se fait voir ;
Mais je trouve un moyen de vous en faire avoir.

HENRIETTE.

C'est prendre un soin pour moi qui n'est pas nécessaire ;
Les doctes entretiens ne sont point mon affaire :
J'aime à vivre aisément ; et, dans tout ce qu'on dit,
Il faut se trop peiner pour avoir de l'esprit ;
C'est une ambition que je n'ai point en tête.
Je me trouve fort bien, ma mère, d'être bête ;
Et j'aime mieux n'avoir que de communs propos,
Que de me tourmenter pour dire de beaux mots.

PHILAMINTE.

Oui ; mais j'y suis blessée, et ce n'est pas mon compte

De souffrir dans mon sang une pareille honte.
La beauté du visage est un frêle ornement,
Une fleur passagère, un éclat d'un moment,
Et qui n'est attaché qu'à la simple épiderme ;
Mais celle de l'esprit est inhérente et ferme.
J'ai donc cherché long-temps un biais de vous donner
La beauté que les ans ne peuvent moissonner,
De faire entrer chez vous le désir des sciences,
De vous insinuer les belles connoissances ;
Et la pensée enfin où mes vœux ont souscrit,
C'est d'attacher à vous un homme plein d'esprit.
   (*montrant Trissotin.*)
Et cet homme est monsieur, que je vous détermine
A voir comme l'époux que mon choix vous destine.

HENRIETTE.

Moi, ma mère ?

PHILAMINTE.

        Oui, vous : faites la sotte un peu.

BÉLISE, *à Trissotin.*

Je vous entends : vos yeux demandent mon aveu
Pour engager ailleurs un cœur que je possède.
Allez, je le veux bien. A ce nœud je vous cède ;
C'est un hymen qui fait votre établissement.

TRISSOTIN, *à Henriette.*

Je ne sais que vous dire en mon ravissement,
Madame ; et cet hymen dont je vois qu'on m'honore
Me met...

HENRIETTE.

      Tout beau, monsieur ; il n'est pas fait encore :
Ne vous pressez pas tant.

PHILAMINTE.

     Comme vous répondez !
Savez-vous bien que si... Suffit. Vous m'entendez.
 (*à Trissotin.*)
Elle se rendra sage. Allons, laissons-la faire.

SCÈNE VII.

HENRIETTE, ARMANDE.

ARMANDE.

On voit briller pour vous les soins de notre mère ;
Et son choix ne pouvoit d'un plus illustre époux...

HENRIETTE.

Si le choix est si beau, que ne le prenez-vous ?

ARMANDE.

C'est à vous, non à moi, que sa main est donnée.

HENRIETTE.

Je vous le cède tout, comme à ma sœur aînée.

ARMANDE.

Si l'hymen, comme à vous, me paroissoit charmant,
J'accepterois votre offre avec ravissement.

HENRIETTE.

Si j'avois, comme vous, les pédants dans la tête,
Je pourrois le trouver un parti fort honnête.

ARMANDE.

Cependant, bien qu'ici nos goûts soient différents,
Nous devons obéir, ma sœur, à nos parents.
Une mère a sur nous une entière puissance ;
Et vous croyez, en vain, par votre résistance...

SCÈNE VIII.

CHRYSALE, ARISTE, CLITANDRE, HENRIETTE, ARMANDE.

CHRYSALE, *à Henriette, lui présentant Clitandre.*
Allons, ma fille, il faut approuver mon dessein.
Otez ce gant. Touchez à monsieur dans la main,
Et le considérez désormais dans votre ame
En homme dont je veux que vous soyez la femme.

ARMANDE.
De ce côté, ma sœur, vos penchants sont fort grands.

HENRIETTE.
Il nous faut obéir, ma sœur, à nos parents;
Un père a sur nos vœux une entière puissance.

ARMANDE.
Une mère a sa part à notre obéissance.

CHRYSALE.
Qu'est-ce à dire?

ARMANDE.
    Je dis que j'appréhende fort
Qu'ici ma mère et vous ne soyez pas d'accord;
Et c'est un autre époux...

CHRYSALE.
      Taisez-vous, péronnelle;
Allez philosopher tout le soûl avec elle,
Et de mes actions ne vous mêlez en rien.
Dites-lui ma pensée, et l'avertissez bien
Qu'elle ne vienne pas m'échauffer les oreilles.
Allons vite.

SCÈNE IX.

CHRYSALE, ARISTE, HENRIETTE, CLITANDRE.

ARISTE.
Fort bien. Vous faites des merveilles.
CLITANDRE.
Quel transport! quelle joie! Ah, que mon sort est doux!
CHRYSALE, *à Clitandre.*
Allons, prenez sa main, et passez devant nous;
Menez-la dans sa chambre. Ah, les douces caresses!
(*à Ariste.*)
Tenez, mon cœur s'émeut à toutes ces tendresses:
Cela ragaillardit tout-à-fait mes vieux jours;
Et je me ressouviens de mes jeunes amours.

FIN DU TROISIÈME ACTE.

ACTE QUATRIÈME.

SCÈNE I.

PHILAMINTE, ARMANDE.

ARMANDE.

Oui, rien n'a retenu son esprit en balance ;
Elle a fait vanité de son obéissance.
Son cœur, pour se livrer, à peine devant moi
S'est-il donné le temps d'en recevoir la loi,
Et sembloit suivre moins les volontés d'un père,
Qu'affecter de braver les ordres d'une mère.

PHILAMINTE.

Je lui montrerai bien aux lois de qui des deux
Les droits de la raison soumettent tous ses vœux,
Et qui doit gouverner, ou sa mère ou son père,
Ou l'esprit ou le corps, la forme ou la matière.

ARMANDE.

On vous en devoit bien, au moins, un compliment ;
Et ce petit monsieur en use étrangement
De vouloir, malgré vous, devenir votre gendre.

PHILAMINTE.

Il n'en est pas encore où son cœur peut prétendre.
Je le trouvois bien fait, et j'aimois vos amours ;
Mais, dans ses procédés, il m'a déplu toujours.
Il sait que, Dieu merci, je me mêle d'écrire ;
Et jamais il ne m'a prié de lui rien lire.

SCÈNE II.

CLITANDRE *entrant doucement et écoutant sans se montrer;* ARMANDE, PHILAMINTE.

ARMANDE.

Je ne souffrirois point, si j'étois que de vous,
Que jamais d'Henriette il pût être l'époux.
On me feroit grand tort d'avoir quelque pensée
Que là dessus je parle en fille intéressée,
Et que le lâche tour que l'on voit qu'il me fait
Jette au fond de mon cœur quelque dépit secret.
Contre de pareils coups l'ame se fortifie
Du solide secours de la philosophie,
Et par elle on se peut mettre au dessus de tout.
Mais vous traiter ainsi, c'est vous pousser à bout.
Il est de votre honneur d'être à ses vœux contraire;
Et c'est un homme enfin qui ne doit point vous plaire.
Jamais je n'ai connu, discourant entre nous,
Qu'il eût au fond du cœur de l'estime pour vous.

PHILAMINTE.

Petit sot!

ARMANDE.

Quelque bruit que votre gloire fasse,
Toujours à vous louer il a paru de glace.

PHILAMINTE.

Le brutal!

ARMANDE.

Et vingt fois, comme ouvrages nouveaux,

J'ai lu des vers de vous qu'il n'a point trouvés beaux.
PHILAMINTE.
L'impertinent!
ARMANDE.
Souvent nous en étions aux prises;
Et vous ne croiriez point de combien de sottises...
CLITANDRE, *à Armande.*
Hé, doucement, de grace! Un peu de charité,
Madame, ou, tout au moins, un peu d'honnêteté.
Quel mal vous ai-je fait? et quelle est mon offense
Pour armer contre moi toute votre éloquence,
Pour vouloir me détruire, et prendre tant de soin
De me rendre odieux aux gens dont j'ai besoin?
Parlez, dites, d'où vient ce courroux effroyable?
Je veux bien que madame en soit juge équitable.
ARMANDE.
Si j'avois le courroux dont on veut m'accuser,
Je trouverois assez de quoi l'autoriser;
Vous en seriez trop digne; et les premières flammes
S'établissent des droits si sacrés sur les ames,
Qu'il faut perdre fortune, et renoncer au jour,
Plutôt que de brûler des feux d'un autre amour.
Au changement de vœux nulle horreur ne s'égale,
Et tout cœur infidèle est un monstre en morale.
CLITANDRE.
Appelez-vous, madame, une infidélité
Ce que m'a de votre ame ordonné la fierté?
Je ne fais qu'obéir aux lois qu'elle m'impose;
Et si je vous offense, elle seule en est cause.

Vos charmes ont d'abord possédé tout mon cœur;
Il a brûlé deux ans d'une constante ardeur;
Il n'est soins empressés, devoirs, respects, services,
Dont il ne vous ait fait d'amoureux sacrifices.
Tous mes feux, tous mes soins, ne peuvent rien sur vous.
Je vous trouve contraire à mes vœux les plus doux;
Ce que vous refusez, je l'offre au choix d'une autre.
Voyez : est-ce, madame, ou ma faute, ou la vôtre?
Mon cœur court-il au change, ou si vous l'y poussez?
Est-ce moi qui vous quitte, ou vous qui me chassez?

ARMANDE.

Appelez-vous, monsieur, être à vos vœux contraire,
Que de leur arracher ce qu'ils ont de vulgaire,
Et vouloir les réduire à cette pureté
Où du parfait amour consiste la beauté?
Vous ne sauriez pour moi tenir votre pensée
Du commerce des sens nette et débarrassée;
Et vous ne goûtez point, dans ses plus doux appas,
Cette union des cœurs où les corps n'entrent pas.
Vous ne pouvez aimer que d'une amour grossière,
Qu'avec tout l'attirail des nœuds de la matière;
Et, pour nourrir les feux que chez vous on produit,
Il faut un mariage et tout ce qui s'ensuit.
Ah, quel étrange amour! et que les belles ames
Sont bien loin de brûler de ces terrestres flammes!
Les sens n'ont point de part à toutes leurs ardeurs,
Et ce beau feu ne veut marier que les cœurs;
Comme une chose indigne il laisse là le reste :
C'est un feu pur et net comme le feu céleste;
On ne pousse avec lui que d'honnêtes soupirs,

Et l'on ne penche point vers les sales désirs.
Rien d'impur ne se mêle au but qu'on se propose;
On aime pour aimer, et non pour autre chose :
Ce n'est qu'à l'esprit seul que vont tous les transports,
Et l'on ne s'aperçoit jamais qu'on ait un corps.

CLITANDRE.

Pour moi, par un malheur, je m'aperçois, madame,
Que j'ai, ne vous déplaise, un corps tout comme une ame;
Je sens qu'il y tient trop pour le laisser à part.
De ces détachements je ne connois point l'art;
Le ciel m'a dénié cette philosophie,
Et mon ame et mon corps marchent de compagnie.
Il n'est rien de plus beau, comme vous avez dit,
Que ces vœux épurés qui ne vont qu'à l'esprit,
Ces unions de cœurs et ces tendres pensées,
Du commerce des sens si bien débarrassées.
Mais ces amours pour moi sont trop subtilisés;
Je suis un peu grossier comme vous m'accusez;
J'aime avec tout moi-même; et l'amour qu'on me donne
En veut, je le confesse, à toute la personne.
Ce n'est pas là matière à de grands châtiments;
Et, sans faire de tort à vos beaux sentiments,
Je vois que dans le monde on suit fort ma méthode,
Et que le mariage est assez à la mode,
Passe pour un lien assez honnête et doux
Pour avoir désiré de me voir votre époux,
Sans que la liberté d'une telle pensée
Ait dû vous donner lieu d'en paroître offensée.

ARMANDE.

Hé bien, monsieur, hé bien! puisque sans m'écouter,

Vos sentiments brutaux veulent se contenter;
Puisque, pour vous réduire à des ardeurs fidèles,
Il faut des nœuds de chair, des chaînes corporelles,
Si ma mère le veut, je résous mon esprit
A consentir pour vous à ce dont il s'agit.

CLITANDRE.

Il n'est plus temps, madame, une autre a pris la place;
Et par un tel retour j'aurois mauvaise grace
De maltraiter l'asile et blesser les bontés
Où je me suis sauvé de toutes vos fiertés.

PHILAMINTE.

Mais enfin comptez-vous, monsieur, sur mon suffrage,
Quand vous vous promettez cet autre mariage?
Et dans vos visions, savez-vous, s'il vous plaît,
Que j'ai pour Henriette un autre époux tout prêt?

CLITANDRE.

Hé, madame! voyez votre choix, je vous prie;
Exposez-moi, de grace, à moins d'ignominie,
Et ne me rangez pas à l'indigne destin
De me voir le rival de monsieur Trissotin.
L'amour des beaux esprits, qui chez vous m'est con-[traire,
Ne pouvoit m'opposer un moins noble adversaire.
Il en est, et plusieurs, que, pour le bel esprit,
Le mauvais goût du siècle a su mettre en crédit;
Mais monsieur Trissotin n'a pu duper personne,
Et chacun rend justice aux écrits qu'il nous donne.
Hors céans, on le prise en tous lieux ce qu'il vaut;
Et ce qui m'a vingt fois fait tomber de mon haut,
C'est de vous voir au ciel élever des sornettes
Que vous désavoueriez si vous les aviez faites.

PHILAMINTE.

Si vous jugez de lui tout autrement que nous,
C'est que nous le voyons par d'autres yeux que vous.

SCÈNE III.

TRISSOTIN, PHILAMINTE, ARMANDE, CLITANDRE.

TRISSOTIN, *à Philaminte.*

Je viens vous annoncer une grande nouvelle.
Nous l'avons en dormant, madame, échappé belle :
Un monde près de nous a passé tout du long,
Est chu tout au travers de notre tourbillon;
Et s'il eût en chemin rencontré notre terre,
Elle eût été brisée en morceaux, comme verre.

PHILAMINTE.

Remettons ce discours pour une autre saison :
Monsieur n'y trouveroit ni rime ni raison;
Il fait profession de chérir l'ignorance,
Et de haïr surtout l'esprit et la science.

CLITANDRE.

Cette vérité veut quelque adoucissement.
Je m'explique, madame; et je hais seulement
La science et l'esprit qui gâtent les personnes.
Ce sont choses, de soi, qui sont belles et bonnes;
Mais j'aimerois mieux être au rang des ignorants,
Que de me voir savant comme certaines gens.

TRISSOTIN.

Pour moi, je ne tiens pas, quelque effet qu'on suppose,

Que la science soit pour gâter quelque chose.
CLITANDRE.
Et c'est mon sentiment qu'en faits comme en propos
La science est sujette à faire de grands sots.
TRISSOTIN.
Le paradoxe est fort.
CLITANDRE.
    Sans être fort habile,
La preuve m'en seroit, je pense, assez facile.
Si les raisons manquoient, je suis sûr qu'en tout cas
Les exemples fameux ne me manqueroient pas.
TRISSOTIN.
Vous en pourriez citer qui ne concluroient guère.
CLITANDRE.
Je n'irois pas bien loin pour trouver mon affaire.
TRISSOTIN.
Pour moi, je ne vois point ces exemples fameux.
CLITANDRE.
Moi, je les vois si bien, qu'ils me crèvent les yeux.
TRISSOTIN.
J'ai cru jusques ici que c'étoit l'ignorance
Qui faisoit les grands sots, et non pas la science.
CLITANDRE.
Vous avez cru fort mal; et je vous suis garant
Qu'un sot savant est sot plus qu'un sot ignorant.
TRISSOTIN.
Le sentiment commun est contre vos maximes,
Puisque ignorant et sot sont termes synonymes.
CLITANDRE.
Si vous le voulez prendre aux usages du mot,

ACTE IV, SCÈNE III.

L'alliance est plus grande entre pédant et sot.
TRISSOTIN.
La sottise, dans l'un, se fait voir toute pure.
CLITANDRE.
Et l'étude, dans l'autre, ajoute à la nature.
TRISSOTIN.
Le savoir garde en soi son mérite éminent.
CLITANDRE.
Le savoir, dans un fat, devient impertinent.
TRISSOTIN.
Il faut que l'ignorance ait pour vous de grands charmes,
Puisque pour elle ainsi vous prenez tant les armes.
CLITANDRE.
Si pour moi l'ignorance a des charmes bien grands,
C'est depuis qu'à mes yeux s'offrent certains savants.
TRISSOTIN.
Ces certains savants-là peuvent, à les connoître,
Valoir certaines gens que nous voyons paroître.
CLITANDRE.
Oui, si l'on s'en rapporte à ces certains savants :
Mais on n'en convient pas chez ces certaines gens.
PHILAMINTE, à *Clitandre*.
Il me semble, monsieur...
CLITANDRE.
Hé, madame! de grace,
Monsieur est assez fort, sans qu'à son aide on passe.
Je n'ai déja que trop d'un si rude assaillant ;
Et si je me défends, ce n'est qu'en reculant.
ARMANDE.
Mais l'offensante aigreur de chaque repartie
Dont vous...

CLITANDRE.
Autre second ! Je quitte la partie.
PHILAMINTE.
On souffre aux entretiens ces sortes de combats,
Pourvu qu'à la personne on ne s'attaque pas.
CLITANDRE.
Hé, mon dieu ! tout cela n'a rien dont il s'offense,
Il entend raillerie autant qu'homme de France ;
Et de bien d'autres traits il s'est senti piquer,
Sans que jamais sa gloire ait fait que s'en moquer.
TRISSOTIN.
Je ne m'étonne pas, au combat que j'essuie,
De voir prendre à monsieur la thèse qu'il appuie ;
Il est fort enfoncé dans la cour, c'est tout dit.
La cour, comme l'on sait, ne tient pas pour l'esprit :
Elle a quelque intérêt d'appuyer l'ignorance ;
Et c'est en courtisan qu'il en prend la défense.
CLITANDRE.
Vous en voulez beaucoup à cette pauvre cour ;
Et son malheur est grand de voir que, chaque jour,
Vous autres beaux esprits vous déclamiez contre elle,
Que de tous vos chagrins vous lui fassiez querelle ;
Et, sur son méchant goût lui faisant son procès,
N'accusiez que lui seul de vos méchants succès.
Permettez-moi, monsieur Trissotin, de vous dire,
Avec tout le respect que votre nom m'inspire,
Que vous feriez fort bien, vos confrères et vous,
De parler de la cour d'un ton un peu plus doux ;
Qu'à le bien prendre au fond, elle n'est pas si bête
Que, vous autres messieurs, vous vous mettez en tête ;

ACTE IV, SCÈNE III.

Qu'elle a du sens commun pour se connoître à tout;
Que chez elle on se peut former quelque bon goût;
Et que l'esprit du monde y vaut, sans flatterie,
Tout le savoir obscur de la pédanterie.

TRISSOTIN.

De son bon goût, monsieur, nous voyons des effets.

CLITANDRE.

Où voyez-vous, monsieur, qu'elle l'ait si mauvais?

TRISSOTIN.

Ce que je vois, monsieur? c'est que pour la science
Rasius et Baldus font honneur à la France,
Et que tout leur mérite, exposé fort au jour,
N'attire point les yeux et les dons de la cour.

CLITANDRE.

Je vois votre chagrin, et que, par modestie,
Vous ne vous mettez point, monsieur, de la partie.
Et, pour ne vous point mettre aussi dans le propos,
Que font-ils pour l'état, vos habiles héros?
Qu'est-ce que leurs écrits lui rendent de service,
Pour accuser la cour d'une horrible injustice,
Et se plaindre en tous lieux que sur leurs doctes noms
Elle manque à verser la faveur de ses dons?
Leur savoir à la France est beaucoup nécessaire!
Et des livres qu'ils font la cour a bien affaire!
Il semble à trois gredins, dans leur petit cerveau,
Que, pour être imprimés et reliés en veau,
Les voilà dans l'état d'importantes personnes;
Qu'avec leur plume ils font les destins des couronnes;
Qu'au moindre petit bruit de leurs productions,
Ils doivent voir chez eux voler les pensions;

Que sur eux l'univers a la vue attachée;
Que partout de leur nom la gloire est épanchée;
Et qu'en science ils sont des prodiges fameux,
Pour savoir ce qu'ont dit les autres avant eux,
Pour avoir eu trente ans des yeux et des oreilles,
Pour avoir employé neuf ou dix mille veilles
A se bien barbouiller de grec et de latin,
Et se charger l'esprit d'un ténébreux butin
De tous les vieux fatras qui traînent dans les livres:
Gens qui de leur savoir paroissent toujours ivres;
Riches, pour tout mérite, en babil importun;
Inhabiles à tout, vides de sens commun,
Et pleins d'un ridicule et d'une impertinence
A décrier partout l'esprit et la science.

PHILAMINTE.

Votre chaleur est grande; et cet emportement
De la nature en vous marque le mouvement.
C'est le nom de rival qui dans votre ame excite...

SCÈNE IV.

TRISSOTIN, PHILAMINTE, CLITANDRE,
ARMANDE, JULIEN.

JULIEN.

Le savant qui tantôt vous a rendu visite,
Et de qui j'ai l'honneur de me voir le valet,
Madame, vous exhorte à lire ce billet.

PHILAMINTE.

Quelque important que soit ce qu'on veut que je lise,

ACTE IV, SCÈNE IV.

Apprenez, mon ami, que c'est une sottise
De se venir jeter au travers d'un discours,
Et qu'aux gens d'un logis il faut avoir recours,
Afin de s'introduire en valet qui sait vivre.

JULIEN.

Je noterai cela, madame, dans mon livre.

PHILAMINTE.

« Trissotin s'est vanté, madame, qu'il épouseroit
« votre fille. Je vous donne avis que sa philosophie
« n'en veut qu'à vos richesses, et que vous ferez bien
« de ne point conclure ce mariage que vous n'ayez
« vu le poëme que je compose contre lui. En attendant
« cette peinture, où je prétends vous le dépeindre de
« toutes ses couleurs, je vous envoie Horace, Virgile,
« Térence et Catulle, où vous verrez notés en marge
« tous les endroits qu'il a pillés. »

Voilà sur cet hymen que je me suis promis
Un mérite attaqué de beaucoup d'ennemis;
Et ce déchaînement aujourd'hui me convie
A faire une action qui confonde l'envie,
Qui lui fasse sentir que l'effort qu'elle fait
De ce qu'elle veut rompre aura pressé l'effet.
   (*à Julien.*)
Reportez tout cela sur l'heure à votre maître,
Et lui dites qu'afin de lui faire connoître
Quel grand état je fais de ses nobles avis,
Et comme je les crois dignes d'être suivis,
         (*montrant Trissotin.*)
Dès ce soir à monsieur je marierai ma fille.

SCÈNE V.

PHILAMINTE, ARMANDE, CLITANDRE.

PHILAMINTE, *à Clitandre.*
Vous, monsieur, comme ami de toute la famille,
A signer leur contrat vous pouvez assister ;
Et je vous y veux bien de ma part inviter.
Armande, prenez soin d'envoyer au notaire,
Et d'aller avertir votre sœur de l'affaire.

ARMANDE.
Pour avertir ma sœur, il n'en est pas besoin ;
Et monsieur que voilà saura prendre le soin
De courir lui porter bientôt cette nouvelle,
Et disposer son cœur à vous être rebelle.

PHILAMINTE.
Nous verrons qui sur elle aura plus de pouvoir,
Et si je la saurai réduire à son devoir.

SCÈNE VI.

ARMANDE, CLITANDRE.

ARMANDE.
J'ai grand regret, monsieur, de voir qu'à vos visées
Les choses ne soient pas tout-à-fait disposées.

CLITANDRE.
Je m'en vais travailler, madame, avec ardeur,
A ne vous point laisser ce grand regret au cœur.

ARMANDE.

J'ai peur que votre effort n'ait pas trop bonne issue.

CLITANDRE.

Peut-être verrez-vous votre crainte déçue.

ARMANDE.

Je le souhaite ainsi.

CLITANDRE.

J'en suis persuadé,
Et que de votre appui je serai secondé.

ARMANDE.

Oui, je vais vous servir de toute ma puissance.

CLITANDRE.

Et ce service est sûr de ma reconnoissance.

SCÈNE VII.

CHRYSALE, ARISTE, HENRIETTE, CLITANDRE.

CLITANDRE.

Sans votre appui, monsieur, je serai malheureux :
Madame votre femme a rejeté mes vœux;
Et son cœur prévenu veut Trissotin pour gendre.

CHRYSALE.

Mais quelle fantaisie a-t-elle donc pu prendre?
Pourquoi diantre vouloir ce monsieur Trissotin?

ARISTE.

C'est par l'honneur qu'il a de rimer à latin
Qu'il a sur son rival emporté l'avantage.

CLITANDRE.

Elle veut, dès ce soir, faire ce mariage.

CHRYSALE.
Dès ce soir?
CLITANDRE.
Dès ce soir.
CHRYSALE.
Et dès ce soir je veux,
Pour la contrecarrer vous marier vous deux.
CLITANDRE.
Pour dresser le contrat, elle envoie au notaire.
CHRYSALE.
Et je vais le querir pour celui qu'il doit faire.
CLITANDRE, *montrant Henriette.*
Et madame doit être instruite par sa sœur
De l'hymen où l'on veut qu'elle apprête son cœur.
CHRYSALE.
Et moi, je lui commande avec pleine puissance
De préparer sa main à cette autre alliance.
Ah! je leur ferai voir si, pour donner la loi,
Il est dans ma maison d'autre maître que moi.
(*à Henriette.*)
Nous allons revenir, songez à nous attendre.
Allons, suivez mes pas, mon frère, et vous, mon gendre.
HENRIETTE, *à Ariste.*
Hélas! dans cette humeur conservez-le toujours.
ARISTE.
J'emploierai toute chose à servir vos amours.

SCÈNE VIII.

HENRIETTE, CLITANDRE.

CLITANDRE.
Quelque secours puissant qu'on promette à ma flamme,
Mon plus solide espoir, c'est votre cœur, madame.
HENRIETTE.
Pour mon cœur, vous pouvez vous assurer de lui.
CLITANDRE.
Je ne puis qu'être heureux quand j'aurai son appui.
HENRIETTE.
Vous voyez à quels nœuds on prétend le contraindre.
CLITANDRE.
Tant qu'il sera pour moi, je ne vois rien à craindre.
HENRIETTE.
Je vais tout essayer pour nos vœux les plus doux ;
Et si tous mes efforts ne me donnent à vous,
Il est une retraite où notre ame se donne,
Qui m'empêchera d'être à toute autre personne.
CLITANDRE.
Veuille le juste ciel me garder en ce jour
De recevoir de vous cette preuve d'amour !

FIN DU QUATRIÈME ACTE.

ACTE CINQUIÈME.

SCÈNE I.

HENRIETTE, TRISSOTIN.

HENRIETTE.
C'est sur le mariage où ma mère s'apprête
Que j'ai voulu, monsieur, vous parler tête à tête;
Et j'ai cru, dans le trouble où je vois la maison,
Que je pourrois vous faire écouter la raison.
Je sais qu'avec mes vœux vous me jugez capable
De vous porter en dot un bien considérable.
Mais l'argent, dont on voit tant de gens faire cas,
Pour un vrai philosophe a d'indignes appas;
Et le mépris du bien et des grandeurs frivoles
Ne doit point éclater dans vos seules paroles.

TRISSOTIN.
Aussi n'est-ce point là ce qui me charme en vous;
Et vos brillants attraits, vos yeux perçants et doux,
Votre grace et votre air, sont les biens, les richesses,
Qui vous ont attiré mes vœux et mes tendresses :
C'est de ces seuls trésors que je suis amoureux.

HENRIETTE.
Je suis fort redevable à vos feux généreux.
Cet obligeant amour a de quoi me confondre;
Et j'ai regret, monsieur, de n'y pouvoir répondre.

ACTE V, SCENE I.

Je vous estime autant qu'on sauroit estimer ;
Mais je trouve un obstacle à vous pouvoir aimer.
Un cœur, vous le savez, à deux ne sauroit être ;
Et je sens que du mien Clitandre s'est fait maître.
Je sais qu'il a bien moins de mérite que vous,
Que j'ai de méchants yeux pour le choix d'un époux,
Que par cent beaux talens vous devriez me plaire ;
Je vois bien que j'ai tort, mais je n'y puis que faire ;
Et tout ce que sur moi peut le raisonnement,
C'est de me vouloir mal d'un tel aveuglement.

TRISSOTIN.

Le don de votre main, où l'on me fait prétendre,
Me livrera ce cœur que possède Clitandre ;
Et par mille doux soins j'ai lieu de présumer
Que je pourrai trouver l'art de me faire aimer.

HENRIETTE.

Non : à ses premiers vœux mon ame est attachée,
Et ne peut de vos soins, monsieur, être touchée.
Avec vous librement j'ose ici m'expliquer,
Et mon aveu n'a rien qui vous doive choquer.
Cette amoureuse ardeur qui dans les cœurs s'excite
N'est point, comme l'on sait, un effet du mérite :
Le caprice y prend part ; et quand quelqu'un nous plaît,
Souvent nous avons peine à dire pourquoi c'est.
Si l'on aimoit, monsieur, par choix et par sagesse,
Vous auriez tout mon cœur et toute ma tendresse,
Mais on voit que l'amour se gouverne autrement.
Laissez-moi, je vous prie, à mon aveuglement ;
Et ne vous servez point de cette violence
Que pour vous on veut faire à mon obéissance.

Quand on est honnête homme, on ne veut rien devoir
A ce que des parents ont sur nous de pouvoir ;
On répugne à se faire immoler ce qu'on aime,
Et l'on veut n'obtenir un cœur que de lui-même.
Ne poussez point ma mère à vouloir, par son choix,
Exercer sur mes vœux la rigueur de ses droits.
Otez-moi votre amour, et portez à quelque autre
Les hommages d'un cœur aussi cher que le vôtre.

TRISSOTIN.

Le moyen que ce cœur puisse vous contenter?
Imposez-lui des lois qu'il puisse exécuter.
De ne vous point aimer peut-il être capable,
A moins que vous cessiez, madame, d'être aimable,
Et d'étaler aux yeux les célestes appas...

HENRIETTE.

Hé, monsieur! laissons là ce galimatias.
Vous avez tant d'Iris, de Philis, d'Amarantes,
Que partout dans vos vers vous peignez si charmantes,
Et pour qui vous jurez tant d'amoureuse ardeur...

TRISSOTIN.

C'est mon esprit qui parle, et ce n'est pas mon cœur.
D'elles on ne me voit amoureux qu'en poëte ;
Mais j'aime tout de bon l'adorable Henriette.

HENRIETTE.

Hé! de grace, monsieur...

TRISSOTIN.

                Si c'est vous offenser,
Mon offense envers vous n'est pas prête à cesser.
Cette ardeur, jusqu'ici de vos yeux ignorée,
Vous consacre des vœux d'éternelle durée.

Rien n'en peut arrêter les aimables transports;
Et bien que vos beautés condamnent mes efforts,
Je ne puis refuser le secours d'une mère
Qui prétend couronner une flamme si chère;
Et pourvu que j'obtienne un bonheur si charmant,
Pourvu que je vous aie, il n'importe comment.

HENRIETTE.

Mais savez-vous qu'on risque un peu plus qu'on ne pense
A vouloir sur un cœur user de violence;
Qu'il ne fait pas bien sûr, à vous le trancher net,
D'épouser une fille en dépit qu'elle en ait;
Et qu'elle peut aller, en se voyant contraindre,
A des ressentiments que le mari doit craindre?

TRISSOTIN.

Un tel discours n'a rien dont je sois altéré;
A tous événements le sage est préparé.
Guéri par la raison des foiblesses vulgaires,
Il se met au dessus de ces sortes d'affaires,
Et n'a garde de prendre aucune ombre d'ennui
De tout ce qui n'est pas pour dépendre de lui.

HENRIETTE.

En vérité, monsieur, je suis de vous ravie;
Et je ne pensois pas que la philosophie
Fût si belle qu'elle est, d'instruire ainsi les gens
A porter constamment de pareils accidents.
Cette fermeté d'ame, à vous si singulière,
Mérite qu'on lui donne une illustre matière,
Est digne de trouver qui prenne avec amour
Les soins continuels de la mettre en son jour;
Et comme, à dire vrai, je n'oserois me croire

Bien propre à lui donner tout l'éclat de sa gloire,
Je le laisse à quelque autre, et vous jure, entre nous,
Que je renonce au bien de vous voir mon époux.

TRISSOTIN, *en sortant.*

Nous allons voir bientôt comment ira l'affaire;
Et l'on a là dedans fait venir le notaire.

SCÈNE II.

CHRYSALE, CLITANDRE, HENRIETTE, MARTINE.

CHRYSALE.

Ah, ma fille! je suis bien aise de vous voir;
Allons, venez-vous-en faire votre devoir,
Et soumettre vos vœux aux volontés d'un père.
Je veux, je veux apprendre à vivre à votre mère;
Et, pour la mieux braver, voilà, malgré ses dents,
Martine que j'amène et rétablis céans.

HENRIETTE.

Vos résolutions sont dignes de louange;
Gardez que cette humeur, mon père, ne vous change;
Soyez ferme à vouloir ce que vous souhaitez;
Et ne vous laissez point séduire à vos bontés.
Ne vous relâchez pas, et faites bien en sorte
D'empêcher que sur vous ma mère ne l'emporte.

CHRYSALE.

Comment! me prenez-vous ici pour un benêt?

HENRIETTE.

M'en préserve le ciel!

CHRYSALE.

Suis-je un fat, s'il vous plaît?

HENRIETTE.

Je ne dis pas cela.

CHRYSALE.

Me croit-on incapable
Des fermes sentiments d'un homme raisonnable?

HENRIETTE.

Non, mon père.

CHRYSALE.

Est-ce donc qu'à l'âge où je me voi
Je n'aurois pas l'esprit d'être maître chez moi?

HENRIETTE.

Si fait.

CHRYSALE.

Et que j'aurois cette foiblesse d'ame
De me laisser mener par le nez à ma femme?

HENRIETTE.

Hé! non, mon père.

CHRYSALE.

Ouais! Qu'est-ce donc que ceci?
Je vous trouve plaisante à me parler ainsi.

HENRIETTE.

Si je vous ai choqué, ce n'est pas mon envie.

CHRYSALE.

Ma volonté céans doit être en tout suivie.

HENRIETTE.

Fort bien, mon père.

CHRYSALE.

Aucun, hors moi, dans la maison
N'a droit de commander.

HENRIETTE.

Oui, vous avez raison.

CHRYSALE.

C'est moi qui tiens le rang de chef de la famille.

HENRIETTE.

D'accord.

CHRYSALE.

C'est moi qui dois disposer de ma fille.

HENRIETTE.

Hé! oui.

CHRYSALE.

Le ciel me donne un plein pouvoir sur vous.

HENRIETTE.

Qui vous dit le contraire?

CHRYSALE.

Et, pour prendre un époux,
Je vous ferai bien voir que c'est à votre père
Qu'il vous faut obéir, non pas à votre mère.

HENRIETTE.

Hélas! vous flattez là les plus doux de mes vœux;
Veuillez être obéi, c'est tout ce que je veux.

CHRYSALE.

Nous verrons si ma femme à mes désirs rebelle...

CLITANDRE.

La voici qui conduit le notaire avec elle.

CHRYSALE.

Secondez-moi bien tous.

MARTINE.

Laissez-moi: j'aurai soin
De vous encourager, s'il en est de besoin.

SCÈNE III.

PHILAMINTE, BÉLISE, ARMANDE, TRISSOTIN, UN NOTAIRE, CHRYSALE, CLITANDRE, HENRIETTE, MARTINE.

PHILAMINTE, *au notaire.*

Vous ne sauriez changer votre style sauvage,
Et nous faire un contrat qui soit en beau langage?

LE NOTAIRE.

Notre style est très bon; et je serois un sot,
Madame, de vouloir y changer un seul mot.

BÉLISE.

Ah! quelle barbarie au milieu de la France!
Mais au moins, en faveur, monsieur, de la science,
Veuillez, au lieu d'écus, de livres et de francs,
Nous exprimer la dot en mines et talents,
Et dater par les mots d'ides et de calendes.

LE NOTAIRE.

Moi! Si j'allois, madame, accorder vos demandes,
Je me ferois siffler de tous mes compagnons.

PHILAMINTE.

De cette barbarie en vain nous nous plaignons.
Allons, monsieur, prenez la table pour écrire.
    (*apercevant Martine.*)
Ah, ah! cette impudente ose encor se produire!
Pourquoi donc, s'il vous plaît, la ramener chez moi?

CHRYSALE.

Tantôt avec loisir on vous dira pourquoi.

Nous avons maintenant autre chose à conclure.

LE NOTAIRE.

Procédons au contrat. Où donc est la future ?

PHILAMINTE.

Celle que je marie est la cadette.

LE NOTAIRE.

Bon.

CHRYSALE, *montrant Henriette.*

Oui, la voilà, monsieur, Henriette est son nom.

LE NOTAIRE.

Fort bien. Et le futur ?

PHILAMINTE, *montrant Trissotin.*

L'époux que je lui donne
Est monsieur.

CHRYSALE, *montrant Clitandre.*

Et celui, moi, qu'en propre personne
Je prétends qu'elle épouse, est monsieur.

LE NOTAIRE.

Deux époux ?
C'est trop pour la coutume.

PHILAMINTE, *au Notaire.*

Où vous arrêtez-vous ?
Mettez, mettez, monsieur, Trissotin pour mon gendre.

CHRYSALE.

Pour mon gendre, mettez, mettez, monsieur, Clitandre.

LE NOTAIRE.

Mettez-vous donc d'accord ; et, d'un jugement mûr,
Voyez à convenir entre vous du futur.

PHILAMINTE.

Suivez, suivez, monsieur, le choix où je m'arrête.

ACTE V, SCÈNE III.

CHRYSALE.

Faites, faites, monsieur, les choses à ma tête.

LE NOTAIRE.

Dites-moi donc à qui j'obéirai des deux.

PHILAMINTE, *à Chrysale.*

Quoi donc! vous combattrez les choses que je veux!

CHRYSALE.

Je ne saurois souffrir qu'on ne cherche ma fille
Que pour l'amour du bien qu'on voit dans ma famille.

PHILAMINTE.

Vraiment à votre bien on songe bien ici!
Et c'est là, pour un sage, un fort digne souci!

CHRYSALE.

Enfin pour son époux j'ai fait choix de Clitandre.

PHILAMINTE, *montrant Trissotin.*

Et moi pour son époux, voici qui je veux prendre.
Mon choix sera suivi, c'est un point résolu.

CHRYSALE.

Ouais! vous le prenez là d'un ton bien absolu!

MARTINE.

Ce n'est point à la femme à prescrire, et je sommes
Pour céder le dessus en toute chose aux hommes.

CHRYSALE.

C'est bien dit.

MARTINE.

      Mon congé cent fois me fût-il hoc,
La poule ne doit point chanter devant le coq.

CHRYSALE.

Sans doute.

MARTINE.

Et nous voyons que d'un homme on se gausse,
Quand sa femme chez lui porte le haut-de-chausse.

CHRYSALE.

Il est vrai.

MARTINE.

Si j'avois un mari, je le dis,
Je voudrois qu'il se fît le maître du logis.
Je ne l'aimerois point s'il faisoit le jocrisse;
Et, si je contestois contre lui par caprice,
Si je parlois trop haut, je trouverois fort bon
Qu'avec quelques soufflets il rabaissât mon ton.

CHRYSALE.

C'est parler comme il faut.

MARTINE.

Monsieur est raisonnable
De vouloir pour sa fille un mari convenable.

CHRYSALE.

Oui.

MARTINE.

Par quelle raison, jeune et bien fait qu'il est,
Lui refuser Clitandre? Et pourquoi, s'il vous plaît,
Lui bailler un savant qui sans cesse épilogue?
Il lui faut un mari, non pas un pédagogue;
Et, ne voulant savoir le grais ni le latin,
Elle n'a pas besoin de monsieur Trissotin.

CHRYSALE.

Fort bien.

PHILAMINTE.

Il faut souffrir qu'elle jase à son aise.

ACTE V, SCÈNE III.

MARTINE.

Les savants ne sont bons que pour prêcher en chaise ;
Et pour mon mari, moi, mille fois je l'ai dit,
Je ne voudrois jamais prendre un homme d'esprit.
L'esprit n'est point du tout ce qu'il faut en ménage :
Les livres cadrent mal avec le mariage ;
Et je veux, si jamais on engage ma foi,
Un mari qui n'ait point d'autre livre que moi,
Qui ne sache A ne B, n'en déplaise à madame,
Et ne soit, en un mot, docteur que pour sa femme.

PHILAMINTE, *à Chrysale.*

Est-ce fait? Et sans trouble ai-je assez écouté
Votre digne interprète?

CHRYSALE.

Elle a dit vérité.

PHILAMINTE.

Et moi, pour trancher court toute cette dispute,
Il faut qu'absolument mon désir s'exécute.
(*montrant Trissotin.*)
Henriette et monsieur seront joints de ce pas :
Je l'ai dit, je le veux ; ne me répliquez pas :
Et si votre parole à Clitandre est donnée,
Offrez-lui le parti d'épouser son aînée.

CHRYSALE.

Voilà dans cette affaire un accommodement :
(*à Henriette et à Clitandre.*)
Voyez : y donnez-vous votre consentement?

HENRIETTE.

Hé! mon père...

CLITANDRE, *à Chrysale.*

Hé! monsieur...

BÉLISE.

On pourrait bien lui faire
Des propositions qui pourraient mieux lui plaire :
Mais nous établissons une espèce d'amour
Qui doit être épuré comme l'astre du jour;
La substance qui pense y peut être reçue,
Mais nous en bannissons la substance étendue.

SCÈNE IV.

ARISTE, CHRYSALE, PHILAMINTE, BÉLISE, HENRIETTE, ARMANDE, TRISSOTIN, UN NOTAIRE, CLITANDRE, MARTINE.

ARISTE.

J'ai regret de troubler un mystère joyeux
Par le chagrin qu'il faut que j'apporte en ces lieux.
Ces deux lettres me font porteur de deux nouvelles
Dont j'ai senti pour vous les atteintes cruelles.
(*à Philaminte.*)
L'une, pour vous, me vient de votre procureur.
(*à Chrysale.*)
L'autre, pour vous, me vient de Lyon.

PHILAMINTE.

Quel malheur
Digne de nous troubler pourroit-on nous écrire?

ARISTE.

Cette lettre en contient un que vous pouvez lire.

ACTE V, SCÈNE IV.

PHILAMINTE.

« Madame, j'ai prié monsieur votre frère de vous
« rendre cette lettre, qui vous dira ce que je n'ai osé
« vous aller dire. La grande négligence que vous
« avez pour vos affaires a été cause que le clerc de
« votre rapporteur ne m'a point averti, et vous avez
« perdu absolument votre procès, que vous deviez
« gagner. »

CHRYSALE, *à Philaminte.*

Votre procès perdu !

PHILAMINTE, *à Chrysale.*

Vous vous troublez beaucoup ;
Mon cœur n'est point du tout ébranlé de ce coup.
Faites, faites paroître une ame moins commune
A braver comme moi les traits de la fortune.

« Le peu de soin que vous avez vous coûte qua-
« rante mille écus ; et c'est à payer cette somme avec
« les dépens que vous êtes condamnée par arrêt de
« la cour. »
Condamnée ! Ah ! ce mot est choquant, et n'est fait
Que pour les criminels.

ARISTE.

Il a tort en effet ;
Et vous vous êtes là justement récriée.
Il devoit avoir mis que vous êtes priée,
Par arrêt de la cour, de payer au plus tôt
Quarante mille écus, et les dépens qu'il faut.

PHILAMINTE.

Voyons l'autre.

CHRYSALE.

« Monsieur, l'amitié qui me lie à monsieur votre
« frère me fait prendre intérêt à tout ce qui vous
« touche. Je sais que vous avez mis votre bien entre
« les mains d'Argante et de Damon, et je vous donne
« avis qu'en même jour ils ont fait tous deux banque-
« route. »

O ciel, tout à la fois perdre ainsi tout son bien !

PHILAMINTE, *à Chrysale.*

Ah, quel honteux transport ! Fi ! tout cela n'est rien.
Il n'est pour le vrai sage aucun revers funeste ;
Et, perdant toute chose, à soi-même il se reste.
Achevons notre affaire, et quittez votre ennui.
    (montrant Trissotin.)
Son bien nous peut suffire et pour nous et pour lui.

TRISSOTIN.

Non, madame, cessez de presser cette affaire.
Je vois qu'à cet hymen tout le monde est contraire ;
Et mon dessein n'est point de contraindre les gens.

PHILAMINTE.

Cette réflexion vous vient en peu de temps ;
Elle suit de bien près, monsieur, notre disgrace.

TRISSOTIN.

De tant de résistance à la fin je me lasse.
J'aime mieux renoncer à tout cet embarras,
Et ne veux point d'un cœur qui ne se donne pas.

PHILAMINTE.

Je vois, je vois de vous, non pas pour votre gloire,
Ce que jusques ici j'ai refusé de croire.

TRISSOTIN.

Vous pouvez voir de moi tout ce que vous voudrez,
Et je regarde peu comme vous le prendrez;
Mais je ne suis point homme à souffrir l'infamie
Des refus offensants qu'il faut qu'ici j'essuie.
Je vaux bien que de moi l'on fasse plus de cas;
Et je baise les mains à qui ne me veut pas.

SCÈNE V.

ARISTE, CHRYSALE, PHILAMINTE, BÉLISE, ARMANDE, HENRIETTE, CLITANDRE, UN NOTAIRE, MARTINE.

PHILAMINTE.

Qu'il a bien découvert son ame mercenaire!
Et que peu philosophe est ce qu'il vient de faire!

CLITANDRE.

Je ne me vante point de l'être; mais enfin
Je m'attache, madame, à tout votre destin;
Et j'ose vous offrir, avecque ma personne,
Ce qu'on sait que de bien la fortune me donne.

PHILAMINTE.

Vous me charmez, monsieur, par ce trait généreux,
Et je veux couronner vos désirs amoureux.
Oui, j'accorde Henriette à l'ardeur empressée...

HENRIETTE.

Non, ma mère; je change à présent de pensée.
Souffrez que je résiste à votre volonté.

CLITANDRE.

Quoi! vous vous opposez à ma félicité!

Et lorsque à mon amour je vois chacun se rendre...

HENRIETTE.

Je sais le peu de bien que vous avez, Clitandre;
Et je vous ai toujours souhaité pour époux,
Lorsqu'en satisfaisant à mes vœux les plus doux
J'ai vu que mon hymen ajustoit vos affaires :
Mais lorsque nous avons les destins si contraires,
Je vous chéris assez dans cette extrémité
Pour ne vous charger point de notre adversité.

CLITANDRE.

Tout destin avec vous me peut être agréable;
Tout destin me seroit sans vous insupportable.

HENRIETTE.

L'amour, dans son transport, parle toujours ainsi.
Des retours importuns évitons le souci.
Rien n'use tant l'ardeur de ce nœud qui nous lie,
Que les fâcheux besoins des choses de la vie;
Et l'on en vient souvent à s'accuser tous deux
De tous les noirs chagrins qui suivent de tels feux.

ARISTE, *à Henriette.*

N'est-ce que le motif que nous venons d'entendre
Qui vous fait résister à l'hymen de Clitandre?

HENRIETTE.

Sans cela, vous verriez tout mon cœur y courir;
Et je ne fuis sa main que pour le trop chérir.

ARISTE.

Laissez-vous donc lier par des chaînes si belles.
Je ne vous ai porté que de fausses nouvelles;
Et c'est un stratagème, un surprenant secours,
Que j'ai voulu tenter pour servir vos amours,

ACTE V, SCÈNE V.

Pour détromper ma sœur, et lui faire connoître
Ce que son philosophe à l'essai pouvoit être.

CHRYSALE.

Le ciel en soit loué !

PHILAMINTE.

J'en ai la joie au cœur
Par le chagrin qu'aura ce lâche déserteur.
Voilà le châtiment de sa basse avarice,
De voir qu'avec éclat cet hymen s'accomplisse.

CHRYSALE, *à Clitandre.*

Je le savois bien, moi, que vous l'épouseriez.

ARMANDE, *à Philaminte.*

Ainsi donc à leurs vœux vous me sacrifiez ?

PHILAMINTE.

Ce ne sera point vous que je leur sacrifie ;
Et vous avez l'appui de la philosophie
Pour voir d'un œil content couronner leur ardeur.

BÉLISE.

Qu'il prenne garde au moins que je suis dans son cœur.
Par un prompt désespoir souvent on se marie,
Qu'on s'en repent après, tout le temps de sa vie.

CHRYSALE, *au notaire.*

Allons, monsieur, suivez l'ordre que j'ai prescrit,
Et faites le contrat ainsi que je l'ai dit.

FIN DES FEMMES SAVANTES.

LA COMTESSE D'ESCARBAGNAS,

COMÉDIE EN UN ACTE

ET EN PROSE.

Représentée à Saint-Germain-en-Laye, au mois de décembre 1671, et à Paris, sur le théâtre du Palais-Royal, le 8 juillet 1672.

AVERTISSEMENT

DE L'ÉDITEUR DE 1739.

Le roi s'étant proposé de donner un divertissement à Madame, à son arrivée à la cour, choisit les plus beaux endroits des ballets qui avoient été représentés devant lui depuis quelques années, et ordonna à Molière de composer une comédie qui enchaînât tous ces morceaux différents de musique et de danse. Molière composa pour cette fête *la Comtesse d'Escarbagnas,* comédie en prose, et une *Pastorale:* ce divertissement parut à Saint-Germain-en-Laye, au mois de décembre 1671, sous le titre de *Ballet des Ballets.* Ces deux pièces composoient sept actes qui étoient précédés d'un prologue, et qui étoient suivis chacun d'un intermède. *La Comtesse d'Escarbagnas* ne parut sur le théâtre du Palais-Royal qu'en un acte, au mois de juillet 1672, telle qu'on la joue aujourd'hui, et telle qu'elle est imprimée. Il y a apparence qu'elle étoit divisée d'abord en plusieurs actes. Pour ce qui est de la *Pastorale,* il ne nous en reste que le nom des acteurs et des comédiens qui la représentoient.

Voici quel étoit l'ordre et la distribution des actes et des intermèdes de ce divertissement :

PROLOGUE.

Ce prologue réunissoit le premier intermède des *Amants magnifiques*, avec les chants et les danses du prologue de *Psyché*. Vénus descendue du ciel jetoit les fondements de toute la comédie, et des divertissements qui devoient suivre.

PREMIER ACTE DE LA COMÉDIE.

PREMIER INTERMÈDE.

La plainte qui fait le premier intermède de *Psyché*.

SECOND ACTE DE LA COMÉDIE.

SECOND INTERMÈDE.

Cérémonie magique de la *Pastorale comique*, représentée dans la troisième entrée du *Ballet des Muses*.

TROISIÈME ACTE DE LA COMÉDIE.

TROISIÈME INTERMÈDE.

Combats des suivants de l'Amour et des suivants de Bacchus, qui fait le quatrième intermède de *George Dandin*.

QUATRIÈME ACTE DE LA COMÉDIE.

QUATRIÈME INTERMÈDE.

Entrée d'une Égyptienne dansante et chantante, suivie de douze Égyptiens dansants, tirée de la *Pastorale comique*, représentée dans la troisième entrée du *Ballet des Muses*. — Entrée de Vulcain, des Cyclopes et des Fées, qui fait le second intermède de *Psyché*.

CINQUIÈME ACTE DE LA COMÉDIE.

CINQUIÈME INTERMÈDE.

Cérémonie turque du quatrième acte du *Bourgeois gentilhomme*.

SIXIÈME ACTE DE LA COMÉDIE.

SIXIEME INTERMÈDE.

Entrée d'Italiens, tirée du *Ballet des Nations*, représenté à la suite du *Bourgeois gentilhomme*. — Entrée d'Espagnols tirée du même *Ballet des Nations*.

SEPTIÈME ACTE DE LA COMÉDIE.

SEPTIÈME INTERMÈDE.

Entrée d'Apollon, de Bacchus, de Mome et de Mars, qui fait le dernier intermède de *Psyché*.

PERSONNAGES.

LA COMTESSE D'ESCARBAGNAS [1].
LE COMTE, son fils [2].
LE VICOMTE, amant de Julie [3].
JULIE, amante du Vicomte [4].
M. TIBAUDIER, conseiller, amant de la Comtesse [5]
M. HARPIN, receveur des tailles, autre amant de la Comtesse [6].
M. BOBINET, précepteur de M. le Comte [7].
ANDRÉE, suivante de la Comtesse [8].
JEANNOT, valet de M. Tibaudier [9].
CRIQUET, valet de la Comtesse [10].

ACTEURS.

[1] Mademoiselle Marotte. — [2] Gaudon. — [3] La Grange. — [4] Mademoiselle Beauval. — [5] Hubert. — [6] Du Croisy. — [7] Beauval. — [8] Mademoiselle Bonneau. — [9] Boulonnois. — [10] Finet.

La scène est à Angoulême.

LA COMTESSE D'ESCARBAGNAS.

SCÈNE I.

JULIE, LE VICOMTE.

LE VICOMTE.

Hé quoi, madame! vous êtes déja ici?

JULIE.

Oui; vous en devriez rougir, Cléante; et il n'est guère honnête à un amant de venir le dernier au rendez-vous.

LE VICOMTE.

Je serois ici il y a une heure, s'il n'y avoit point de fâcheux au monde; et j'ai été arrêté en chemin par un vieux importun de qualité, qui m'a demandé tout exprès des nouvelles de la cour pour trouver moyen de m'en dire des plus extravagantes qu'on puisse débiter; et c'est là, comme vous savez, le fléau des petites villes, que ces grands nouvellistes qui cherchent partout où répandre les contes qu'ils ramassent. Celui-ci m'a montré d'abord deux feuilles de papier pleines jusqu'aux bords d'un grand fatras de balivernes, qui viennent, m'a-t-il dit, de l'endroit le plus sûr du monde. Ensuite, comme d'une chose fort curieuse, il m'a fait, avec un grand mystère, une fatigante lecture de toutes les méchantes plaisanteries de la gazette de Hollande, dont il épouse les intérêts. Il tient que la France est battue en ruine par la plume de cet écrivain, et qu'il ne faut que ce bel esprit pour défaire toutes nos troupes; et de là s'est jeté à corps perdu dans le raisonnement du ministère, dont il remarque tous les défauts, et dont j'ai cru qu'il ne sortiroit point. A l'entendre parler, il sait les secrets du cabinet mieux que ceux qui les font. La politique de l'état lui laisse voir tous ses desseins; et elle ne fait pas un pas dont il ne pénètre les intentions. Il nous apprend les ressorts cachés de tout ce qui se fait, nous découvre les vues de la prudence de nos voisins, et remue à sa fantaisie toutes les affaires de l'Europe. Ses intelligences même s'étendent jusqu'en Afrique et en Asie; et il est informé de tout ce qui s'agite dans le conseil d'en haut du Prêtre-Jean et du Grand-Mogol.

JULIE.

Vous parez votre excuse du mieux que vous pouvez, afin de la rendre agréable, et faire qu'elle soit plus aisément reçue.

LE VICOMTE.

C'est là, belle Julie, la véritable cause de mon retardement: et si je voulois y donner une excuse galante, je n'aurois qu'à vous dire que le rendez-vous que vous voulez prendre peut autoriser la paresse dont vous me querellez; que m'engager à faire l'amant de la maîtresse du logis, c'est me mettre en état de craindre de me trouver ici le premier; que cette feinte où je me force n'étant que pour vous plaire, j'ai lieu de ne vouloir en souffrir la contrainte que devant les yeux qui s'en divertissent; que j'évite le tête-à-tête avec cette comtesse ridicule dont vous m'embarrassez; et, en un mot, que ne venant ici que pour vous, j'ai toutes les raisons du monde d'attendre que vous y soyez.

JULIE.

Nous savons bien que vous ne manquerez jamais d'esprit pour donner de belles couleurs aux fautes que vous pourrez faire. Cependant, si vous étiez venu une demi-heure plus tôt, nous aurions profité de tous ces moments; car j'ai trouvé en arrivant que la comtesse étoit sortie, et je ne doute point qu'elle ne soit allée par la ville se faire honneur de la comédie que vous me donnez sous son nom.

LE VICOMTE.

Mais tout de bon, madame, quand voulez-vous mettre fin à cette contrainte, et me faire moins acheter le bonheur de vous voir?

JULIE.

Quand nos parents pourront être d'accord; ce que je n'ose espérer. Vous savez, comme moi, que les démêlés de nos deux familles ne nous permettent point de nous voir autre part, et que mes frères, non plus que votre père, ne sont pas assez raisonnables pour souffrir notre attachement.

LE VICOMTE.

Mais pourquoi ne pas mieux jouir du rendez-vous que leur inimitié nous laisse, et me contraindre à perdre en une sotte feinte les moments que j'ai près de vous?

JULIE.

Pour mieux cacher notre amour. Et puis, à vous dire la vérité, cette feinte dont vous me parlez m'est une comédie fort agréable ; et je ne sais si celle que vous me donnez aujourd'hui nous divertira davantage. Notre comtesse d'Escarbagnas, avec son perpétuel entêtement de qualité, est un aussi bon personnage qu'on en puisse mettre sur le théâtre. Le petit voyage qu'elle a fait à Paris l'a ramenée dans Angoulême plus achevée qu'elle n'étoit. L'approche de l'air de la cour a donné à son ridicule de nouveaux agréments ; et sa sottise tous les jours ne fait que croître et embellir.

LE VICOMTE.

Oui ; mais vous ne considérez pas que le jeu qui vous divertit tient mon cœur au supplice, et qu'on n'est point capable de se jouer long-temps, lorsqu'on a dans l'esprit une passion aussi sérieuse que celle que je sens pour vous. Il est cruel, belle Julie, que cet amusement dérobe à mon amour un temps qu'il voudroit employer à vous expliquer son ardeur ; et cette nuit j'ai fait là dessus quelques vers que je ne puis m'empêcher de vous réciter, sans que vous me le demandiez, tant la démangeaison de dire ses ouvrages est un vice attaché à la qualité de poëte :

C'est trop long-temps, Iris, me mettre à la torture...

Iris, comme vous voyez, est mis là pour Julie.

C'est trop long-temps, Iris, me mettre à la torture ;
Et si je suis vos lois, je les blâme tout bas

SCÈNE I.

De me forcer à taire un tourment que j'endure,
Pour déclarer un mal que je ne ressens pas.

Faut-il que vos beaux yeux, à qui je rends les armes,
Veuillent se divertir de mes tristes soupirs !
Et n'est-ce pas assez de souffrir pour vos charmes,
Sans me faire souffrir encor pour vos plaisirs ?

C'en est trop à la fois que ce double martyre ;
Et ce qu'il me faut taire, et ce qu'il me faut dire,
Exerce sur mon cœur pareille cruauté :

L'amour le met en feu, la contrainte le tue ;
Et, si par la pitié vous n'êtes combattue,
Je meurs et de la feinte et de la vérité.

JULIE.

Je vois que vous vous faites là bien plus maltraité que vous n'êtes ; mais c'est une licence que prennent messieurs les poëtes de mentir de gaieté de cœur, et de donner à leurs maîtresses des cruautés qu'elles n'ont pas, pour s'accommoder aux pensées qui leur peuvent venir. Cependant je serai bien aise que vous me donniez ces vers par écrit.

LE VICOMTE.

C'est assez de vous les avoir dits, et je dois en demeurer là. Il est permis d'être parfois assez fou pour faire des vers, mais non pour vouloir qu'ils soient vus.

JULIE.

C'est en vain que vous vous retranchez sur une fausse modestie : on sait dans le monde que vous avez de l'esprit; et je ne vois pas la raison qui vous oblige à cacher les vôtres.

LE VICOMTE.

Mon dieu, madame! marchons là dessus, s'il vous plaît, avec beaucoup de retenue; il est dangereux dans le monde de se mêler d'avoir de l'esprit. Il y a là dedans un certain ridicule qu'il est facile d'attraper, et nous avons de nos amis qui me font craindre leur exemple.

JULIE.

Mon dieu, Cléante! vous avez beau dire, je vois avec tout cela que vous mourez d'envie de me les donner; et je vous embarrasserois si je faisois semblant de ne m'en pas soucier.

LE VICOMTE.

Moi, madame! vous vous moquez; et je ne suis pas si poëte que vous pourriez bien croire, pour... Mais voici votre madame la comtesse d'Escarbagnas. Je sors par l'autre porte pour ne la point trouver, et vais disposer tout mon monde au divertissement que je vous ai promis.

SCÈNE II.

LA COMTESSE, JULIE; ANDRÉE et CRIQUET
dans le fond du théâtre.

LA COMTESSE.

Ah, mon dieu, madame, vous voilà toute seule! Quelle pitié est-ce là! Toute seule! Il me semble que mes gens m'avoient dit que le vicomte étoit ici.

SCÈNE II.

JULIE.

Il est vrai qu'il y est venu; mais c'est assez pour lui de savoir que vous n'y étiez pas, pour l'obliger à sortir.

LA COMTESSE.

Comment, il vous a vue!

JULIE.

Oui.

LA COMTESSE.

Et il ne vous a rien dit?

JULIE.

Non, madame, et il a voulu témoigner par là qu'il est tout entier à vos charmes.

LA COMTESSE.

Vraiment, je le veux quereller de cette action. Quelque amour que l'on ait pour moi, j'aime que ceux qui m'aiment rendent ce qu'ils doivent au sexe; et je ne suis point de l'humeur de ces femmes injustes qui s'applaudissent des incivilités que leurs amants font aux autres belles.

JULIE.

Il ne faut point, madame, que vous soyez surprise de son procédé. L'amour que vous lui donnez éclate dans toutes ses actions, et l'empêche d'avoir des yeux que pour vous.

LA COMTESSE.

Je crois être en état de pouvoir faire naître une passion assez forte, et je me trouve pour cela assez de beauté, de jeunesse et de qualité, dieu merci; mais cela n'empêche pas qu'avec ce que j'inspire on ne puisse garder de l'honnêteté et de la complaisance pour les autres. (*apercevant Criquet.*) Que faites-vous donc là, laquais? Est-ce qu'il n'y a pas une antichambre où se tenir, pour venir quand on vous appelle? cela est étrange qu'on ne puisse avoir en province un laquais qui sache son monde! A qui est-ce donc que je parle? Voulez-vous donc vous en aller là dehors, petit fripon?

SCÈNE III.

LA COMTESSE, JULIE, ANDRÉE.

LA COMTESSE, *à Andrée.*

Fille, approchez.

ANDRÉE.

Que vous plaît-il, madame?

LA COMTESSE.

Otez-moi mes coiffes. Doucement donc, maladroite : comme vous me saboulez la tête avec vos mains pesantes!

ANDRÉE.

Je fais, madame, le plus doucement que je puis.

LA COMTESSE.

Oui; mais le plus doucement que vous pouvez est fort rudement pour ma tête, et vous me l'avez déboîtée. Tenez encore ce manchon. Ne laissez point traîner tout cela, et portez-le dans ma garde-robe. Hé bien! où va-t-elle? où va-t-elle? que veut-elle faire, cet oison bridé?

ANDRÉE.

Je veux, madame, comme vous m'avez dit, porter cela aux garde-robes.

SCÈNE IV.

LA COMTESSE.

Ah, mon dieu, l'impertinente! (*à Julie.*) Je vous demande pardon, madame. (*à Andrée.*) Je vous ai dit ma garde-robe, grosse bête, c'est-à-dire où sont mes habits.

ANDRÉE.

Est-ce, madame, qu'à la cour une armoire s'appelle une garde-robe?

LA COMTESSE.

Oui, butorde; on appelle ainsi le lieu où l'on met les habits.

ANDRÉE.

Je m'en ressouviendrai, madame, aussi bien que de votre grenier qu'il faut appeler garde-meuble.

SCÈNE IV.

LA COMTESSE, JULIE.

LA COMTESSE.

Quelle peine il faut prendre pour instruire ces animaux-là!

JULIE.

Je les trouve bien heureux, madame, d'être sous votre discipline.

LA COMTESSE.

C'est une fille de ma mère nourrice que j'ai mise à la chambre, et elle est toute neuve encore.

JULIE.

Cela est d'une belle ame, madame; et il est glorieux de faire ainsi des créatures.

LA COMTESSE.

Allons, des siéges. Holà, laquais, laquais, laquais! En vérité, voilà qui est violent, de ne pouvoir pas avoir un laquais pour donner des siéges! Filles, laquais, laquais, filles, quelqu'un! Je pense que tous mes gens sont morts, et que nous serons contraintes de nous donner des siéges nous-mêmes.

SCÈNE V.

LA COMTESSE, JULIE, ANDRÉE.

ANDRÉE.

Que voulez-vous, madame?

LA COMTESSE.

Il se faut bien égosiller avec vous autres!

ANDRÉE.

J'enfermois votre manchon et vos coiffes dans votre armoi... dis-je, dans votre garde-robe.

LA COMTESSE.

Appelez-moi ce petit fripon de laquais.

ANDRÉE.

Holà, Criquet!

LA COMTESSE.

Laissez là votre Criquet, bouvière; et appelez, Laquais!

ANDRÉE.

Laquais donc, et non pas Criquet, venez parler à madame. Je pense qu'il est sourd. Criq... Laquais, laquais!

SCÈNE VI.

LA COMTESSE, JULIE, ANDRÉE, CRIQUET.

CRIQUET.

Plaît-il?

LA COMTESSE.

Où étiez-vous donc, petit coquin?

CRIQUET.

Dans la rue, madame.

LA COMTESSE.

Et pourquoi dans la rue?

CRIQUET.

Vous m'avez dit d'aller là dehors.

LA COMTESSE.

Vous êtes un petit impertinent, mon ami; et vous devez savoir que là dehors, en termes de personnes de qualité, veut dire l'antichambre. Andrée, ayez soin tantôt de faire donner le fouet à ce petit fripon-là par mon écuyer; c'est un petit incorrigible.

ANDRÉE.

Qu'est-ce que c'est, madame, que votre écuyer? Est-ce maître Charles que vous appelez comme cela?

LA COMTESSE.

Taisez-vous, sotte que vous êtes; vous ne sauriez ouvrir la bouche que vous ne disiez une impertinence. (*à Criquet.*) Des siéges. (*à Andrée.*) Et vous, allumez deux bougies dans mes flambeaux d'argent; il se fait déja tard. Qu'est-ce que c'est donc, que vous me regardez tout effarée?

ANDRÉE.

Madame.

LA COMTESSE.

Hé bien, madame! Qu'y a-t-il?

ANDRÉE.

C'est que...

LA COMTESSE.

Quoi?

ANDRÉE.

C'est que je n'ai point de bougies.

LA COMTESSE.

Comment! vous n'en avez point?

ANDRÉE.

Non, madame, si ce n'est des bougies de suif.

LA COMTESSE.

La bouvière! Et où est donc la cire que je fis acheter ces jours passés?

ANDRÉE.

Je n'en ai point vu depuis que je suis céans.

LA COMTESSE.

Otez-vous de là, insolente. Je vous renvoierai chez vos parents. Apportez-moi un verre d'eau.

SCÈNE VII.

LA COMTESSE ET JULIE, *faisant des cérémonies pour s'asseoir.*

LA COMTESSE.

Madame!

JULIE.

Madame!

LA COMTESSE.

Ah, madame!

JULIE.

Ah, madame!

LA COMTESSE.

Mon dieu, madame!

JULIE.

Mon dieu, madame!

LA COMTESSE.

Oh, madame!

JULIE.

Oh, madame!

LA COMTESSE.

Hé, madame!

JULIE.

Hé, madame!

LA COMTESSE.

Hé, allonc donc, madame!

JULIE.

Hé, allons donc, madame!

LA COMTESSE.

Je suis chez moi, madame. Nous sommes demeurées d'accord de cela. Me prenez-vous pour une provinciale, madame ?

JULIE.

Dieu m'en garde, madame!

SCÈNE VIII.

LA COMTESSE, JULIE; ANDRÉE, *apportant un verre d'eau;* CRIQUET.

LA COMTESSE, *à Andrée.*

Allez, impertinente, je bois avec une soucoupe. Je vous dis que vous m'alliez querir une soucoupe pour boire.

ANDRÉE.

Criquet, qu'est-ce que c'est qu'une soucoupe?

CRIQUET.

Une soucoupe?

ANDRÉE.

Oui.

CRIQUET.

Je ne sais.

LA COMTESSE, *à Andrée.*

Vous ne grouillez pas ?

ANDRÉE.

Nous ne savons tous deux, madame, ce que c'est qu'une soucoupe.

LA COMTESSE.

Apprenez que c'est une assiette sur laquelle on met le verre.

SCÈNE IX.

LA COMTESSE, JULIE.

LA COMTESSE.

Vive Paris, pour être bien servie! on vous entend là au moindre coup d'œil.

SCÈNE X.

LA COMTESSE, JULIE; ANDRÉE, *apportant un verre d'eau avec une assiette dessus;* CRIQUET.

LA COMTESSE.

Hé bien, vous ai-je dit comme cela, tête de bœuf? C'est dessous qu'il faut mettre l'assiette.

ANDRÉE.

Cela est bien aisé. (*Andrée casse le verre en le posant sur l'assiette.*)

LA COMTESSE.

Hé bien, ne voilà pas l'étourdie! En vérité, vous me paierez mon verre.

ANDRÉE.

Hé bien, oui, madame, je le paierai.

LA COMTESSE.

Mais voyez cette maladroite, cette bouvière, cette butorde, cette...

ANDRÉE, *s'en allant.*

Dame, madame! si je le paie, je ne veux point être querellée.

LA COMTESSE.

Otez-vous de devant mes yeux.

SCÈNE XI.

LA COMTESSE, JULIE.

LA COMTESSE.

En vérité, madame, c'est une chose étrange que les petites villes! on n'y sait point du tout son monde; et je viens de faire deux ou trois visites, où ils ont pensé me désespérer par le peu de respect qu'ils rendent à ma qualité.

JULIE.

Où auroient-ils appris à vivre? ils n'ont point fait de voyage à Paris.

LA COMTESSE.

Ils ne laisseroient pas de l'apprendre, s'ils vouloient écouter les personnes : mais le mal que j'y trouve, c'est qu'ils veulent en savoir autant que moi, qui ai été deux mois à Paris, et vu toute la cour.

JULIE.

Les sottes gens que voilà!

LA COMTESSE.

Ils sont insupportables avec les impertinentes égalités dont ils traitent les gens. Car enfin il faut qu'il

SCÈNE XI.

y ait de la subordination dans les choses : et ce qui me met hors de moi, c'est qu'un gentilhomme de deux jours ou de deux cents ans aura l'effronterie de dire qu'il est aussi bien gentilhomme que feu monsieur mon mari, qui demeuroit à la campagne, qui avoit meute de chiens courants, et qui prenoit la qualité de comte dans tous les contrats qu'il passoit.

JULIE.

On sait bien mieux vivre à Paris dans ces hôtels dont la mémoire doit être si chère. Cet hôtel de Mouhy, madame, cet hôtel de Lyon, cet hôtel de Hollande, les agréables demeures que voilà !

LA COMTESSE.

Il est vrai qu'il y a bien de la différence de ces lieux-là à tout ceci. On y voit venir du beau monde, qui ne marchande point à vous rendre tous les respects qu'on sauroit souhaiter. On ne se lève pas, si l'on veut, de dessus son siége; et lorsqu'on veut voir la revue, ou le grand ballet de Psyché, on est servie à point nommé.

JULIE.

Je pense, madame, que, durant votre séjour à Paris, vous avez fait bien des conquêtes de qualité.

LA COMTESSE.

Vous pouvez bien croire, madame, que tout ce qui s'appelle les galants de la cour n'a pas manqué de venir à ma porte et de m'en conter; et je garde dans ma cassette de leurs billets, qui peuvent faire voir quelles propositions j'ai refusées. Il n'est pas nécessaire de vous dire leurs noms : on sait ce qu'on veut dire par les galants de la cour.

JULIE.

Je m'étonne, madame, que, de tous ces grands noms que je devine, vous ayez pu redescendre à un monsieur Tibaudier le conseiller, et à un monsieur Harpin le receveur des tailles. La chute est grande, je vous l'avoue ; car pour monsieur votre vicomte, quoique vicomte de province, c'est toujours un vicomte, et il peut faire un voyage à Paris, s'il n'en a point fait ; mais un conseiller et un receveur sont des amants un peu bien minces pour une grande comtesse comme vous.

LA COMTESSE.

Ce sont gens qu'on ménage dans les provinces pour le besoin qu'on en peut avoir : ils servent au moins à remplir les vides de la galanterie, à faire nombre de soupirants ; et il est bon, madame, de ne pas laisser un amant seul maître du terrain, de peur que, faute de rivaux, son amour ne s'endorme sur trop de confiance.

JULIE.

Je vous avoue, madame, qu'il y a merveilleusement à profiter de tout ce que vous dites : c'est une école que votre conversation, et j'y viens tous les jours attraper quelque chose.

SCÈNE XII.

LA COMTESSE, JULIE, ANDRÉE, CRIQUET.

CRIQUET, *à la comtesse.*

Voilà Jeannot de monsieur le conseiller qui vous demande, madame.

LA COMTESSE.

Hé bien, petit coquin! voilà encore de vos âneries. Un laquais qui sauroit vivre auroit été parler tout bas à la demoiselle suivante, qui seroit venue dire doucement à l'oreille de sa maîtresse : Madame, voilà le laquais de monsieur un tel qui demande à vous dire un mot; à quoi la maîtresse auroit répondu : Faites-le entrer.

SCÈNE XIII.

LA COMTESSE, JULIE, ANDRÉE, CRIQUET, JEANNOT.

CRIQUET.

Entrez, Jeannot.

LA COMTESSE.

Autre lourderie! (*à Jeannot.*) Qu'y a-t-il, laquais? Que portes-tu là?

JEANNOT.

C'est monsieur le conseiller, madame, qui vous souhaite le bonjour, et, auparavant que de venir, vous envoie des poires de son jardin avec ce petit mot d'écrit.

LA COMTESSE.

C'est du bon-chrétien qui est fort beau. Andrée, faites porter cela à l'office.

SCÈNE XIV.

LA COMTESSE, JULIE, CRIQUET, JEANNOT.

LA COMTESSE, *donnant de l'argent à Jeannot.*
Tiens, mon enfant, voilà pour boire.

JEANNOT.

Oh, non, madame!

LA COMTESSE.

Tiens, te dis-je.

JEANNOT.

Mon maître m'a défendu, madame, de rien prendre de vous.

LA COMTESSE.

Cela ne fait rien.

JEANNOT.

Pardonnez-moi, madame.

CRIQUET.

Hé! prenez, Jeannot. Si vous n'en voulez pas, vous me le baillerez.

LA COMTESSE.

Dis à ton maître que je le remercie.

CRIQUET, *à Jeannot qui s'en va.*
Donne-moi donc cela.

JEANNOT.

Oui! quelque sot...

CRIQUET.

C'est moi qui te l'ai fait prendre.

JEANNOT.

Je l'aurois bien pris sans toi.

LA COMTESSE.

Ce qui me plaît de ce M. Tibaudier, c'est qu'il sait vivre avec les personnes de ma qualité, et qu'il est fort respectueux.

SCÈNE XV.

LE VICOMTE, LA COMTESSE, JULIE, CRIQUET.

LE VICOMTE.

Madame, je viens vous avertir que la comédie sera bientôt prête, et que dans un quart d'heure nous pouvons passer dans la salle.

LA COMTESSE.

Je ne veux point de cohue, au moins. (*à Criquet.*) Que l'on dise à mon suisse qu'il ne laisse entrer personne.

LE VICOMTE.

En ce cas, madame, je vous déclare que je renonce à la comédie, et je n'y saurois prendre de plaisir lorsque la compagnie n'est pas nombreuse. Croyez-moi, si vous voulez vous bien divertir, qu'on dise à vos gens de laisser entrer toute la ville.

LA COMTESSE.

Laquais, un siége. (*au vicomte, après qu'il s'est assis.*) Vous voilà venu à propos pour recevoir un petit sacrifice que je veux bien vous faire. Tenez, c'est un billet de M. Tibaudier, qui m'envoie des poires.

je vous donne la liberté de le lire tout haut; je ne l'ai point encore vu.

LE VICOMTE, *après avoir lu tout bas le billet.*

Voici un billet du beau style, madame, et qui mérite bien d'être écouté.

« Madame, je n'aurois pas pu vous faire le pré-
« sent que je vous envoie, si je ne recueillois pas plus
« de fruit de mon jardin que j'en recueille de mon
« amour.

LA COMTESSE.

Cela vous marque clairement qu'il ne se passe rien entre nous.

LE VICOMTE.

« Les poires ne sont pas encore bien mûres; mais
« elles en cadrent mieux avec la dureté de votre ame,
« qui, par ses continuels dédains, ne me promet pas
« poires molles. Trouvez bon, madame, que, sans
« m'engager dans une énumération de vos perfections
« et charmes, qui me jetteroit dans un progrès à l'in-
« fini, je conclue ce mot, en vous faisant considérer
« que je suis d'un aussi franc chrétien que les poires
« que je vous envoie, puisque je rends le bien pour le
« mal; c'est-à-dire, madame, pour m'expliquer plus
« intelligiblement, puisque je vous présente des poires
« de bon-chrétien pour des poires d'angoisse que vos
« cruautés me font avaler tous les jours. »

« TIBAUDIER,
« votre esclave indigne. »

Voilà, madame, un billet à garder.

LA COMTESSE.

Il y a peut-être quelque mot qui n'est pas de l'Académie ; mais j'y remarque un certain respect qui me plaît beaucoup.

JULIE.

Vous avez raison, madame ; et monsieur le vicomte dût-il s'en offenser, j'aimerois un homme qui m'écriroit comme cela.

SCÈNE XVI.

M. TIBAUDIER, LE VICOMTE, LA COMTESSE, JULIE, CRIQUET.

LA COMTESSE.

Approchez, monsieur Tibaudier, ne craignez point d'entrer. Votre billet a été bien reçu, aussi bien que vos poires ; et voilà madame qui parle pour vous contre votre rival.

M. TIBAUDIER.

Je lui suis bien obligé, madame ; et si elle a jamais quelque procès en notre siége, elle verra que je n'oublierai pas l'honneur qu'elle me fait de se rendre auprès de vos beautés l'avocat de ma flamme.

JULIE.

Vous n'avez pas besoin d'avocat, monsieur ; et votre cause est juste.

M. TIBAUDIER.

Ce néanmoins, madame, bon droit a besoin d'aide ; et j'ai sujet d'appréhender de me voir supplanté par un tel rival, et que madame ne soit circonvenue par la qualité de vicomte.

LE VICOMTE.

J'espérois quelque chose, monsieur Tibaudier, avant votre billet; mais il me fait craindre pour mon amour.

M. TIBAUDIER.

Voici encore, madame, deux petits versets ou couplets que j'ai composés à votre honneur et gloire.

LE VICOMTE.

Ah! je ne pensois pas que M. Tibaudier fût poëte: et voilà pour m'achever que ces deux petits versets-là...

LA COMTESSE.

Il veut dire deux strophes. (*à Criquet.*) Laquais, donnez un siége à M. Tibaudier. (*bas à Criquet qui apporte une chaise.*) Un pliant, petit animal. Monsieur Tibaudier, mettez-vous là, et nous lisez vos strophes.

M. TIBAUDIER.

Une personne de qualité
Ravit mon ame :
Elle a de la beauté,
J'ai de la flamme ;
Mais je la blâme
D'avoir de la fierté.

LE VICOMTE.

Je suis perdu après cela.

LA COMTESSE.

Le premier vers est beau. Une personne de qualité !

SCÈNE XVI.

JULIE.

Je crois qu'il est un peu trop long; mais on peut prendre une licence pour dire une belle pensée.

LA COMTESSE, *à M. Tibaudier.*

Voyons l'autre strophe.

M. TIBAUDIER.

Je ne sais pas si vous doutez de mon parfait amour;
   Mais je sais bien que mon cœur à toute heure
    Veut quitter sa chagrine demeure
Pour aller, par respect, faire au vôtre sa cour.
   Après cela pourtant, sûr de ma tendresse
    Et de ma foi, dont unique est l'espèce,
     Vous devriez à votre tour,
    Vous contentant d'être comtesse,
Vous dépouiller en ma faveur d'une peau de tigresse
Qui couvre vos appas la nuit comme le jour.

LE VICOMTE.

Me voilà supplanté, moi, par M. Tibaudier.

LA COMTESSE.

Ne pensez pas vous moquer : pour des vers faits dans la province, ces vers-là sont fort beaux.

LE VICOMTE.

Comment, madame, me moquer! Quoique son rival, je trouve ces vers admirables, et ne les appelle pas seulement deux strophes comme vous, mais deux épigrammes, aussi bonnes que toutes celles de Martial.

LA COMTESSE.

Quoi! Martial fait-il des vers? Je pensois qu'il ne fît que des gants.

M. TIBAUDIER.

Ce n'est pas ce Martial-là, madame; c'est un auteur qui vivoit il y a trente ou quarante ans.

LE VICOMTE.

M. Tibaudier a lu les auteurs, comme vous le voyez. Mais allons voir, madame, si ma musique et ma comédie, avec mes entrées de ballet, pourront combattre dans votre esprit les progrès des deux strophes et du billet que nous venons de voir.

LA COMTESSE.

Il faut que mon fils le comte soit de la partie; car il est arrivé ce matin de mon château avec son précepteur que je vois là dedans.

SCÈNE XVII.

LA COMTESSE, JULIE, LE VICOMTE, M. TIBAUDIER, M. BOBINET, CRIQUET.

LA COMTESSE.

Holà, monsieur Bobinet. Monsieur Bobinet, approchez-vous du monde.

M. BOBINET.

Je donne le bon vêpre[1] à toute l'honorable compagnie. Que désire madame la comtesse d'Escarbagnas de son très humble serviteur Bobinet?

LA COMTESSE.

A quelle heure, monsieur Bobinet, êtes-vous parti d'Escarbagnas avec mon fils le comte?

---

[1] *Le bon vêpre.* Dans la langue poétique on se servoit des mots *vêpre* ou *vêpres* pour exprimer le *soir.*

SCÈNE XVIII.

M. BOBINET.

A huit heures trois quarts, madame, comme votre commandement me l'avoit ordonné.

LA COMTESSE.

Comment se portent mes deux autres fils, le marquis et le commandeur?

M. BOBINET.

Ils sont, Dieu grace, madame, en parfaite santé.

LA COMTESSE.

Où est le comte?

M. BOBINET.

Dans votre belle chambre à alcôve, madame.

LA COMTESSE.

Que fait-il, monsieur Bobinet?

M. BOBINET.

Il compose un thème, madame, que je viens de lui dicter sur une épître de Cicéron.

LA COMTESSE.

Faites-le venir, monsieur Bobinet.

M. BOBINET.

Soit fait, madame, ainsi que vous le commandez.

SCÈNE XVIII.

LA COMTESSE, JULIE, LE VICOMTE,
M. TIBAUDIER.

LE VICOMTE, *à la comtesse.*

Ce M. Bobinet, madame, a la mine fort sage; et je crois qu'il a de l'esprit.

SCÈNE XIX.

LA COMTESSE, JULIE, LE VICOMTE, LE COMTE, M. BOBINET, M. TIBAUDIER.

M. BOBINET.

Allons, monsieur le comte, faites voir que vous profitez des bons documents qu'on vous donne. La révérence à toute l'honnête assemblée.

LA COMTESSE, *montrant Julie.*

Comte, saluez madame, faites la révérence à M. le vicomte, saluez M. le conseiller.

M. TIBAUDIER.

Je suis ravi, madame, que vous me concédiez la grace d'embrasser M. le comte votre fils. On ne peut pas aimer le tronc qu'on n'aime aussi les branches.

LA COMTESSE.

Mon dieu, M. Tibaudier! de quelle comparaison vous servez-vous là!

JULIE.

En vérité, madame, M. le comte a tout-à-fait bon air.

LE VICOMTE.

Voilà un jeune gentilhomme qui vient bien dans le monde.

JULIE.

Qui diroit que madame eût un si grand enfant?

LA COMTESSE.

Hélas! quand je le fis, j'étois si jeune, que je me jouois encore avec une poupée.

SCÈNE XIX.

JULIE.

C'est monsieur votre frère, et non pas monsieur votre fils.

LA COMTESSE.

Monsieur Bobinet, ayez bien soin au moins de son éducation.

M. BOBINET.

Madame, je n'oublierai aucune chose pour cultiver cette jeune plante dont vos bontés m'ont fait l'honneur de me confier la conduite; et je tâcherai de lui inculquer les semences de la vertu.

LA COMTESSE.

Monsieur Bobinet, faites-lui un peu dire quelque petite galanterie de ce que vous lui apprenez.

M. BOBINET.

Allons, monsieur le comte, récitez votre leçon d'hier au matin.

LE COMTE.

Omne viro soli quod convenit esto virile,
Omne vi...

LA COMTESSE.

Fi, monsieur Bobinet! quelles sottises est-ce que vous lui apprenez là!

M. BOBINET.

C'est du latin, madame, et la première règle de Jean Despautère.

LA COMTESSE.

Mon dieu, ce Jean Despautère-là est un insolent, et je vous prie de lui enseigner du latin plus honnête que celui-là.

M. BOBINET.

Si vous voulez, madame, qu'il achève, la glose expliquera ce que cela veut dire.

LA COMTESSE.

Non, non, cela s'explique assez.

SCÈNE XX.

LA COMTESSE, JULIE, LE VICOMTE, M. TIBAUDIER, LE COMTE, M. BOBINET, CRIQUET.

CRIQUET.

Les comédiens envoient dire qu'ils sont tout prêts.

LA COMTESSE.

Allons nous placer. (*montrant Julie.*) M. Tibaudier, prenez madame.

(*Criquet range tous les siéges sur un des côtés du théâtre; la comtesse, Julie et le vicomte s'asseyent; M. Tibaudier s'assied aux pieds de la comtesse.*)

LE VICOMTE.

Il est nécessaire de dire que cette comédie n'a été faite que pour lier ensemble les différents morceaux de musique et de danse dont on a voulu composer ce divertissement, et que...

LA COMTESSE.

Mon dieu! voyons l'affaire. On a assez d'esprit pour comprendre les choses.

LE VICOMTE.

Qu'on commence le plus tôt qu'on pourra; et qu'on

empêche, s'il se peut, qu'aucun fâcheux ne vienne troubler notre divertissement.

(*Les violons commencent une ouverture.*)

SCÈNE XXI.

LA COMTESSE, JULIE, LE VICOMTE, LE COMTE, M. HARPIN, M. TIBAUDIER, M. BOBINET, CRIQUET.

M. HARPIN.

Parbleu! la chose est belle; et je me réjouis de voir ce que je vois.

LA COMTESSE.

Holà, monsieur le receveur! que voulez-vous donc dire avec l'action que vous faites! Vient-on interrompre comme cela une comédie?

M. HARPIN.

Morbleu, madame! je suis ravi de cette aventure; et ceci me fait voir ce que je dois croire de vous, et l'assurance qu'il y a au don de votre cœur et aux serments que vous m'avez faits de sa fidélité.

LA COMTESSE.

Mais vraiment! on ne vient point ainsi se jeter au travers d'une comédie, et troubler un acteur qui parle.

M. HARPIN.

Hé, tête-bleu! la véritable comédie qui se fait ici, c'est celle que vous jouez; et si je vous trouble, c'est de quoi je me soucie peu.

LA COMTESSE.

En vérité, vous ne savez ce que vous dites.

M. HARPIN.

Si fait, morbleu! je le sais bien; je le sais bien, morbleu! et...

(*M. Bobinet, épouvanté, emporte le comte et s'enfuit; il est suivi par Criquet.*)

LA COMTESSE.

Hé, fi, monsieur! que cela est vilain de jurer de la sorte!

M. HARPIN.

Hé, ventrebleu! s'il y a ici quelque chose de vilain, ce ne sont point mes jurements, ce sont vos actions; et il vaudroit bien mieux que vous jurassiez, vous, la tête, la mort et le sang, que de faire ce que vous faites avec monsieur le vicomte.

LE VICOMTE.

Je ne sais pas, monsieur le receveur, de quoi vous vous plaignez; et si...

M. HARPIN, *au vicomte.*

Pour vous, monsieur, je n'ai rien à vous dire; vous faites bien de pousser votre pointe, cela est naturel. Je ne le trouve point étrange; et je vous demande pardon si j'interromps votre comédie; mais vous ne devez point trouver étrange aussi que je me plaigne de son procédé; et nous avons raison tous deux de faire ce que nous faisons.

LE VICOMTE.

Je n'ai rien à dire à cela, et ne sais point les sujets de plainte que vous pouvez avoir contre madame la comtesse d'Escarbagnas.

LA COMTESSE.

Quand on a des chagrins jaloux, on n'en use point

SCÈNE XXI. 253

de la sorte ; et l'on vient doucement se plaindre à la personne que l'on aime.

M. HARPIN.

Moi, me plaindre doucement?

LA COMTESSE.

Oui. L'on ne vient point crier de dessus un théâtre ce qui se doit dire en particulier.

M. HARPIN.

J'y viens, moi, morbleu! tout exprès : c'est le lieu qu'il me faut ; et je souhaiterois que ce fût un théâtre public, pour vous dire avec plus d'éclat toutes vos vérités.

LA COMTESSE.

Faut-il faire un si grand vacarme pour une comédie que monsieur le vicomte me donne? Vous voyez que M. Tibaudier, qui m'aime, en use plus respectueusement que vous.

M. HARPIN.

M. Tibaudier en use comme il lui plaît. Je ne sais pas de quelle façon M. Tibaudier a été avec vous ; mais M. Tibaudier n'est pas un exemple pour moi, et je ne suis point d'humeur à payer les violons pour faire danser les autres.

LA COMTESSE.

Mais, vraiment, monsieur le receveur, vous ne songez pas à ce que vous dites. On ne traite point de la sorte les femmes de qualité ; et ceux qui vous entendent croiroient qu'il y a quelque chose d'étrange entre vous et moi.

M. HARPIN.

Hé, ventrebleu! madame, quittons la faribole.

LA COMTESSE.

Que voulez-vous donc dire avec votre Quittons la faribole?

M. HARPIN.

Je veux dire que je ne trouve point étrange que vous vous rendiez au mérite de monsieur le vicomte; vous n'êtes pas la première femme qui joue dans le monde de ces sortes de caractères, et qui ait auprès d'elle un monsieur le receveur dont on lui voit trahir et la passion et la bourse pour le premier venu qui lui donnera dans la vue. Mais ne trouvez point étrange aussi que je ne sois point la dupe d'une infidélité si ordinaire aux coquettes du temps, et que je vienne vous assurer, devant bonne compagnie, que je romps commerce avec vous, et que monsieur le receveur ne sera plus pour vous monsieur le donneur.

LA COMTESSE.

Cela est merveilleux! Comme les amants emportés deviennent à la mode! on ne voit autre chose de tous côtés. La, la, monsieur le receveur, quittez votre colère, et venez prendre place pour voir la comédie.

M. HARPIN.

Moi, morbleu! prendre place! (*montrant M. Tibaudier.*) Cherchez vos benêts à vos pieds. Je vous laisse, madame la comtesse, à monsieur le vicomte; et ce sera à lui que j'envoierai tantôt vos lettres. Voilà ma scène faite, voilà mon rôle joué. Serviteur à la compagnie.

M. TIBAUDIER.

Monsieur le receveur, nous nous verrons autre

part qu'ici, et je vous ferai voir que je suis au poil et à la plume.

M. HARPIN, *sortant.*

Tu as raison, M. Tibaudier.

LA COMTESSE.

Pour moi, je suis confuse de cette insolence.

LE VICOMTE.

Les jaloux, madame, sont comme ceux qui perdent leur procès; ils ont permission de tout dire. Prêtons silence à la comédie.

SCÈNE XXII.

LA COMTESSE, LE VICOMTE, JULIE, M. TIBAUDIER, JEANNOT.

JEANNOT, *au vicomte.*

Voilà un billet, monsieur, qu'on nous a dit de vous donner vite.

LE VICOMTE, *lisant.*

« En cas que vous ayez quelque mesure à prendre,
« je vous envoie promptement un avis. La querelle
« de vos parents et de ceux de Julie vient d'être ac-
« commodée; et les conditions de cet accord, c'est le
« mariage de vous et d'elle. Bonsoir. »

(*à Julie.*)

Ma foi, madame, voilà notre comédie achevée aussi.

(*Le vicomte, la comtesse, Julie et M. Tibaudier, se lèvent.*)

JULIE.

Ah, Cléante! quel bonheur! notre amour eût-il osé espérer un si heureux succès?

LA COMTESSE.

Comment donc! Qu'est-ce que cela veut dire?

LE VICOMTE.

Cela veut dire, madame, que j'épouse Julie; et, si vous m'en croyez, pour rendre la comédie complète de tout point, vous épouserez M. Tibaudier, et donnerez mademoiselle Andrée à son laquais, dont il fera son valet de chambre.

LA COMTESSE.

Quoi! jouer de la sorte une personne de ma qualité!

LE VICOMTE.

C'est sans vous offenser, madame; et les comédies veulent de ces sortes de choses.

LA COMTESSE.

Oui, M. Tibaudier, je vous épouse pour faire enrager tout le monde.

M. TIBAUDIER.

Ce m'est bien de l'honneur, madame.

LE VICOMTE, *à la comtesse.*

Souffrez, madame, qu'en enrageant nous puissions voir ici le reste du spectacle.

FIN DE LA COMTESSE D'ESCARBAGNAS.

# LE

MALADE IMAGINAIRE,

COMÉDIE-BALLET EN TROIS ACTES

ET EN PROSE,

Représentée à Paris, sur le théâtre du Palais-Royal, le 10 février 1673.

PERSONNAGES DE LA COMÉDIE.

ARGAN, malade imaginaire [1].
BÉLINE, seconde femme d'Argan [2].
ANGÉLIQUE, fille d'Argan [3].
LOUISON, petite fille, sœur d'Angélique.
BÉRALDE, frère d'Argan [4].
CLÉANTE, amant d'Angélique [5].
M. DIAFOIRUS, médecin [6].
THOMAS DIAFOIRUS, fils de M. Diafoirus [7].
M. PURGON, médecin.
M. FLEURANT*, apothicaire.
M. BONNEFOI, notaire.
TOINETTE, servante d'Argante [8].

ACTEURS.

[1] Molière. — [2] Mademoiselle La Grange. — [3] Mademoiselle Du Croisy. — [4] Du Croisy. — [5] La Grange. — [6] De Brie. — [7] Beauval. — [8] Mademoiselle Beauval.

* Molière, en composant son *Malade imaginaire*, se trouva embarrassé sur un nom qu'il vouloit donner à un lévrier de la faculté qu'il avoit dessein de mettre dans sa pièce. Il rencontra un garçon apothicaire armé d'une seringue, à qui il demanda quel but il vouloit coucher en joue ; celui-ci lui dit qu'il alloit seringuer de la beauté à une comédienne. « Comment vous appelez-vous, lui dit « Molière. — *Fleurant*, » répondit le postillon d'Hippocrate. Molière l'embrassa en lui disant : « Je cherchois un nom pour un personnage « tel que vous : que vous me soulagez en m'apprenant le vôtre ! » En effet, il donna à son apothicaire le nom de *Fleurant*. Comme on sut l'histoire, tous les petits maîtres allèrent voir l'original du *Fleurant* de la comédie. Il fit force connoissances ; la célébrité que Molière lui donnoit, et la science qu'il possédoit, lui firent faire une fortune rapide dès qu'il devint maître apothicaire.

PERSONNAGES DU PROLOGUE.

FLORE.
DEUX ZÉPHYRS dansants.
CLIMÈNE.
DAPHNÉ.
TIRCIS, amant de Climène, chef d'une troupe de bergers.
DORILAS, amant de Daphné, chef d'une troupe de bergers.
BERGERS et BERGÈRES de la suite de Tircis, chantants et dansants.
PAN.
FAUNES dansants.

PERSONNAGES DES INTERMÈDES.

DANS LE PREMIER ACTE.

POLICHINELLE.
UNE VIEILLE.
VIOLONS.
ARCHERS chantants et dansants.

DANS LE SECOND ACTE.

UNE ÉGYPTIENNE chantante.
UN ÉGYPTIEN chantant.
ÉGYPTIENS et ÉGYPTIENNES chantants et dansants.

PERSONNAGES.

DANS LE TROISIÈME ACTE.

TAPISSIERS dansants.
LE PRÉSIDENT de la faculté de médecine.
DOCTEURS.
ARGAN, bachelier.
APOTHICAIRES avec leurs mortiers et leurs pilons.
PORTE-SERINGUES.
CHIRURGIENS.

La scène est à Paris.

PROLOGUE.

La décoration représente un lieu champêtre, et néanmoins fort agréable.

ÉGLOGUE

EN MUSIQUE ET EN DANSE.

SCÈNE I.

FLORE; DEUX ZÉPHYRS DANSANTS.

FLORE.

Quittez, quittez vos troupeaux :
Venez, bergers; venez, bergères;
Accourez, accourez sous ces tendres ormeaux,
Je viens vous annoncer des nouvelles bien chères,
Et réjouir tous ces hameaux.
Quittez, quittez vos troupeaux :
Venez, bergers; venez, bergères;
Accourez, accourez sous ces tendres ormeaux.

SCÈNE II.

FLORE; DEUX ZÉPHYRS DANSANTS; **CLIMÈNE, DAPHNÉ, TIRCIS, DORILAS.**

CLIMÈNE *à Tircis, et* DAPHNÉ *à Dorilas.*
Berger, laissons là tes feux ;
Voilà Flore qui nous appelle.
TIRCIS *à Climène, et* DORILAS *à Daphné.*
Mais au moins, dis-moi, cruelle,

TIRCIS.
Si d'un peu d'amitié tu payeras mes vœux.
DORILAS.
Si tu seras sensible à mon ardeur fidèle.
CLIMÈNE ET DAPHNÉ.
Voilà Flore qui nous appelle.
TIRCIS ET DORILAS.
Ce n'est qu'un mot, un mot, un seul mot que je veux.
TIRCIS.
Languirai-je toujours dans ma peine mortelle ?
DORILAS.
Puis-je espérer qu'un jour tu me rendras heureux ?
CLIMÈNE ET DAPHNÉ.
Voila Flore qui nous appelle.

SCÈNE III.

FLORE; DEUX ZÉPHYRS dansants; **CLIMÈNE, DAPHNÉ, TIRCIS, DORILAS, BERGERS** et **BERGÈRES** de la suite de tircis et de dorilas, chantants et dansants.

PREMIÈRE ENTRÉE DE BALLET.

Toute la troupe des bergers et des bergères va se placer en cadence autour de Flore.

CLIMÈNE.

Quelle nouvelle parmi nous,
Déesse, doit jeter tant de réjouissance ?

DAPHNÉ.

Nous brûlons d'apprendre de vous
Cette nouvelle d'importance.

DORILAS.

D'ardeur nous en soupirons tous.

TOUS ENSEMBLE.

Nous en mourons d'impatience.

FLORE.

La voici : silence, silence.
Vos vœux sont exaucés, Louis est de retour;
Il ramène en ces lieux les plaisirs et l'amour,
Et vous voyez finir vos mortelles alarmes.
Par ses vastes exploits son bras voit tout soumis;
　　　Il quitte les armes

Faute d'ennemis [1].

TOUS.

Ah, quelle douce nouvelle!
Qu'elle est grande, qu'elle est belle!
Que de plaisirs, que de ris, que de jeux!
Que de succès heureux!
Et que le ciel a bien rempli nos vœux!
Ah, quelle douce nouvelle!
Qu'elle est grande, qu'elle est belle!

DEUXIÈME ENTRÉE DE BALLET.

Les bergers et les bergères expriment par des danses les transports de leur joie.

FLORE.

De vos flûtes bocagères
Réveillez les plus beaux sons;
Louis offre à vos chansons
La plus belle des matières.
Après cent combats
Où cueille son bras
Une ample victoire,
Formez entre vous
Cent combats plus doux
Pour chanter sa gloire.

TOUS.

Formons entre nous

---

[1] Molière parle ici de la conquête de la Hollande par Louis XIV, en 1672. Ce monarque, dans cette campagne, s'étoit rendu maître de trente-six villes presque toutes fortifiées.

Cent combats plus doux
Pour chanter sa gloire.
FLORE.
Mon jeune amant dans ce bois,
Des présents de mon empire
Prépare un prix à la voix
Qui saura le mieux nous dire
Les vertus et les exploits
Du plus auguste des rois.
CLIMÈNE.
Si Tircis a l'avantage,
DAPHNÉ.
Si Dorilas est vainqueur,
CLIMÈNE.
A le chérir je m'engage.
DAPHNÉ.
Je me donne à son ardeur.
TIRCIS.
O trop chère espérance!
DORILAS.
O mot plein de douceur!
TOUS DEUX.
Plus beau sujet, plus belle récompense,
Peuvent-ils animer un cœur?

(Les violons jouent un air pour animer les deux bergers au combat, tandis que Flore, comme juge, va se placer au pied d'un bel arbre qui est au milieu du théâtre, avec deux Zéphyrs, et que le reste, comme spectateurs, va occuper les deux côtés de la scène.)

TIRCIS.
Quand la neige fondue enfle un torrent fameux,

Contre l'effort soudain de ses flots écumeux
    Il n'est rien d'assez solide ;
    Digues, châteaux, villes et bois,
    Hommes et troupeaux à la fois,
    Tout cède au courant qui le guide :
    Tel, et plus fier et plus rapide,
    Marche Louis dans ses exploits.

TROISIÈME ENTRÉE DE BALLET.

Les bergers et les bergères du côté de Tircis dansent autour de lui sur une ritournelle pour exprimer leurs applaudissements.

DORILAS.

Le foudre menaçant qui perce avec fureur
L'affreuse obscurité de la nue enflammée
    Fait d'épouvante et d'horreur
    Trembler le plus ferme cœur ;
    Mais, à la tête d'une armée,
    Louis jette plus de terreur.

QUATRIÈME ENTRÉE DE BALLET.

Les bergers et les bergères du côté de Dorilas font de même que les autres.

TIRCIS.

Des fabuleux exploits que la Grèce a chantés,
Par un brillant amas de belles vérités,
    Nous voyons la gloire effacée ;
    Et tous ces fameux demi-dieux

Que vante l'histoire passée
Ne sont point à notre pensée
Ce que Louis est à nos yeux.

CINQUIÈME ENTRÉE DE BALLET.

Les bergers et les bergères de son côté font encore la même chose.

DORILAS.

Louis fait à nos temps, par ses faits inouïs,
Croire tous les beaux faits que nous chante l'histoire
    Des siècles évanouis,
    Mais nos neveux, dans leur gloire,
    N'auront rien qui fasse croire
    Tous les beaux faits de Louis.

SIXIÈME ENTRÉE DE BALLET.

Les bergers et les bergères de son côté font encore de même.

SEPTIÈME ENTRÉE DE BALLET.

Les deux partis se mêlent et dansent ensemble.

SCÈNE IV.

FLORE, PAN, DEUX ZÉPHYRS dansants; CLIMÈNE, DAPHNÉ, TIRCIS, DORILAS, FAUNES dansants; BERGERS et BERGÈRES chantants et dansants.

PAN.
Laissez, laissez, bergers, ce dessein téméraire.
  Hé! que voulez-vous faire?
  Chanter sur vos chalumeaux
  Ce qu'Apollon sur sa lyre,
  Avec ses chants les plus beaux,
  N'entreprendroit pas de dire?
C'est donner trop d'essor au feu qui vous inspire;
C'est monter vers les cieux sur des ailes de cire,
  Pour tomber dans le fond des eaux.
Pour chanter de Louis l'intrépide courage
  Il n'est point d'assez docte voix,
Point de mots assez grands pour en tracer l'image :
  Le silence est le langage
  Qui doit louer ses exploits.
Consacrez d'autres soins à sa pleine victoire;
Vos louanges n'ont rien qui flatte ses désirs,
  Laissez, laissez là sa gloire,
  Ne songez qu'à ses plaisirs.

TOUS.
Laissons, laissons là sa gloire,
Ne songeons qu'à ses plaisirs.

FLORE, *à Tircis et à Dorilas.*

Bien que pour étaler ses vertus immortelles,
La force manque à vos esprits,
Ne laissez pas tous deux de recevoir le prix.
Dans les choses grandes et belles,
Il suffit d'avoir entrepris.

HUITIÈME ENTRÉE DE BALLET.

Les deux Zéphyrs dansent avec deux couronnes de fleurs à la main, qu'ils viennent donner ensuite aux deux bergers.

CLIMÈNE ET DAPHNÉ, *donnant la main à leurs amants.*

Dans les choses grandes et belles,
Il suffit d'avoir entrepris.

TIRCIS ET DORILAS.

Ah, que d'un doux succès notre audace est suivie!

FLORE ET PAN.

Ce qu'on fait pour Louis on ne le perd jamais.

LES QUATRE AMANTS.

Au soin de ses plaisirs donnons-nous désormais.

FLORE ET PAN.

Heureux, heureux qui peut lui consacrer sa vie!

TOUS.

Joignons tous dans ces bois
Nos flûtes et nos voix,
Ce jour nous y convie;
Et faisons aux échos redire mille fois

Louis est le plus grand des rois;
Heureux, heureux qui peut lui consacrer sa vie!

NEUVIÈME ET DERNIÈRE ENTRÉE DE BALLET.

Faunes, bergers et bergères, tous se mêlent, et il se fait entre eux des jeux de danse, après quoi ils se vont préparer pour la comédie.

AUTRE PROLOGUE.

UNE BERGÈRE CHANTANTE.

Votre plus haut savoir n'est que pure chimère,
Vains et peu sages médecins ;
Vous ne pouvez guérir par vos grands mots latins
La douleur qui me désespère.
Votre plus haut savoir n'est que pure chimère.

Hélas, hélas ! je n'ose découvrir
Mon amoureux martyre
Au berger pour qui je soupire,
Et qui seul peut me secourir.
Ne prétendez pas le finir,
Ignorants médecins ; vous ne sauriez le faire.
Votre plus haut savoir n'est que pure chimère.

Ces remèdes peu sûrs, dont le simple vulgaire
Croit que vous connoissez l'admirable vertu,
Pour les maux que je sens n'ont rien de salutaire ;
Et tout votre caquet ne peut être reçu
Que d'un malade imaginaire.
Votre plus haut savoir n'est que pure chimère,

AUTRE PROLOGUE.

Vains et peu sages médecins ;
Vous ne pouvez guérir par vos grands mots latins
La douleur qui me désespère.
Votre plus haut savoir n'est que pure chimère.

FIN DES PROLOGUES.

LE MALADE IMAGINAIRE.

ACTE PREMIER.

Le théâtre représente la chambre d'Argan.

SCÈNE I.

ARGAN *assis, ayant une table devant lui, comptant avec des jetons les parties de son apothicaire.*

Trois et deux font cinq, et cinq font dix, et dix font vingt. Trois et deux font cinq. *Plus, du vingt-quatrième, un petit clystère insinuatif, préparatif et rémollient, pour amollir, humecter et rafraîchir les entrailles de monsieur...* Ce qui me plaît de M. Fleurant, mon apothicaire, c'est que ses parties sont toujours fort civiles. *Les entrailles de monsieur, trente sous.* Oui : mais, M. Fleurant, ce n'est pas tout que d'être civil, il faut être aussi raisonnable, et ne pas écorcher les malades. Trente sous un lavement ! Je suis votre serviteur, je vous l'ai déja dit. Vous ne me les avez mis dans les autres parties qu'à vingt sous, et vingt sous en langage d'apothicaire c'est-à-dire dix sous. Les voilà, dix sous. *Plus, dudit jour, un bon clystère détersif, composé avec catholicon double, rhubarbe, miel rosat, et autres, suivant l'ordonnance, pour balayer, laver et nettoyer le bas-ventre de monsieur, trente sous.* Avec votre permission, dix sous. *Plus, dudit jour, le soir, un julep hépatique, soporatif et somnifère, composé pour faire dormir monsieur, trente-cinq sous.* Je ne me plains pas de celui-là, car il me fit bien dormir. Dix, quinze, seize et dix-sept sous six deniers. *Plus, du vingt-cinquième, une bonne médecine purgative et corroborative, composée de casse récente avec séné levantin, et autres, suivant l'ordonnance de M. Purgon, pour expulser et évacuer la bile de monsieur, quatre livres.* Ah, M. Fleurant! c'est se moquer; il faut vivre avec les malades. M. Purgon ne vous a pas ordonné de mettre quatre francs. Mettez, mettez, mettez trois livres, s'il vous plaît. Vingt et trente sous. *Plus, dudit jour, une potion anodine et astringente pour faire reposer monsieur, trente sous.* Bon, dix et quinze sous. *Plus, du vingt-sixième, un clystère carminatif, pour chasser les vents de monsieur, trente sous.* Dix sous, M. Fleurant. *Plus le clystère de monsieur, réitéré le soir, comme dessus, trente sous.* M. Fleurant, dix sous. *Plus, du vingt-septième, une bonne médecine, composée pour hâter d'aller, et chasser dehors les mauvaises humeurs de monsieur, trois livres.* Bon, vingt et trente sous; je suis bien aise que vous soyez raisonnable. *Plus, du vingt-huitième, une prise de petit-lait clarifié et dulcoré, pour adoucir, lénifier, tempérer et rafraîchir le sang de monsieur, vingt*

ACTE I, SCÈNE 1.

sous. Bon, dix sous. *Plus, une potion cordiale et préservative, composée avec douze grains de bézoard, sirops de limon et grenade, et autres, suivant l'ordonnance, cinq livres.* Ah, M. Fleurant! tout doux, s'il vous plaît; si vous en usez comme cela, on ne voudra plus être malade : contentez-vous de quatre francs. Vingt et quarante sous. Trois et deux font cinq, et cinq font dix, et dix font vingt. Soixante et trois livres quatre sous six deniers. Si bien donc que, de ce mois, j'ai pris une, deux, trois, quatre, cinq, six, sept, huit médecines; et un, deux, trois, quatre, cinq, six, sept, huit, neuf, dix, onze et douze lavements; et l'autre mois il y avoit douze médecines et vingt lavements. Je ne m'étonne pas si je ne me porte pas si bien ce mois-ci que l'autre. Je le dirai à M. Purgon, afin qu'il mette ordre à cela. Allons, qu'on m'ôte tout ceci. (*voyant que personne ne vient, et qu'il n'y a aucun de ses gens dans sa chambre.*) Il n'y a personne? J'ai beau dire, on me laisse toujours seul; il n'y a pas moyen de les arrêter ici. (*après avoir sonné une sonnette qui est sur sa table.*) Ils n'entendent point, et ma sonnette ne fait pas assez de bruit. Drelin, drelin, drelin. (*après avoir sonné pour la deuxième fois.*) Point d'affaire. Drelin, drelin, drelin. (*après avoir sonné encore.*) Ils sont sourds. Toinette! Drelin, drelin, drelin. (*après avoir fait le plus de bruit qu'il peut avec sa sonnette.*) Tout comme si je ne sonnois point. Chienne! coquine! Drelin, drelin, drelin. (*voyant qu'il sonne encore inutilement.*) J'enrage. Drelin, drelin, drelin. Carogne, à tous les diables! Est-il possible qu'on laisse comme cela un pauvre malade tout seul? Drelin, drelin, drelin. Voilà qui est pitoyable! Drelin, drelin, drelin. Ah, mon dieu! ils me laisseront ici mourir. Drelin, drelin, drelin.

SCÈNE II.

ARGAN, TOINETTE.

TOINETTE, *en entrant.*

On y va.

ARGAN.

Ah, chienne! Ah, carogne...

TOINETTE, *faisant semblant de s'être cogné la tête.*

Diantre soit de votre impatience! vous pressez si fort les personnes, que je me suis donné un grand coup à la tête contre la carne d'un volet.

ARGAN, *en colère.*

Ah, traîtresse!

TOINETTE, *interrompant Argan.*

Ha!

ARGAN.

Il y a...

TOINETTE.

Ha!

ARGAN.

Il y a une heure.

TOINETTE.

Ha!

ARGAN.
Tu m'as laissé...

TOINETTE.
Ha!

ARGAN.
Tais-toi donc, coquine, que je te querelle.

TOINETTE.
Çamon[1], ma foi, j'en suis d'avis, après ce que je me suis fait.

ARGAN.
Tu m'as fait égosiller, carogne!

TOINETTE.
Et vous m'avez fait, vous, casser la tête. L'un vaut bien l'autre; quitte à quitte, si vous voulez.

ARGAN.
Quoi! coquine...

TOINETTE.
Si vous querellez, je pleurerai.

ARGAN.
Me laisser, traîtresse!

TOINETTE, *interrompant encore Argant.*
Ha!

ARGAN.
Chienne, tu veux...

TOINETTE.
Ha!

---

[1] *Çamon, ma foi, j'en suis d'avis.* Cette vieille expression ne se trouve plus dans nos vocabulaires. Il y a grande apparence que le *c'est mon* du philosophe est la même chose que le *çamon* de Toinette; espèce de particule explétive, telle qu'en admet encore le dialogue familier.

ARGAN.

Quoi! il faudra encore que je n'aie pas le plaisir de la quereller!

TOINETTE.

Querellez tout votre soûl, je le veux bien.

ARGAN.

Tu m'en empêches, chienne, en m'interrompant à tous coups.

TOINETTE.

Si vous avez le plaisir de quereller, il faut bien que, de mon côté, j'aie le plaisir de pleurer : chacun le sien, ce n'est pas trop. Ha!

ARGAN.

Allons, il faut en passer par là. Ote-moi ceci, coquine, ôte-moi ceci. (*après s'être levé.*) Mon lavement d'aujourd'hui a-t-il bien opéré?

TOINETTE.

Votre lavement?

ARGAN.

Oui. Ai-je bien fait de la bile?

TOINETTE.

Ma foi, je ne me mêle point de ces affaires-là. C'est à M. Fleurant à y mettre le nez, puisqu'il en a le profit.

ARGAN.

Qu'on ait soin de me tenir un bouillon prêt, pour l'autre que je dois tantôt prendre.

TOINETTE.

Ce M. Fleurant-là et ce M. Purgon s'égaient bien sur votre corps : ils ont en vous une bonne vache à lait; et je voudrois bien leur demander quel mal vous avez, pour vous faire tant de remèdes.

ARGAN.

Taisez-vous, ignorante; ce n'est pas à vous à contrôler les ordonnances de la médecine. Qu'on me fasse venir ma fille Angélique, j'ai à lui dire quelque chose.

TOINETTE.

La voici qui vient d'elle-même; elle a deviné votre pensée.

SCÈNE III.

ARGAN, ANGÉLIQUE, TOINETTE.

ARGAN.

Approchez, Angélique, vous venez à propos, je voulois vous parler.

ANGÉLIQUE.

Me voilà prête à vous ouïr.

ARGAN.

Attendez. (*à Toinette.*) Donnez-moi mon bâton, je vais revenir tout-à-l'heure.

TOINETTE.

Allez vite, monsieur, allez. M. Fleurant nous donne des affaires.

SCÈNE IV.

ANGÉLIQUE, TOINETTE.

ANGÉLIQUE.

Toinette!

TOINETTE.

Quoi?

ANGÉLIQUE.

Regarde-moi un peu.

TOINETTE.

Hé bien, je vous regarde.

ANGÉLIQUE.

Toinette!

TOINETTE.

Hé bien, quoi, Toinette?

ANGÉLIQUE.

Ne devines-tu point de quoi je veux parler?

TOINETTE.

Je m'en doute assez : de notre jeune amant; car c'est sur lui, depuis six jours, que roulent tous nos entretiens; et vous n'êtes point bien si vous n'en parlez à toute heure.

ANGÉLIQUE.

Puisque tu connois cela, que n'es-tu donc la première à m'en entretenir? Et que ne m'épargnes-tu la peine de te jeter sur ce discours?

TOINETTE.

Vous ne m'en donnez pas le temps; et vous avez des soins là dessus qu'il est difficile de prévenir.

ANGÉLIQUE.

Je t'avoue que je ne saurois me lasser de te parler de lui, et que mon cœur profite avec chaleur de tous les moments de s'ouvrir à toi. Mais, dis-moi, condamnes-tu, Toinette, les sentiments que j'ai pour lui?

TOINETTE.

Je n'ai garde.

ANGÉLIQUE.

Ai-je tort de m'abandonner à ces douces impressions?

TOINETTE.

Je ne dis pas cela.

ANGÉLIQUE.

Et voudrois-tu que je fusse insensible aux tendres protestations de cette passion ardente qu'il témoigne pour moi?

TOINETTE.

A Dieu ne plaise!

ANGÉLIQUE.

Dis-moi un peu; ne trouves-tu pas, comme moi, quelque chose du ciel, quelque effet du destin, dans l'aventure inopinée de notre connoissance?

TOINETTE.

Oui.

ANGÉLIQUE.

Ne trouves-tu pas que cette action d'embrasser ma défense, sans me connoître, est tout-à-fait d'un honnête homme?

TOINETTE.

Oui.

ANGÉLIQUE.

Que l'on ne peut pas en user plus généreusement ?

TOINETTE.

D'accord.

ANGÉLIQUE.

Et qu'il fit tout cela de la meilleure grace du monde ?

TOINETTE.

Oh, oui!

ANGÉLIQUE.

Ne trouves-tu pas, Toinette, qu'il est bien fait de sa personne ?

TOINETTE.

Assurément.

ANGÉLIQUE.

Qu'il a l'air le meilleur du monde ?

TOINETTE.

Sans doute.

ANGÉLIQUE.

Que ses discours, comme ses actions, ont quelque chose de noble ?

TOINETTE.

Cela est sûr.

ANGÉLIQUE.

Qu'on ne peut rien entendre de plus passionné que tout ce qu'il me dit ?

TOINETTE.

Il est vrai.

ANGÉLIQUE.

Et qu'il n'est rien de plus fâcheux que la contrainte

ACTE I, SCÈNE IV.

où l'on me tient, qui bouche tout commerce aux doux empressements de cette mutuelle ardeur que le ciel nous inspire?

TOINETTE.

Vous avez raison.

ANGÉLIQUE.

Mais, ma pauvre Toinette, crois-tu qu'il m'aime autant qu'il me le dit?

TOINETTE.

Hé, hé! ces choses-là parfois sont un peu sujettes à caution. Les grimaces d'amour ressemblent fort à la vérité; et j'ai vu de grands comédiens là dessus.

ANGÉLIQUE.

Ah, Toinette! que dis-tu là? Hélas! de la façon qu'il parle, seroit-il bien possible qu'il ne me dît pas vrai?

TOINETTE.

En tout cas, vous en serez bientôt éclaircie; et la résolution où il vous écrivit hier qu'il étoit de vous faire demander en mariage est une prompte voie à vous faire connoître s'il vous dit vrai ou non. C'en sera là la bonne preuve.

ANGÉLIQUE.

Ah, Toinette! si celui-là me trompe, je ne croirai de ma vie aucun homme.

TOINETTE.

Voilà votre père qui revient.

SCÈNE V.

ARGAN, ANGÉLIQUE, TOINETTE.

ARGAN.

O çà, ma fille, je vais vous dire une nouvelle où peut-être ne vous attendez-vous pas. On vous demande en mariage... Qu'est-ce que cela ? vous riez ? Cela est plaisant, oui, ce mot de mariage ; il n'y a rien de plus drôle pour les jeunes filles. Ah, nature, nature ! A ce que je puis voir, ma fille, je n'ai que faire de vous demander si vous voulez bien vous marier.

ANGÉLIQUE.

Je dois faire, mon père, tout ce qu'il vous plaira de m'ordonner.

ARGAN.

Je suis bien aise d'avoir une fille si obéissante : la chose est donc conclue, et je vous ai promise.

ANGÉLIQUE.

C'est à moi, mon père, à suivre aveuglément toutes vos volontés.

ARGAN.

Ma femme, votre belle-mère, avoit envie que je vous fisse religieuse, et votre petite sœur Louison aussi ; et, de tout temps, elle a été aheurtée à cela.

TOINETTE, *à part.*

La bonne bête a ses raisons.

ARGAN.

Elle ne vouloit point consentir à ce mariage; mais je l'ai emporté, et ma parole est donnée.

ANGÉLIQUE.

Ah, mon père! que je vous suis obligée de toutes vos bontés!

TOINETTE, *à Argan*.

En vérité, je vous sais bon gré de cela; et voilà l'action la plus sage que vous ayez faite de votre vie.

ARGAN.

Je n'ai point encore vu la personne; mais on m'a dit que je serois content, et toi aussi.

ANGÉLIQUE.

Assurément, mon père.

ARGAN.

Comment! l'as-tu vu?

ANGÉLIQUE.

Puisque votre consentement m'autorise à vous pouvoir ouvrir mon cœur, je ne feindrai point de vous dire que le hasard nous a fait connoître il y a six jours, et que la demande qu'on vous a faite est un effet de l'inclination que, dès cette première vue, nous avons prise l'un pour l'autre.

ARGAN.

Ils ne m'ont pas dit cela; mais j'en suis bien aise, et c'est tant mieux que les choses soient de la sorte. Ils disent que c'est un grand jeune garçon bien fait.

ANGÉLIQUE.

Oui, mon père.

ARGAN.

De belle taille.

ANGÉLIQUE.

Sans doute.

ARGAN.

Agréable de sa personne.

ANGÉLIQUE.

Assurément.

ARGAN.

De bonne physionomie.

ANGÉLIQUE.

Très bonne.

ARGAN.

Sage et bien né.

ANGÉLIQUE.

Tout-à-fait.

ARGAN.

Fort honnête.

ANGÉLIQUE.

Le plus honnête du monde.

ARGAN.

Qui parle bien latin et grec.

ANGÉLIQUE.

C'est ce que je ne sais pas.

ARGAN.

Et qui sera médecin dans trois jours.

ANGÉLIQUE.

Lui, mon père?

ARGAN.

Oui. Est-ce qu'il ne te l'a pas dit?

ANGÉLIQUE.

Non vraiment. Qui vous l'a dit à vous?

ARGAN.

M. Purgon.

ANGÉLIQUE.

Est-ce que M. Purgon le connoît?

ARGAN.

La belle demande! Il faut bien qu'il le connoisse, puisque c'est son neveu.

ANGÉLIQUE.

Cléante, neveu de M. Purgon?

ARGAN.

Quel Cléante? Nous parlons de celui pour qui l'on t'a demandée en mariage.

ANGÉLIQUE.

Hé, oui.

ARGAN.

Hé bien, c'est le neveu de M. Purgon, qui est le fils de son beau-frère le médecin, M. Diafoirus; et ce fils s'appelle *Thomas Diafoirus*, et non pas *Cléante*. Nous avons conclu ce mariage-là ce matin, M. Purgon, M. Fleurant, et moi; et demain ce gendre prétendu me doit être amené par son père... Qu'est-ce? vous voilà toute ébaubie!

ANGÉLIQUE.

C'est, mon père, que je connois que vous avez parlé d'une personne, et que j'ai entendu une autre.

TOINETTE.

Quoi, monsieur! vous auriez fait ce dessein burlesque? et, avec tout le bien que vous avez, vous voudriez marier votre fille avec un médecin ?

ARGAN.

Oui. De quoi te mêles-tu, coquine, impudente que tu es ?

TOINETTE.

Mon dieu ! tout doux. Vous allez d'abord aux invectives. Est-ce que nous ne pouvons pas raisonner ensemble sans nous emporter ? La, parlons de sang-froid. Quelle est votre raison, s'il vous plaît, pour un tel mariage ?

ARGAN.

Ma raison est que, me voyant infirme et malade comme je suis, je veux me faire un gendre et des alliés médecins, afin de m'appuyer de bons secours contre ma maladie, d'avoir dans ma famille les sources des remèdes qui me sont nécessaires, et d'être à même des consultations et des ordonnances.

TOINETTE.

Hé bien, voilà dire une raison, et il y a plaisir à se répondre doucement les uns aux autres. Mais, monsieur, mettez la main à la conscience : est-ce que vous êtes malade ?

ARGAN.

Comment, coquine, si je suis malade ! Si je suis malade, impudente !

TOINETTE.

Hé bien, oui, monsieur, vous êtes malade, n'ayons point de querelle là dessus. Oui, vous êtes fort malade, et j'en demeure d'accord, et plus malade que vous ne pensez ; voilà qui est fait. Mais votre fille doit épouser un mari pour elle; et, n'étant point malade, il n'est pas nécessaire de lui donner un médecin.

ARGAN.

C'est pour moi que je lui donne ce médecin; et une fille de bon naturel doit être ravie d'épouser ce qui est utile à la santé de son père.

TOINETTE.

Ma foi, monsieur, voulez-vous qu'en amie je vous donne un conseil?

ARGAN.

Quel est-il ce conseil?

TOINETTE.

De ne point songer à ce mariage-là.

ARGAN.

Et la raison?

TOINETTE.

La raison, c'est que votre fille n'y consentira point.

ARGAN.

Elle n'y consentira point?

TOINETTE.

Non.

ARGAN.

Ma fille?

TOINETTE.

Votre fille. Elle vous dira qu'elle n'a que faire de M. Diafoirus, ni de son fils Thomas Diafoirus, ni de tous les Diafoirus du monde.

ARGAN.

J'en ai affaire, moi, outre que le parti est plus

avantageux qu'on ne pense : M. Diafoirus n'a que ce fils-là pour tout héritier; et, de plus, M. Purgon, qui n'a ni femme ni enfants, lui donne tout son bien en faveur de ce mariage; et M. Purgon est un homme qui a huit mille bonnes livres de rente.

TOINETTE.

Il faut qu'il ait tué bien des gens, pour s'être fait si riche.

ARGAN.

Huit mille livres de rente sont quelque chose; sans compter le bien du père.

TOINETTE.

Monsieur, tout cela est bel et bon; mais j'en reviens toujours là : je vous conseille, entre nous, de lui choisir un autre mari; et elle n'est point faite pour être madame Diafoirus.

ARGAN.

Et je veux, moi, que cela soit.

TOINETTE.

Hé, fi! ne dites pas cela.

ARGAN.

Comment! que je ne dise pas cela?

TOINETTE.

Hé! non.

ARGAN.

Et pourquoi ne le dirai-je pas?

TOINETTE.

On dira que vous ne songez pas à ce que vous dites.

ARGAN.

On dira ce qu'on voudra; mais je vous dis que je veux qu'elle exécute la parole que j'ai donnée.

TOINETTE.

Non, je suis sûre qu'elle ne le fera pas.

ARGAN.

Je l'y forcerai bien.

TOINETTE.

Elle ne le fera pas, vous dis-je.

ARGAN.

Elle le fera, ou je la mettrai dans un couvent.

TOINETTE.

Vous?

ARGAN.

Moi.

TOINETTE.

Bon!

ARGAN.

Comment, bon?

TOINETTE.

Vous ne la mettrez point dans un couvent.

ARGAN.

Je ne la mettrai point dans un couvent?

TOINETTE.

Non.

ARGAN.

Non?

TOINETTE.

Non.

ARGAN.

Ouais, voici qui est plaisant. Je ne mettrai pas ma fille dans un couvent, si je veux?

TOINETTE.

Non, vous dis-je.

ARGAN.

Qui m'en empêchera?

TOINETTE.

Vous-même.

ARGAN.

Moi?

TOINETTE.

Oui, vous n'aurez pas ce cœur-là.

ARGAN.

Je l'aurai.

TOINETTE.

Vous vous moquez.

ARGAN.

Je ne me moque point.

TOINETTE.

La tendresse paternelle vous prendra.

ARGAN.

Elle ne me prendra point.

TOINETTE.

Une petite larme ou deux; des bras jetés au cou; un Mon petit papa mignon, prononcé tendrement, sera assez pour vous toucher.

ARGAN.

Tout cela ne fera rien.

TOINETTE.

Oui, oui.

ARGAN.

Je vous dis que je n'en démordrai point.

TOINETTE.

Bagatelles.

ARGAN.

Il ne faut point dire Bagatelles.

TOINETTE.

Mon dieu! je vous connois, vous êtes bon naturellement.

ARGAN, *avec emportement.*

Je ne suis point bon, et je suis méchant quand je veux.

TOINETTE.

Doucement, monsieur; vous ne songez pas que vous êtes malade.

ARGAN.

Je lui commande absolument de se préparer à prendre le mari que je dis.

TOINETTE.

Et moi, je lui défends absolument d'en faire rien.

ARGAN.

Où est-ce donc que nous sommes? Et quelle audace est-ce là à une coquine de servante de parler de la sorte devant son maître?

TOINETTE.

Quand un maître ne songe pas à ce qu'il fait, une servante bien sensée est en droit de le redresser.

ARGAN, *courant après Toinette.*

Ah, insolente! il faut que je t'assomme.

TOINETTE, *évitant Argan, et mettant la chaise entre elle et lui.*

Il est de mon devoir de m'opposer aux choses qui vous peuvent déshonorer.

ARGAN, *courant après Toinette autour de la chaise avec son bâton.*

Viens, viens, que je t'apprenne à parler!

TOINETTE, *se sauvant du côté où n'est point Argan.*

Je m'intéresse, comme je dois, à ne vous point laisser faire de folie.

ARGAN, *de même.*

Chienne!

TOINETTE, *de même.*

Non, je ne consentirai jamais à ce mariage.

ARGAN, *de même.*

Pendarde!

TOINETTE, *de même.*

Je ne veux point qu'elle épouse votre Thomas Diafoirus.

ARGAN, *de même.*

Carogne!

TOINETTE, *de même.*

Elle m'obéira plutôt qu'à vous.

ARGAN, *s'arrêtant.*

Angélique, tu ne veux pas m'arrêter cette coquine-là?

ANGÉLIQUE.

Hé, mon père! ne vous faites point malade.

ARGAN, *à Angélique.*

Si tu ne l'arrêtes, je te donnerai ma malédiction.

TOINETTE, *en s'en allant.*

Et moi, je la déshériterai, si elle vous obéit.

ARGAN, *se jetant dans sa chaise.*

Ah, ah! je n'en puis plus. Voilà pour me faire mourir.

SCÈNE VI.

BÉLINE, ARGAN.

ARGAN.

Ah, ma femme! approchez.

BÉLINE.

Qu'avez-vous, mon pauvre mari?

ARGAN.

Venez-vous-en ici à mon secours.

BÉLINE.

Qu'est-ce que c'est donc qu'il y a, mon petit fils?

ARGAN.

Mamie!

BÉLINE.

Mon ami!

ARGAN.

On vient de me mettre en colère.

BÉLINE.

Hélas! pauvre petit mari! Comment donc, mon ami?

ARGAN.

Votre coquine de Toinette est devenue plus insolente que jamais.

BÉLINE.

Ne vous passionnez donc point.

ARGAN.

Elle m'a fait enrager, mamie.

BÉLINE.

Doucement, mon fils.

ARGAN.

Elle a contrecarré, une heure durant, les choses que je veux faire.

BÉLINE.

La, la! tout doux!

ARGAN.

Elle a eu l'effronterie de me dire que je ne suis point malade.

BÉLINE.

C'est une impertinente.

ARGAN.

Vous savez, mon cœur, ce qui en est.

BÉLINE.

Oui, mon cœur, elle a tort.

ARGAN.

Mamour, cette coquine-là me fera mourir.

BÉLINE.

Hé la, hé la!

ARGAN.

Elle est cause de toute la bile que je fais.

BÉLINE.

Ne vous fâchez point tant.

ARGAN.

Et il y a je ne sais combien que je vous dis de me la chasser.

BÉLINE.

Mon dieu, mon fils! il n'y a point de serviteurs et de servantes qui n'aient leurs défauts. On est contraint parfois de souffrir leurs mauvaises qualités à cause des bonnes. Celle-ci est adroite, soigneuse, diligente, et surtout fidèle; et vous savez qu'il faut maintenant de grandes précautions pour les gens que l'on prend. Holà, Toinette!

SCÈNE VII.

ARGAN, BÉLINE, TOINETTE.

TOINETTE.

Madame.

BÉLINE.

Pourquoi donc est-ce que vous mettez mon mari en colère?

TOINETTE, *d'un ton doucereux.*

Moi, madame? Hélas! je ne sais pas ce que vous me voulez dire, et je ne songe qu'à complaire à monsieur en toutes choses.

ARGAN.

Ah, la traîtresse!

TOINETTE.

Il nous a dit qu'il vouloit donner sa fille en mariage au fils de M. Diafoirus. Je lui ai répondu que je trouvois le parti avantageux pour elle; mais que je croyois qu'il feroit mieux de la mettre dans un couvent.

BÉLINE.

Il n'y a pas grand mal à cela, et je trouve qu'elle a raison.

ARGAN.

Ah, mamour, vous la croyez! c'est une scélérate, elle m'a dit cent insolences.

BÉLINE.

Hé bien, je vous crois, mon ami. La, remettez-vous. Écoutez, Toinette : si vous fâchez jamais mon mari, je vous mettrai dehors. Çà, donnez-moi son manteau fourré et des oreillers, que je l'accommode dans sa chaise. Vous voilà je ne sais comment. Enfoncez bien votre bonnet jusque sur vos oreilles; il n'y a rien qui enrhume tant que de prendre l'air par les oreilles.

ARGAN.

Ah, mamie, que je vous suis obligé de tous les soins que vous prenez de moi !

BÉLINE, *accommodant les oreillers qu'elle met autour d'Argan.*

Levez-vous que je mette ceci sous vous. Mettons celui-ci pour vous appuyer, et celui-là de l'autre côté. Mettons celui-ci derrière votre dos, et cet autre-là pour soutenir votre tête.

TOINETTE, *lui mettant rudement un oreiller sur la tête.*

Et celui-ci pour vous garder du serein.

ARGAN, *se levant en colère, et jetant les oreillers à Toinette qui s'enfuit.*

Ah, coquine! tu veux m'étouffer.

SCÈNE VIII.

ARGAN, BÉLINE.

BÉLINE.
Hé la, hé la! Qu'est-ce que c'est donc?

ARGAN, *se jetant dans sa chaise.*

Ah, ah, ah! je n'en puis plus.

BÉLINE.
Pourquoi vous emporter ainsi? elle a cru faire bien.

ARGAN.
Vous ne connoissez pas, mamour, la malice de la pendarde. Ah! elle m'a mis tout hors de moi; et il faudra plus de huit médecines et de douze lavements pour réparer tout ceci.

BÉLINE.
La, la! mon petit ami, apaisez-vous un peu.

ARGAN.
Mamie, vous êtes toute ma consolation.

BÉLINE.
Pauvre petit fils!

ARGAN.
Pour tâcher de reconnoître l'amour que vous me portez, je veux, mon cœur, comme je vous ai dit, faire mon testament.

BÉLINE.
Ah, mon ami! ne parlons point de cela, je vous prie : je ne saurois souffrir cette pensée; et le seul mot de testament me fait tressaillir de douleur.

ARGAN.

Je vous avois dit de parler pour cela à votre notaire.

BÉLINE.

Le voilà là dedans que j'ai amené avec moi.

ARGAN.

Faites-le donc entrer, mamour.

BÉLINE.

Hélas, mon ami! quand on aime bien un mari, on n'est guère en état de songer à tout cela.

SCÈNE IX.

LE NOTAIRE, BÉLINE, ARGAN.

ARGAN.

Approchez, M. Bonnefoi, approchez. Prenez un siége, s'il vous plaît. Ma femme m'a dit, monsieur, que vous étiez fort honnête homme, et tout-à-fait de ses amis; et je l'ai chargée de vous parler pour un testament que je veux faire.

BÉLINE.

Hélas! je ne suis point capable de parler de ces choses-là.

LE NOTAIRE.

Elle m'a, monsieur, expliqué vos intentions, et le dessein où vous êtes pour elle : et j'ai à vous dire là dessus que vous ne sauriez rien donner à votre femme par votre testament.

ARGAN.

Mais pourquoi?

LE NOTAIRE.

La coutume y résiste. Si vous étiez en pays de droit écrit, cela se pourroit faire : mais à Paris et dans les pays coutumiers, au moins pour la plupart, c'est ce qui ne se peut; et la disposition seroit nulle. Tout l'avantage qu'homme et femme conjoints par mariage se peuvent faire l'un à l'autre, c'est un don mutuel entre vifs; encore faut-il qu'il y ait enfants, soit des deux conjoints, ou de l'un d'eux, lors du décès du premier mourant.

ARGAN.

Voilà une coutume bien impertinente, qu'un mari ne puisse rien laisser à une femme dont il est aimé tendrement, et qui prend de lui tant de soin! J'aurois envie de consulter mon avocat, pour voir comment je pourrois faire.

LE NOTAIRE.

Ce n'est point à des avocats qu'il faut aller; car ils sont d'ordinaire sévères là dessus, et s'imaginent que c'est un grand crime que de disposer en fraude de la loi. Ce sont gens de difficultés, et qui sont ignorants des détours de la conscience. Il y a d'autres personnes à consulter qui sont bien plus accommodantes, qui ont des expédients pour passer doucement par dessus la loi, et rendre juste ce qui n'est pas permis; qui savent aplanir les difficultés d'une affaire, et trouver des moyens d'éluder la coutume par quelque avantage indirect. Sans cela où en serions-nous tous les jours? Il faut de la facilité dans les choses; autrement nous ne ferions rien, et je ne donnerois pas un sou de notre métier.

ARGAN.

Ma femme m'avoit bien dit, monsieur, que vous étiez fort habile et fort honnête homme. Comment puis-je faire, s'il vous plaît, pour lui donner mon bien et en frustrer mes enfants?

LE NOTAIRE.

Comment vous pouvez faire? Vous pouvez choisir doucement un ami intime de votre femme, auquel vous donnerez en bonne forme par votre testament tout ce que vous pouvez; et cet ami ensuite lui rendra tout. Vous pouvez encore contracter un grand nombre d'obligations non suspectes au profit de divers créanciers qui prêteront leur nom à votre femme, et entre les mains de laquelle ils mettront leur déclaration que ce qu'ils en ont fait n'a été que pour lui faire plaisir. Vous pouvez aussi, pendant que vous êtes en vie, mettre entre ses mains de l'argent comptant, ou des billets que vous pourrez avoir payables au porteur.

BÉLINE.

Mon dieu! il ne faut point vous tourmenter de tout cela. S'il vient faute de vous, mon fils, je ne veux plus rester au monde.

ARGAN.

Mamie!

BÉLINE.

Oui, mon ami, si je suis assez malheureuse pour vous perdre...

ARGAN.

Ma chère femme!

BÉLINE.

La vie ne me sera plus de rien.

ARGAN.

Mamour!

BÉLINE.

Et je suivrai vos pas, pour vous faire connoître la tendresse que j'ai pour vous.

ARGAN.

Mamie, vous me fendez le cœur! Consolez-vous, je vous en prie.

LE NOTAIRE, *à Béline.*

Ces larmes sont hors de saison, et les choses n'en sont point encore là.

BÉLINE.

Ah, monsieur! vous ne savez pas ce que c'est qu'un mari qu'on aime tendrement.

ARGAN.

Tout le regret que j'aurai si je meurs, mamie, c'est de n'avoir pas un enfant de vous. M. Purgon m'avoit dit qu'il m'en feroit faire un.

LE NOTAIRE.

Cela pourra venir encore.

ARGAN.

Il faut faire mon testament, mamour, de la façon que monsieur dit; mais, par précaution, je veux vous mettre entre les mains vingt mille francs en or que j'ai dans le lambris de mon alcôve, et deux billets payables au porteur qui me sont dus, l'un par M. Damon, et l'autre par M. Gérante.

BÉLINE.

Non, non, je ne veux point de tout cela. Ah!... Combien dites-vous qu'il y a dans votre alcôve?

ARGAN.

Vingt mille francs, mamour.

BÉLINE.

Ne me parlez point de bien, je vous prie. Ah!... De combien sont les deux billets?

ARGAN.

Ils sont, mamie, l'un de quatre mille francs, et l'autre de six.

BÉLINE.

Tous les biens du monde, mon ami, ne me sont rien au prix de vous.

LE NOTAIRE, *à Argan.*

Voulez-vous que nous procédions au testament?

ARGAN.

Oui, monsieur. Mais nous serons mieux dans mon petit cabinet. Mamour, conduisez-moi, je vous prie.

BÉLINE.

Allons, mon pauvre petit fils!

SCÈNE X.

ANGÉLIQUE, TOINETTE.

TOINETTTE.

Les voilà avec un notaire, et j'ai ouï parler de testament. Votre belle-mère ne s'endort point; et c'est sans doute quelque conspiration contre vos intérêts où elle pousse votre père.

ANGÉLIQUE.

Qu'il dispose de son bien à sa fantaisie, pourvu qu'il ne dispose point de mon cœur. Tu vois, Toinette, les desseins violents que l'on fait sur lui; ne m'abandonne point, je te prie, dans l'extrémité où je suis.

TOINETTE.

Moi, vous abandonner! J'aimerois mieux mourir. Votre belle-mère a beau me faire sa confidente, et me vouloir jeter dans ses intérêts, je n'ai jamais pu avoir d'inclination pour elle, et j'ai toujours été de votre parti. Laissez-moi faire; j'emploierai toute chose pour vous servir. Mais, pour vous servir avec plus d'effet, je veux changer de batterie, couvrir le zèle que j'ai pour vous, et feindre d'entrer dans les sentiments de votre père et de votre belle-mère.

ANGÉLIQUE.

Tâche, je t'en conjure, de faire donner avis à Cléante du mariage qu'on a conclu.

TOINETTE.

Je n'ai personne à employer à cet office que le vieux usurier Polichinelle, mon amant; et il m'en coûtera pour cela quelques paroles de douceur, que je veux bien dépenser pour vous. Pour aujourd'hui il est trop tard; mais demain, du grand matin, je l'envoierai querir, et il sera ravi de...

SCÈNE XI.

BÉLINE, *dans la maison;* ANGÉLIQUE, TOINETTE.

BÉLINE.

Toinette.

TOINETTE, *à Angélique.*

Voilà qu'on m'appelle. Bonsoir. Reposez-vous sur moi.

FIN DU PREMIER ACTE.

PREMIER INTERMÈDE.

Le théâtre représente une place publique.

Polichinelle, dans la nuit, vient pour donner une sérénade à sa maîtresse. Il est interrompu d'abord par les violons contre lesquels il se met en colère, et ensuite par le guet, composé de musiciens et de danseurs.

SCÈNE I.

POLICHINELLE.

O amour, amour, amour, amour! Pauvre Polichinelle! quelle diable de fantaisie t'es-tu allé mettre dans la cervelle? A quoi t'amuses-tu, misérable insensé que tu es? Tu quittes le soin de ton négoce, et tu laisses aller tes affaires à l'abandon; tu ne manges plus, tu ne bois presque plus, tu perds le repos de la nuit, et tout cela, pour qui? pour une dragonne, franche dragonne, une diablesse qui te rembarre, et se moque de tout ce que tu peux lui dire. Mais il n'y a point à raisonner là dessus. Tu le veux, amour; il faut être fou comme beaucoup d'autres. Cela n'est pas le mieux du monde à un homme de mon âge; qu'y faire? On n'est pas sage quand on veut; et les vieilles cervelles se démontent comme les jeunes.

Je viens voir si je ne pourrai point adoucir ma tigresse par une sérénade. Il n'y a rien, parfois, qui soit si touchant qu'un amant qui vient chanter ses doléances aux gonds et aux verroux de la porte de sa maîtresse. (*après avoir pris son luth.*) Voici de quoi accompagner ma voix. O nuit, ô chère nuit! porte mes plaintes amoureuses jusque dans le lit de mon inflexible.

> Nott' e dì, v' am' e v' adoro;
> Cerc' un sì per mio ristoro:
> Ma se voi dite di no,
> Bell' ingrata, io morirò.

> Fra la speranza
> S'affligge il cuore;
> In lontananza
> Consuma l'hore;
> Sì dolce inganno
> Che mi figura
> Breve l'affanno,
> Ahi! troppo dura!
> Così per tropp' amar languisco e muoro[1].

> Nott' e dì, v' am' e v' adoro;
> Cerc' un sì per mio ristoro:

[1] Jour et nuit je vous aime et vous adore; je demande un oui pour mon repos; mais si vous dites non, belle ingrate, j'en mourrai.

Au sein de l'espérance mon cœur se désole; l'absence consume mes instants. La douce illusion qui me fait entrevoir le terme prochain de ma douleur se prolonge incessamment. A force de vous aimer, je languis et je meurs.

Jour et nuit je vous aime, etc.

INTERMÈDE I, SCÈNE II.

Ma se voi dite di no,
Bell' ingrata, io morirò.

Se non dormite,
Almen pensate
Alle ferite
Ch' al cuor mi fate:
Deh! almen fingete,
Per mio conforto,
Se m'uccidete,
D'haver il torto;
Vostra pietà mi scemerà il martiro [1].

Nott' e dì, v' am' e v' adoro;
Cerc' un sì per mio ristoro:
Ma se voi dite di no,
Bell' ingrata, io morirò.

SCÈNE II.

POLICHINELLE; UNE VIEILLE *à la fenêtre*.

LA VIEILLE *chante*.
Zerbinetti, ch' ognhor con finti sguardi,
Mentiti desiri,
Fallaci sospiri,
Accenti bugiardi,

---

[1] Si vous ne dormez pas, pensez aux blessures que vous faites à mon cœur; ah! si vous me faites périr, feignez au moins, pour ma consolation, d'en éprouver quelque peine. Un seul de vos regrets diminuera mon martyre.

Jour et nuit je vous aime, etc.

Di fede vi preggiate,
Ah! che non m'ingannate;
 Che già so per prova
 Ch' in voi non si trova
 Costanza nè fede.
Oh! quanto è pazza colei che vi crede [1]!

 Quei sguardi languidi
 Non m'innamorano,
 Quei sospir fervidi
 Più non m'infiammano;
 Vel giuro a fè,
 Zerbino misero,
 Del vostro piangere
 Il mio cuor libero
 Vuol sempre ridere,
 Credet' a me,
 Che già so per prova
 Ch' in voi non si trova
 Costanza nè fede.
Oh! quanto è pazza colei che vi crede [2]!

---

[1] Zerbinetti, dont les regards trompeurs, les désirs perfides, les soupirs fallacieux, les accents imposteurs, affectent un air de vérité, ne croyez pas m'abuser; je sais par expérience qu'on ne trouve en vous ni constance ni sincérité. Bien folle est celle qui se fie à vous!

[2] Ces regards langoureux ne me touchent point; ces soupirs brûlants ne sauroient m'enflammer. Je vous en donne ma foi, pauvre Zerbino : mon cœur, libre d'entraves, ne peut que rire de vos plaintes. Croyez-moi, je sais par expérience qu'on ne trouve en vous ni constance ni sincérité. Bien folle est celle qui se fie à vous!

SCÈNE III.

POLICHINELLE; VIOLONS *derrière le théâtre.*

LES VIOLONS *commencent un air.*
POLICHINELLE.

Quelle impertinente harmonie vient interrompre ici ma voix?

LES VIOLONS *continuant à jouer.*
POLICHINELLE.

Paix là; taisez-vous, violons. Laissez-moi me plaindre à mon aise des cruautés de mon inexorable.

LES VIOLONS, *de même.*
POLICHINELLE.

Taisez-vous, vous dis-je : c'est moi qui veux chanter.

LES VIOLONS.
POLICHINELLE.

Paix donc.

LES VIOLONS.
POLICHINELLE.

Ouais!

LES VIOLONS.
POLICHINELLE.

Ahi.

LES VIOLONS.
POLICHINELLE.

Est-ce pour rire?

LES VIOLONS.

POLICHINELLE.

Ah, que de bruit!

LES VIOLONS.

POLICHINELLE.

Le diable vous emporte!

LES VIOLONS.

POLICHINELLE.

J'enrage!

LES VIOLONS.

POLICHINELLE.

Vous ne vous tairez pas! Ah, Dieu soit loué!

LES VIOLONS.

POLICHINELLE.

Encore!

LES VIOLONS.

POLICHINELLE.

Peste des violons!

LES VIOLONS.

POLICHINELLE.

La sotte musique que voilà!

LES VIOLONS.

POLICHINELLE, *chantant pour se moquer des violons.*

La, la, la, la, la, la.

LES VIOLONS.

POLICHINELLE, *de même.*

La, la, la, la, la, la.

LES VIOLONS.

POLICHINELLE, *de même.*

La, la, la, la, la, la.

INTERMÈDE I, SCÈNE IV.

LES VIOLONS.

POLICHINELLE, *de même.*

La, la, la, la, la, la.

LES VIOLONS.

POLICHINELLE, *de même.*

La, la, la, la, la, la.

LES VIOLONS.

POLICHINELLE.

Par ma foi, cela me divertit. Poursuivez, messieurs les violons; vous me ferez plaisir. (*n'entendant plus rien.*) Allons donc, continuez, je vous prie.

SCÈNE IV.

POLICHINELLE.

Voilà le moyen de les faire taire. La musique est accoutumée à ne point faire ce qu'on veut. Or sus, à nous. Avant que de chanter, il faut que je prélude un peu, et joue quelque pièce, afin de mieux prendre mon ton. (*Il prend son luth, dont il fait semblant de jouer en imitant avec les lèvres et la langue le son de cet instrument.*) Plan, plan, plan. Plin, plin, plin. Voilà un temps fâcheux pour mettre un luth d'accord. Plin, plin, plin. Plin, tan, plan. Plin, plin. Les cordes ne tiennent point par ce temps-là. Plin, plan. J'entends du bruit. Mettons mon luth contre la porte.

SCÈNE V.

POLICHINELLE; ARCHERS CHANTANTS ET DANSANTS.

UN ARCHER *chantant*.

Qui va là? Qui va là?

POLICHINELLE, *bas*.

Qui diable est-ce là? Est-ce la mode de parler en musique?

L'ARCHER.

Qui va là? Qui va là? Qui va là?

POLICHINELLE, *épouvanté*.

Moi, moi, moi.

L'ARCHER.

Qui va là? Qui va là? vous dis-je.

POLICHINELLE.

Moi, moi, vous dis-je.

L'ARCHER.

Et qui toi? Et qui toi?

POLICHINELLE.

Moi, moi, moi, moi, moi, moi.

L'ARCHER.

Dis ton nom, dis ton nom sans davantage attendre.

POLICHINELLE, *feignant d'être bien hardi*.

Mon nom est Va te faire pendre.

L'ARCHER.

Ici, camarades, ici.
Saisissons l'insolent qui nous répond ainsi.

INTERMÈDE I, SCÈNE V.

PREMIÈRE ENTRÉE DE BALLET.

Tout le guet vient, qui cherche Polichinelle dans la nuit.

VIOLONS ET DANSEURS.
POLICHINELLE.

Qui va là?

VIOLONS ET DANSEURS.
POLICHINELLE.

Qui sont les coquins que j'entends?

VIOLONS ET DANSEURS.
POLICHINELLE.

Euh!

VIOLONS ET DANSEURS.
POLICHINELLE.

Holà! mes laquais, mes gens!

VIOLONS ET DANSEURS.
POLICHINELLE.

Par la mort!

VIOLONS ET DANSEURS.
POLICHINELLE.

Par le sang!

VIOLONS ET DANSEURS.
POLICHINELLE.

J'en jetterai par terre.

VIOLONS ET DANSEURS.
POLICHINELLE.

Champagne, Poitevin, Picard, Basque, Breton!

VIOLONS ET DANSEURS.
POLICHINELLE.

Donnez-moi mon mousqueton.

VIOLONS ET DANSEURS.

POLICHINELLE, *faisant semblant de tirer un coup de pistolet.*

Poue.

(*Ils tombent tous, et s'enfuient.*)

SCÈNE VI.

POLICHINELLE.

Ha, ha, ha, ha! Comme je leur ai donné l'épouvante! Voilà de sottes gens d'avoir peur de moi, qui ai peur des autres. Ma foi, il n'est que de jouer d'adresse en ce monde. Si je n'avois tranché du grand seigneur, et n'avois fait le brave, ils n'auroient pas manqué de me happer. Ha, ha, ha!
(*Les archers re rapprochent, et ayant entendu ce qu'il disoit, ils le saisissent au collet.*)

SCÈNE VII.

POLICHINELLE, DEUX ARCHERS CHANTANTS.

LES DEUX ARCHERS *saisissant Polichinelle.*
Nous le tenons. A nous, camarades, à nous!
Dépêchez; de la lumière.

SCÈNE VIII.

POLICHINELLE, LES DEUX ARCHERS chantants, ARCHERS chantants et dansants, *venant avec des lanternes.*

QUATRE ARCHERS, *chantant ensemble.*
Ah, traître! ah, fripon! c'est donc vous!
Faquin, maraud, pendard, impudent, téméraire,
Insolent, effronté, coquin, filou, voleur,
 Vous osez nous faire peur!
  POLICHINELLE.
Messieurs, c'est que j'étois ivre.
  LES QUATRE ARCHERS.
Non, non, point de raison;
Il faut vous apprendre à vivre.
En prison, vite en prison.
  POLICHINELLE.
Messieurs, je ne suis point voleur.
  LES QUATRE ARCHERS.
En prison.
  POLICHINELLE.
Je suis un bourgeois de la ville.
  LES QUATRE ARCHERS.
En prison.
  POLICHINELLE.
Qu'ai-je fait?
  LES QUATRE ARCHERS.
En prison, vite en prison.

POLICHINELLE.

Messieurs, laissez-moi aller.

LES QUATRE ARCHERS.

Non.

POLICHINELLE.

Je vous prie.

LES QUATRE ARCHERS.

Non.

POLICHINELLE.

Hé!

LES QUATRE ARCHERS.

Non.

POLICHINELLE.

De grace!

LES QUATRE ARCHERS.

Non, non.

POLICHINELLE.

Messieurs!

LES QUATRE ARCHERS.

Non, non, non.

POLICHINELLE.

S'il vous plaît!

LES QUATRE ARCHERS.

Non, non.

POLICHINELLE.

Par charité!

LES QUATRE ARCHERS.

Non, non.

POLICHINELLE.

Au nom du ciel!

LES QUATRE ARCHERS.

Non, non.

POLICHINELLE.

Miséricorde!

LES QUATRE ARCHERS.

Non, non, non, point de raison;
Il faut vous apprendre à vivre.
En prison, vite en prison.

POLICHINELLE.

Hé! n'est-il rien, messieurs, qui soit capable d'attendrir vos ames?

LES QUATRE ARCHERS.

Il est aisé de nous toucher;
Et nous sommes humains plus qu'on ne sauroit croire.
Donnez-nous seulement six pistoles pour boire,
Nous allons vous lâcher.

POLICHINELLE.

Hélas, messieurs! je vous assure que je n'ai pas un sol sur moi.

LES QUATRE ARCHERS.

Au défaut de six pistoles,
Choisissez donc sans façon
D'avoir trente croquignoles,
Ou douze coups de bâton.

POLICHINELLE.

Si c'est une nécessité, et qu'il faille en passer par là, je choisis les croquignoles.

LES QUATRE ARCHERS.

Allons, préparez-vous,
Et comptez bien les coups.

DEUXIÈME ENTRÉE DE BALLET.

Les archers danseurs lui donnent des croquignoles en cadence.

POLICHINELLE, *pendant qu'on lui donne des croquignoles.*

Un et deux, trois et quatre, cinq et six, sept et huit, neuf et dix, onze et douze, et treize, et quatorze, et quinze.

LES QUATRE ARCHERS.

Ah, ah! vous en voulez passer!
Allons, c'est à recommencer.

POLICHINELLE.

Ah, messieurs! ma pauvre tête n'en peut plus; et vous venez de me la rendre comme une pomme cuite. J'aime encore mieux les coups de bâton que de recommencer.

LES QUATRE ARCHERS.

Soit. Puisque le bâton est pour vous plus charmant,
Vous aurez contentement.

TROISIÈME ENTRÉE DE BALLET.

Les archers danseurs lui donnent des coups de bâton en cadence.

POLICHINELLE, *comptant les coups de bâton.*

Un, deux, trois, quatre, cinq, six. Ah! ah! ah! Je n'y saurois plus résister. Tenez, messieurs, voilà six pistoles que je vous donne.

LES QUATRE ARCHERS.

Ah, l'honnête homme! Ah, l'ame noble et belle!
Adieu, seigneur; adieu, seigneur Polichinelle.

INTERMÈDE I, SCÈNE VIII.

POLICHINELLE.

Messieurs, je vous donne le bonsoir.

LES QUATRE ARCHERS.

Adieu, seigneur; adieu, seigneur Polichinelle.

POLICHINELLE.

Votre serviteur.

LES QUATRE ARCHERS.

Adieu, seigneur; adieu, seigneur Polichinelle.

POLICHINELLE.

Très humble valet.

LES QUATRE ARCHERS.

Adieu, seigneur; adieu, seigneur Polichinelle.

POLICHINELLE.

Jusqu'au revoir.

QUATRIÈME ET DERNIÈRE ENTRÉE DE BALLET.

Les archers dansent en réjouissance de l'argent qu'ils ont reçu.

FIN DU PREMIER INTERMÈDE.

ACTE SECOND.

Le théâtre représente la chambre d'Argan.

SCÈNE I.

CLÉANTE, TOINETTE.

TOINETTE, *ne reconnoissant pas Cléante.*
Que demandez-vous, monsieur?

CLÉANTE.
Ce que je demande?

TOINETTE.
Ah, ah, c'est vous! Quelle surprise! Que venez-vous faire céans?

CLÉANTE.
Savoir ma destinée, parler à l'aimable Angélique, consulter les sentiments de son cœur, et lui demander ses résolutions sur ce mariage fatal dont on m'a averti.

TOINETTE.
Oui : mais on ne parle pas comme cela de but en blanc à Angélique, il y faut des mystères : et l'on vous a dit l'étroite garde où elle est retenue; qu'on ne la laisse ni sortir ni parler à personne; et que ce ne fut que la curiosité d'une vieille tante qui nous fit accorder la liberté d'aller à cette comédie qui donna

lieu à la naissance de votre passion : et nous nous sommes bien gardées de parler de cette aventure.

CLÉANTE.

Aussi ne viens-je pas ici comme Cléante, et sous l'apparence de son amant, mais comme ami de son maître de musique, dont j'ai obtenu le pouvoir de dire qu'il m'envoie à sa place.

TOINETTE.

Voici son père. Retirez-vous un peu, et me laissez lui dire que vous êtes là.

SCÈNE II.

ARGAN, TOINETTE.

ARGAN, *se croyant seul, et sans voir Toinette.*

Monsieur Purgon m'a dit de me promener le matin dans ma chambre douze allées et douze venues : mais j'ai oublié à lui demander si c'est en long ou en large.

TOINETTE.

Monsieur, voilà un...

ARGAN.

Parle bas, pendarde, tu viens m'ébranler tout le cerveau, et tu ne songes pas qu'il ne faut point parler si haut à des malades.

TOINETTE.

Je voulois vous dire, monsieur...

ARGAN.

Parle bas, te dis-je.

LE MALADE IMAGINAIRE.

TOINETTE.

Monsieur... (*Elle fait semblant de parler.*)

ARGAN.

Hé?

TOINETTE.

Je vous dis que... (*Elle fait encore semblant de parler.*)

ARGAN.

Qu'est-ce que tu dis?

TOINETTE, *haut.*

Je dis que voilà un homme qui veut parler à vous.

ARGAN.

Qu'il vienne.

(*Toinette fait signe à Cléante d'avancer.*)

SCÈNE III.

ARGAN, CLÉANTE, TOINETTE.

CLÉANTE.

Monsieur...

TOINETTE, *à Cléante.*

Ne parlez pas si haut, de peur d'ébranler le cerveau de monsieur.

CLÉANTE.

Monsieur, je suis ravi de vous trouver debout, et de voir que vous vous portez mieux.

TOINETTE, *feignant d'être en colère.*

Comment, qu'il se porte mieux! Cela est faux. Monsieur se porte toujours mal.

CLÉANTE.

J'ai ouï dire que monsieur étoit mieux ; et je lui trouve bon visage.

TOINETTE.

Que voulez-vous dire avec votre bon visage? Monsieur l'a fort mauvais; et ce sont des impertinents qui vous ont dit qu'il étoit mieux; il ne s'est jamais si mal porté.

ARGAN.

Elle a raison.

TOINETTE.

Il marche, dort, mange et boit tout comme les autres ; mais cela n'empêche pas qu'il ne soit fort malade.

ARGAN.

Cela est vrai.

CLÉANTE.

Monsieur, j'en suis au désespoir. Je viens de la part du maître à chanter de mademoiselle votre fille : il s'est vu obligé d'aller à la campagne pour quelques jours ; et, comme son ami intime, il m'envoie à sa place pour lui continuer ses leçons, de peur qu'en les interrompant elle ne vînt à oublier ce qu'elle sait déja.

ARGAN.

Fort bien. (*à Toinette.*) Appelez Angélique.

TOINETTE.

Je crois, monsieur, qu'il sera mieux de mener monsieur à sa chambre.

ARGAN.

Non, faites-la venir.

TOINETTE.

Il ne pourra lui donner leçon comme il faut, s'ils ne sont en particulier.

ARGAN.

Si fait, si fait.

TOINETTE.

Monsieur, cela ne fera que vous étourdir; et il ne faut rien pour vous émouvoir dans l'état où vous êtes, et vous ébranler le cerveau.

ARGAN.

Point, point : j'aime la musique; et je serai bien aise de... Ah! la voici. (*à Toinette.*) Allez-vous-en voir, vous, si ma femme est habillée.

SCÈNE IV.

ARGAN, ANGÉLIQUE, CLÉANTE.

ARGAN.

Venez, ma fille; votre maître de musique est allé aux champs, et voilà une personne qu'il envoie à sa place pour vous montrer.

ANGÉLIQUE, *reconnoissant Cléante.*

Ah, ciel!

ARGAN.

Qu'est-ce? D'où vient cette surprise?

ANGÉLIQUE.

C'est...

ARGAN.

Quoi? qui vous émeut de la sorte?

ANGÉLIQUE.

C'est, mon père, une aventure surprenante qui se rencontre ici.

ARGAN.

Comment?

ANGÉLIQUE.

J'ai songé cette nuit que j'étois dans le plus grand embarras du monde, et qu'une personne faite tout comme monsieur s'est présentée à moi, à qui j'ai demandé secours, et qui m'est venue tirer de la peine où j'étois; et ma surprise a été grande de voir inopinément, en arrivant ici, ce que j'ai eu dans l'idée toute la nuit.

CLÉANTE.

Ce n'est pas être malheureux que d'occuper votre pensée, soit en dormant, soit en veillant; et mon bonheur seroit grand, sans doute, si vous étiez dans quelque peine dont vous me jugeassiez digne de vous tirer; et il n'y a rien que je ne fisse pour...

SCÈNE V.

ARGAN, ANGÉLIQUE, CLÉANTE, TOINETTE.

TOINETTE, *à Argan*.

Ma foi, monsieur, je suis pour vous maintenant; et je me dédis de tout ce que je disois hier. Voici monsieur Diafoirus le père et monsieur Diafoirus le fils qui viennent vous rendre visite. Que vous serez bien engendré! Vous allez voir le garçon le mieux fait du monde, et le plus spirituel. Il n'a dit que deux mots qui m'ont ravie, et votre fille va être charmée de lui.

ARGAN, *à Cléante, qui feint de vouloir s'en aller.*

Ne vous en allez point, monsieur. C'est que je marie ma fille; et voilà qu'on lui amène son prétendu mari, qu'elle n'a point encore vu.

CLÉANTE.

C'est m'honorer beaucoup, monsieur, de vouloir que je sois témoin d'une entrevue si agréable.

ARGAN.

C'est le fils d'un habile médecin : et le mariage se fera dans quatre jours.

CLÉANTE.

Fort bien.

ARGAN.

Mandez-le un peu à son maître de musique, afin qu'il se trouve à la noce.

CLÉANTE.

Je n'y manquerai pas.

ARGAN.

Je vous y prie aussi.

CLÉANTE.

Vous me faites beaucoup d'honneur.

TOINETTE.

Allons, qu'on se range, les voici.

SCÈNE VI.

M. DIAFOIRUS, THOMAS DIAFOIRUS, ARGAN, ANGÉLIQUE, CLÉANTE, TOINETTE; LAQUAIS.

ARGAN, *mettant la main à son bonnet sans l'ôter.*
Monsieur Purgon, monsieur, m'a défendu de découvrir ma tête. Vous êtes du métier, vous savez les conséquences.

M. DIAFOIRUS.
Nous sommes dans toutes nos visites pour porter secours aux malades, et non pour leur porter de l'incommodité.

(*Argan et M. Diafoirus parlent en même temps.*)

ARGAN.
Je reçois, monsieur,

M. DIAFOIRUS.
Nous venons ici, monsieur,

ARGAN.
Avec beaucoup de joie...

M. DIAFOIRUS.
Mon fils Thomas et moi,

ARGAN.
L'honneur que vous me faites,

M. DIAFOIRUS.
Vous témoigner, monsieur,

ARGAN.
Et j'aurois souhaité...

M. DIAFOIRUS.
Le ravissement où nous sommes...

ARGAN.
De pouvoir aller chez vous...
M. DIAFOIRUS.
De la grace que vous nous faites...
ARGAN.
Pour vous en assurer.
M. DIAFOIRUS.
De vouloir bien nous recevoir.
ARGAN.
Mais vous savez, monsieur,
M. DIAFOIRUS.
Dans l'honneur, monsieur,
ARGAN.
Ce que c'est qu'un pauvre malade,
M. DIAFOIRUS.
De votre alliance,
ARGAN.
Qui ne peut faire autre chose...
M. DIAFOIRUS.
Et vous assurer...
ARGAN.
Que de vous dire ici...
M. DIAFOIRUS.
Que, dans les choses qui dépendront de notre métier,
ARGAN.
Qu'il cherchera toutes les occasions...
M. DIAFOIRUS.
De même qu'en toute autre,

ACTE II, SCÈNE VI.

ARGAN.

De vous faire connoître, monsieur,

M. DIAFOIRUS.

Nous serons toujours prêts, monsieur,

ARGAN.

Qu'il est tout à votre service.

M. DIAFOIRUS.

A vous témoigner notre zèle. (*à son fils.*) Allons, Thomas, avancez; faites vos compliments.

THOMAS DIAFOIRUS, *à M. Diafoirus.*

N'est-ce pas par le père qu'il convient commencer?

M. DIAFOIRUS.

Oui.

THOMAS DIAFOIRUS, *à Argan.*

Monsieur, je viens saluer, reconnoître, chérir et révérer en vous un second père, mais un second père auquel j'ose dire que je me trouve plus redevable qu'au premier. Le premier m'a engendré; mais vous m'avez choisi. Il m'a reçu par nécessité; mais vous m'avez accepté par grace. Ce que je tiens de lui est un ouvrage de son corps; mais ce que je tiens de vous est un ouvrage de votre volonté : et d'autant plus que les facultés spirituelles sont au dessus des corporelles, d'autant plus je vous dois, et d'autant plus je tiens précieuse cette future filiation dont je viens aujourd'hui vous rendre, par avance, les très humbles et très respectueux hommages.

TOINETTE.

Vivent les colléges d'où l'on sort si habile homme!

THOMAS DIAFOIRUS, *à M. Diafoirus.*

Cela a-t-il bien été, mon père?

M. DIAFOIRUS.

Optime.

ARGAN, *à Angélique.*

Allons, saluez monsieur.

THOMAS DIAFOIRUS, *à M. Diafoirus.*

Baiserai-je?

M. DIAFOIRUS.

Oui, oui.

THOMAS DIAFOIRUS, *à Angélique.*

Madame, c'est avec justice que le ciel vous a concédé le droit de belle-mère, puisque l'on...

ARGAN, *à Thomas Diafoirus.*

Ce n'est pas ma femme, c'est ma fille à qui vous parlez.

THOMAS DIAFOIRUS.

Où donc est-elle?

ARGAN.

Elle va venir.

THOMAS DIAFOIRUS.

Attendrai-je, mon père, qu'elle soit venue?

M. DIAFOIRUS.

Faites toujours le compliment de mademoiselle.

THOMAS DIAFOIRUS.

Mademoiselle, ne plus ne moins que la statue de Memnon rendoit un son harmonieux lorsqu'elle venoit à être éclairée des rayons du soleil, tout de même me sens-je animé d'un doux transport à l'apparition du soleil de vos beautés; et comme les naturalistes remarquent que la fleur nommée *héliotrope* tourne sans cesse vers cet astre du jour, aussi mon cœur dores-en-avant tournera-t-il toujours vers les astres resplendissants de vos yeux adorables, ainsi que vers son pôle unique. Souffrez donc, mademoiselle, que j'appende aujourd'hui à l'autel de vos charmes l'offrande de ce cœur, qui ne respire et n'ambitionne autre gloire que d'être toute sa vie, mademoiselle, votre très humble, très obéissant et très fidèle serviteur et mari.

TOINETTE.

Voilà ce que c'est que d'étudier, on apprend à dire de belles choses.

ARGAN, *à Cléante.*

Hé! que dites-vous de cela?

CLÉANTE.

Que monsieur fait merveilles, et que s'il est aussi bon médecin qu'il est bon orateur, il y aura plaisir à être de ses malades.

TOINETTE.

Assurément. Ce sera quelque chose d'admirable, s'il fait d'aussi belles cures qu'il fait de beaux discours.

ARGAN.

Allons, vite, ma chaise, et des siéges à tout le monde. (*les laquais donnent des siéges.*) Vous voyez, monsieur, que tout le monde admire monsieur votre fils; et je vous trouve bien heureux de vous voir un garçon comme cela.

M. DIAFOIRUS.

Monsieur, ce n'est pas parce que je suis son père,

mais je peux dire que j'ai sujet d'être content de lui, et que tous ceux qui le voient en parlent comme d'un garçon qui n'a point de méchanceté. Il n'a jamais eu l'imagination bien vive, ni ce feu d'esprit qu'on remarque dans quelques uns; mais c'est par là que j'ai toujours bien auguré de sa judiciaire, qualité requise pour l'exercice de notre art. Lorsqu'il étoit petit, il n'a jamais été ce qu'on appelle *mièvre*[1] et éveillé : on le voyoit toujours doux, paisible et taciturne, ne disant jamais mot, et ne jouant jamais à ces petits jeux que l'on nomme *enfantins*. On eut toutes les peines du monde à lui apprendre à lire; et il avoit neuf ans qu'il ne connoissoit pas encore ses lettres. Bon! disois-je en moi-même, les arbres tardifs sont ceux qui portent les meilleurs fruits. On grave sur le marbre bien plus malaisément que sur le sable, mais les choses y sont conservées bien plus longtemps; et cette lenteur à comprendre, cette pesanteur d'imagination, est la marque d'un bon jugement à venir. Lorsque je l'envoyai au collége, il trouva de la peine, mais il se roidissoit contre les difficultés; et ses régents se louoient toujours à moi de son assiduité et de son travail. Enfin, à force de battre le fer, il en est venu glorieusement à avoir ses licences; et je puis dire, sans vanité, que, depuis deux ans qu'il est sur les bancs, il n'y a point de candidat qui ait fait plus de bruit que lui dans toutes les disputes de notre école. Il s'est rendu redoutable; il ne s'y passe point

---

[1] *Mièvre;* ce mot se dit des enfants qui sont remuants, et qui font toujours quelque malice.

d'acte où il n'aille argumenter à outrance pour la proposition contraire. Il est ferme dans la dispute, fort comme un Turc sur ses principes, ne démord jamais de son opinion, et poursuit un raisonnement jusque dans les derniers recoins de la logique. Mais, sur toutes choses, ce qui me plaît en lui, et en quoi il suit mon exemple, c'est qu'il s'attache aveuglément aux opinions de nos anciens, et que jamais il n'a voulu comprendre ni écouter les raisons et les expériences des prétendues découvertes de notre siècle touchant la circulation du sang, et autres opinions de même farine.

THOMAS DIAFOIRUS, *tirant de sa poche une grande thèse roulée qu'il présente à Angélique.*

J'ai, contre les circulateurs, soutenu une thèse, qu'avec la permission (*saluant Argan*) de monsieur j'ose présenter à mademoiselle comme un hommage que je lui dois des prémices de mon esprit.

ANGÉLIQUE.

Monsieur, c'est pour moi un meuble inutile; et je ne me connois pas à ces choses-là.

TOINETTE, *prenant la thèse.*

Donnez, donnez; elle est toujours bonne à prendre pour l'image : cela servira à parer notre chambre.

THOMAS DIAFOIRUS, *saluant encore Argan.*

Avec la permission aussi de monsieur, je vous invite à venir voir, l'un de ces jours, pour vous divertir, la dissection d'une femme, sur quoi je dois raisonner.

TOINETTE.

Le divertissement sera agréable. Il y en a qui donnent la comédie à leurs maîtresses : mais donner une dissection est quelque chose de plus galant.

M. DIAFOIRUS.

Au reste, pour ce qui est des qualités requises pour le mariage et la propagation, je vous assure que, selon les règles de nos docteurs, il est tel qu'on le peut souhaiter, qu'il possède en un degré louable la vertu prolifique, et qu'il est du tempérament qu'il faut pour engendrer et procréer des enfants bien conditionnés.

ARGAN.

N'est-ce pas votre intention, monsieur, de le pousser à la cour, et d'y ménager pour lui une charge de médecin?

M. DIAFOIRUS.

A vous en parler franchement, notre métier auprès des grands ne m'a jamais paru agréable, et j'ai toujours trouvé qu'il valoit mieux pour nous autres demeurer au public. Le public est commode : vous n'avez à répondre de vos actions à personne; et pourvu que l'on suive le courant des règles de l'art, on ne se met point en peine de tout ce qui peut arriver. Mais ce qu'il y a de fâcheux auprès des grands, c'est que, quand ils viennent à être malades, ils veulent absolument que leurs médecins les guérissent.

TOINETTE.

Cela est plaisant! et ils sont bien impertinents de vouloir que vous autres messieurs vous les guérissiez! Vous n'êtes point auprès d'eux pour cela : vous n'y êtes que pour recevoir vos pensions et leur ordonner des remèdes : c'est à eux à guérir s'ils peuvent.

M. DIAFOIRUS.

Cela est vrai. On n'est obligé qu'à traiter les gens dans les formes.

ARGAN, *à Cléante.*

Monsieur, faites un peu chanter ma fille devant la compagnie.

CLÉANTE.

J'attendois vos ordres, monsieur; et il m'est venu en pensée, pour divertir la compagnie, de chanter avec mademoiselle une scène d'un petit opéra qu'on a fait depuis peu. (*à Angélique, lui donnant un papier.*) Tenez, voilà votre partie.

ANGÉLIQUE.

Moi !

CLÉANTE, *bas, à Angélique.*

Ne vous défendez point, s'il vous plaît, et me laissez vous faire comprendre ce que c'est que la scène que nous devons chanter. (*haut.*) Je n'ai pas une voix à chanter; mais ici il suffit que je me fasse entendre, et l'on aura la bonté de m'excuser par la nécessité où je me trouve de faire chanter mademoiselle.

ARGAN.

Les vers en sont-ils beaux ?

CLÉANTE.

C'est proprement ici un petit opéra impromptu; et vous n'allez entendre chanter que de la prose cadencée, ou des manières de vers libres, tels que la passion et la nécessité peuvent faire trouver à deux personnes qui disent les choses d'eux-mêmes, et parlent sur-le-champ.

ARGAN.

Fort bien. Écoutons.

CLÉANTE.

Voici le sujet de la scène. Un berger étoit attentif aux beautés d'un spectacle qui ne faisoit que commencer, lorsqu'il fut tiré de son attention par un bruit qu'il entendit à ses côtés. Il se retourne, et voit un brutal qui, de paroles insolentes, maltraitoit une bergère. D'abord il prend les intérêts d'un sexe à qui tous les hommes doivent hommage; et après avoir donné au brutal le châtiment de son insolence, il vient à la bergère, et voit une jeune personne qui, des deux plus beaux yeux qu'il eût jamais vus, versoit des larmes qu'il trouva les plus belles du monde. Hélas! dit-il en lui-même, est-on capable d'outrager une personne si aimable? Et quel inhumain, quel barbare ne seroit touché par de telles larmes? Il prend soin de les arrêter, ces larmes qu'il trouve si belles; et l'aimable bergère prend soin en même temps de le remercier de son léger service, mais d'une manière si charmante, si tendre et si passionnée, que le berger n'y peut résister; et chaque mot, chaque regard est un trait plein de flamme dont son cœur se sent pénétré. Est-il, disoit-il, quelque chose qui puisse mériter les aimables paroles d'un tel remerciement? Et que ne voudroit-on pas faire, à quels services, à quels dangers ne seroit-on pas ravi de courir, pour s'attirer un seul moment des touchantes douceurs d'une ame si reconnoissante? Tout le spectacle passe sans qu'il y donne aucune attention : mais il se plaint qu'il est trop court, parce qu'en finissant il le sépare de son adorable bergère; et, de cette première vue, de ce premier moment, il emporte chez lui tout ce qu'un amour de plusieurs années peut avoir de plus violent. Le voilà aussitôt à sentir tous les maux de l'absence; et il est tourmenté de ne plus voir ce qu'il a si peu vu. Il fait tout ce qu'il peut pour se redonner cette vue dont il conserve nuit et jour une si chère idée; mais la grande contrainte où l'on tient sa bergère lui en ôte tous les moyens. La violence de sa passion le fait résoudre à demander en mariage l'adorable beauté sans laquelle il ne peut plus vivre; et il en obtient d'elle la permission par un billet qu'il a l'adresse de lui faire tenir. Mais dans le même temps on l'avertit que le père de cette belle a conclu son mariage avec un autre, et que tout se dispose pour célébrer la cérémonie. Jugez quelle atteinte cruelle au cœur de ce triste berger! Le voilà accablé d'une mortelle douleur. Il ne peut souffrir l'effroyable idée de voir tout ce qu'il aime entre les bras d'un autre; et son amour au désespoir lui fait trouver un moyen de s'introduire dans la maison de sa bergère pour apprendre ses sentiments, et savoir d'elle la destinée à laquelle il doit se résoudre. Il y rencontre les apprêts de tout ce qu'il craint : il y voit venir l'indigne rival que le caprice d'un père oppose aux tendresses de son amour; il le voit triomphant, ce rival ridicule, auprès de l'aimable bergère, ainsi qu'auprès d'une conquête qui lui est assurée; et cette vue le remplit d'une colère dont il a peine à se rendre le maître. Il jette de douloureux regards sur celle qu'il adore; et son respect et la présence de son père l'empêchent de lui rien dire que des yeux. Mais enfin il force toute contrainte, et le transport de son amour l'oblige à lui parler ainsi : (*Il chante.*)

Belle Philis, c'est trop, c'est trop souffrir;
Rompons ce dur silence, et m'ouvrez vos pensées.
 Apprenez-moi ma destinée :
 Faut-il vivre? faut-il mourir?

ANGÉLIQUE, *en chantant.*

Vous me voyez, Tircis, triste et mélancolique
Aux apprêts de l'hymen dont vous vous alarmez.
Je lève au ciel les yeux, je vous regarde, je soupire.
 C'est vous en dire assez.

ARGAN.

Ouais! je ne croyois pas que ma fille fût si habile que de chanter ainsi à livre ouvert sans hésiter.

CLÉANTE.

 Hélas, belle Philis,
Se pourroit-il que l'amoureux Tircis
 Eût assez de bonheur
Pour avoir quelque place dans votre cœur?

ANGÉLIQUE.

Je ne m'en défends point; dans cette peine extrême,
 Oui, Tircis, je vous aime.

CLÉANTE.

O parole pleine d'appas!

ACTE II, SCÈNE VI.

Ai-je bien entendu ? Hélas !
Redites-la, Philis, que je n'en doute pas.

ANGÉLIQUE.

Oui, Tircis, je vous aime.

CLÉANTE.

De grace, encor, Philis.

ANGÉLIQUE.

Je vous aime.

CLÉANTE.

Recommencez cent fois, ne vous en lassez pas.

ANGÉLIQUE.

Je vous aime, je vous aime;
Oui, Tircis, je vous aime.

CLÉANTE.

Dieux, rois, qui sous vos pieds regardez tout le monde,
Pouvez-vous comparer votre bonheur au mien ?
Mais, Philis, une pensée
Vient troubler ce doux transport.
Un rival, un rival...

ANGÉLIQUE.

Ah ! je le hais plus que la mort;
Et sa présence, ainsi qu'à vous,
M'est un cruel supplice.

CLÉANTE.

Mais un père à ses vœux veut vous assujétir.

ANGÉLIQUE.

Plutôt, plutôt mourir,
Que de jamais y consentir.
Plutôt, plutôt mourir, plutôt mourir.

ARGAN.

Que dit le père à tout cela?

CLÉANTE.

Il ne dit rien.

ARGAN.

Voilà un sot père que ce père-là, de souffrir toutes ces sottises-là sans rien dire.

CLÉANTE, *voulant continuer à chanter.*

Ah! mon amour...

ARGAN.

Non, non, en voilà assez. Cette comédie-là est de fort mauvais exemple. Le berger Tircis est un impertinent, et la bergère Philis une impudente de parler de la sorte devant son père. (*à Angélique.*) Montrez ce papier. Ha, ha! où sont donc les paroles que vous dites? Il n'y a là que de la musique écrite!

CLÉANTE.

Est-ce que vous ne savez pas, monsieur, qu'on a trouvé depuis peu l'invention d'écrire les paroles avec les notes mêmes?

ARGAN.

Fort bien. Je suis votre serviteur, monsieur; jusqu'au revoir. Nous nous serions bien passés de votre impertinent opéra.

CLÉANTE.

J'ai cru vous divertir.

ARGAN.

Les sottises ne divertissent point. Ah! voici ma femme.

SCÈNE VII.

BÉLINE, ARGAN, ANGÉLIQUE, M. DIAFOIRUS, THOMAS DIAFOIRUS, TOINETTE.

ARGAN.

Mamour, voilà le fils de M. Diafoirus...

THOMAS DIAFOIRUS.

Madame, c'est avec justice que le ciel vous a concédé le nom de belle-mère, puisque l'on voit sur votre visage...

BÉLINE.

Monsieur, je suis ravie d'être venue ici à propos pour avoir l'honneur de vous voir.

THOMAS DIAFOIRUS.

Puisque l'on voit sur votre visage... Puisque l'on voit sur votre visage... Madame, vous m'avez interrompu dans le milieu de ma periode, et cela m'a troublé la mémoire.

M. DIAFOIRUS.

Thomas, réservez cela pour une autre fois.

ARGAN.

Je voudrois, ma mie, que vous eussiez été ici tantôt.

TOINETTE.

Ah, madame! vous avez bien perdu de n'avoir point été au second père, à la statue de Memnon et à la fleur nommée *héliotrope*.

ARGAN.

Allons, ma fille, touchez dans la main de monsieur, et lui donnez votre foi, comme à votre mari.

ANGÉLIQUE.

Mon père!

ARGAN.

Hé bien, mon père! qu'est-ce que cela veut dire?

ANGÉLIQUE.

De grace, ne précipitez point les choses. Donnez-nous au moins le temps de nous connoître, et de voir naître en nous, l'un pour l'autre, cette inclination si nécessaire à composer une union parfaite.

THOMAS DIAFOIRUS.

Quant à moi, mademoiselle, elle est déja toute née en moi, et je n'ai pas besoin d'attendre davantage.

ANGÉLIQUE.

Si vous êtes si prompt, monsieur, il n'en est pas de même de moi; et je vous avoue que votre mérite n'a pas encore fait assez d'impression dans mon ame.

ARGAN.

Ho! bien, bien! cela aura tout le loisir de se faire, quand vous serez mariés ensemble.

ANGÉLIQUE.

Hé, mon père! donnez-moi du temps, je vous prie. Le mariage est une chaîne où l'on ne doit jamais soumettre un cœur par force; et si monsieur est honnête homme, il ne doit point vouloir accepter une personne qui seroit à lui par contrainte.

THOMAS DIAFOIRUS.

Nego consequentiam, mademoiselle; et je puis être honnête homme, et vouloir bien vous accepter des mains de monsieur votre père.

ANGÉLIQUE.

C'est un méchant moyen de se faire aimer de quelqu'un, que de lui faire violence.

THOMAS DIAFOIRUS.

Nous lisons des anciens, mademoiselle, que leur coutume étoit d'enlever par force de la maison des pères les filles qu'on menoit marier, afin qu'il ne semblât pas que ce fût de leur consentement qu'elles convoloient dans les bras d'un homme.

ANGÉLIQUE.

Les anciens, monsieur, sont les anciens, et nous sommes les gens de maintenant. Les grimaces ne sont point nécessaires dans notre siècle; et quand un mariage nous plaît, nous savons fort bien y aller sans qu'on nous y traîne. Donnez-vous patience; si vous m'aimez, monsieur, vous devez vouloir tout ce que je veux.

THOMAS DIAFOIRUS.

Oui, mademoiselle, jusqu'aux intérêts de mon amour exclusivement.

ANGÉLIQUE.

Mais la grande marque d'amour, c'est d'être soumis aux volontés de celle qu'on aime.

THOMAS DIAFOIRUS.

Distinguo, mademoiselle. Dans ce qui ne regarde

point sa possession, *concedo*; mais dans ce qui la regarde, *nego*.

TOINETTE, *à Angélique*.

Vous avez beau raisonner ; monsieur est frais émoulu du collége, et il vous donnera toujours votre reste. Pourquoi tant résister, et refuser la gloire d'être attachée au corps de la Faculté?

BÉLINE.

Elle a peut-être quelque inclination en tête.

ANGÉLIQUE.

Si j'en avois, madame, elle seroit telle que la raison et l'honnêteté pourroient me la permettre.

ARGAN.

Ouais! je joue ici un plaisant personnage.

BÉLINE.

Si j'étois que de vous, mon fils, je ne la forcerois point à se marier; et je sais bien ce que je ferois.

ANGÉLIQUE.

Je sais, madame, ce que vous voulez dire, et les bontés que vous avez pour moi; mais peut-être que vos conseils ne seront pas assez heureux pour être exécutés.

BÉLINE.

C'est que les filles bien sages et bien honnêtes comme vous se moquent d'être obéissantes et soumises aux volontés de leur père. Cela étoit bon autrefois.

ANGÉLIQUE.

Le devoir d'une fille a des bornes, madame; et la

raison et les lois ne l'étendent point à toutes sortes de choses.

BÉLINE.

C'est-à-dire que vos pensées ne sont que pour le mariage; mais vous voulez choisir un époux à votre fantaisie.

ANGÉLIQUE.

Si mon père ne veut pas me donner un mari qui me plaise, je le conjurerai au moins de ne me point forcer à en épouser un que je ne puisse pas aimer.

ARGAN.

Messieurs, je vous demande pardon de tout ceci.

ANGÉLIQUE.

Chacun a son but en se mariant. Pour moi, qui ne veux un mari que pour l'aimer véritablement, et qui prétends en faire tout l'attachement de ma vie, je vous avoue que j'y cherche quelque précaution. Il y en a d'aucunes[1] qui prennent des maris seulement pour se tirer de la contrainte de leurs parents, et se mettre en état de faire tout ce qu'elles voudront. Il y en a d'autres, madame, qui font du mariage un commerce de pur intérêt, qui ne se marient que pour gagner des douaires, que pour s'enrichir par la mort de ceux qu'elles épousent, et courent sans scrupule de mari en mari pour s'approprier leurs dépouilles. Ces personnes-là, à la vérité, n'y cherchent pas tant de façons, et regardent peu la personne.

BÉLINE.

Je vous trouve aujourd'hui bien raisonnante, et je

---

[1] *Il y en a d'aucunes*, pour *il y en a quelques unes*.

voudrois bien savoir ce que vous voulez dire par là.

ANGÉLIQUE.

Moi, madame? Que voudrois-je dire que ce que je dis?

BÉLINE.

Vous êtes si sotte, mamie, qu'on ne sauroit plus vous souffrir.

ANGÉLIQUE.

Vous voudriez bien, madame, m'obliger à vous répondre quelque impertinence; mais je vous avertis que vous n'aurez pas cet avantage.

BÉLINE.

Il n'est rien d'égal à votre insolence.

ANGÉLIQUE.

Non, madame, vous avez beau dire.

BÉLINE.

Et vous avez un ridicule orgueil, une impertinente présomption qui fait hausser les épaules à tout le monde.

ANGÉLIQUE.

Tout cela, madame, ne servira de rien; je serai sage en dépit de vous; et, pour vous ôter l'espérance de pouvoir réussir dans ce que vous voulez, je vais m'ôter de votre vue.

SCÈNE VIII.

ARGAN, BÉLINE, M. DIAFOIRUS, THOMAS DIAFOIRUS, TOINETTE.

ARGAN, *à Angélique qui sort.*

Écoute, il n'y a point de milieu à cela : choisis d'épouser, dans quatre jours, ou monsieur, ou un couvent. (*à Béline.*) Ne vous mettez pas en peine, je la rangerai bien.

BÉLINE.

Je suis fâchée de vous quitter, mon fils ; mais j'ai une affaire en ville dont je ne puis me dispenser. Je reviendrai bientôt.

ARGAN.

Allez, mamour ; et passez chez votre notaire, afin qu'il expédie ce que vous savez.

BÉLINE.

Adieu, mon petit ami.

ARGAN.

Adieu, mamie.

SCÈNE IX.

ARGAN, M. DIAFOIRUS, THOMAS DIAFOIRUS, TOINETTE.

ARGAN.

Voilà une femme qui m'aime... cela n'est pas croyable.

M. DIAFOIRUS.

Nous allons, monsieur, prendre congé de vous.

ARGAN.

Je vous prie, monsieur, de me dire un peu comment je suis.

M. DIAFOIRUS, *tâtant le pouls d'Argan.*

Allons, Thomas, prenez l'autre bras de monsieur, pour voir si vous saurez porter un bon jugement de son pouls. *Quid dicis?*

THOMAS DIAFOIRUS.

Dico que le pouls de monsieur est le pouls d'un homme qui ne se porte pas bien.

M. DIAFOIRUS.

Bon.

THOMAS DIAFOIRUS.

Qu'il est duriuscule, pour ne pas dire dur.

M. DIAFOIRUS.

Fort bien.

THOMAS DIAFOIRUS.

Repoussant.

M. DIAFOIRUS.

Bene.

THOMAS DIAFOIRUS.

Et même un peu caprisant [1].

M. DIAFOIRUS.

Optime.

THOMAS DIAFOIRUS.

Ce qui marque une intempérie dans le *parenchyme splénique*, c'est-à-dire la rate.

---

[1] *Un pouls caprisant,* pouls dur et inégal.

M. DIAFOIRUS.

Fort bien.

ARGAN.

Non ; M. Purgon dit que c'est mon foie qui est malade.

M. DIAFOIRUS.

Hé! oui : qui dit *parenchyme* dit l'un et l'autre, à cause de l'étroite sympathie qu'ils ont ensemble par le moyen du *vas breve du pylore*, et souvent des *méats cholédoques* [1]. Il vous ordonne sans doute de manger force rôti?

ARGAN.

Non, rien que du bouilli.

M. DIAFOIRUS.

Hé! oui : rôti, bouilli, même chose. Il vous ordonne fort prudemment, et vous ne pouvez être en de meilleures mains.

ARGAN.

Monsieur, combien est-ce qu'il faut mettre de grains de sel dans un œuf?

M. DIAFOIRUS.

Six, huit, dix, par les nombres pairs, comme dans les médicaments par les nombres impairs.

ARGAN.

Jusqu'au revoir, monsieur.

---

[1] *Méat cholédoque.* Canal qui transmet à l'intestin la bile qui vient immédiatement du foie et de la vésicule biliaire.

SCÈNE X.

BÉLINE, ARGAN.

BÉLINE.

Je viens, mon fils, avant que de sortir, vous donner avis d'une chose à laquelle il faut que vous preniez garde. En passant par devant la chambre d'Angélique, j'ai vu un jeune homme avec elle, qui s'est sauvé d'abord qu'il m'a vue.

ARGAN.

Un jeune homme avec ma fille?

BÉLINE.

Oui. Votre petite fille Louison étoit avec eux, qui pourra vous en dire des nouvelles.

ARGAN.

Envoyez-la ici, mamour, envoyez-la ici. Ah, l'effrontée! (*seul.*) Je ne m'étonne plus de sa résistance.

SCÈNE XI.

ARGAN, LOUISON.

LOUISON.

Qu'est-ce que vous voulez, mon papa? Ma belle-maman m'a dit que vous me demandez.

ARGAN.

Oui, venez çà; avancez là. Tournez-vous. Levez les yeux. Regardez-moi. Hé?

ACTE II, SCÈNE XI.

LOUISON.

Quoi, mon papa?

ARGAN.

La.

LOUISON.

Quoi?

ARGAN.

N'avez-vous rien à me dire?

LOUISON.

Je vous dirai, si vous voulez, pour vous désennuyer, le conte de Peau-d'âne, ou bien la fable du Corbeau et du Renard, qu'on m'a apprise depuis peu.

ARGAN.

Ce n'est pas cela que je demande.

LOUISON.

Quoi donc?

ARGAN.

Ah, rusée! vous savez bien ce que je veux dire?

LOUISON.

Pardonnez-moi, mon papa.

ARGAN.

Est-ce là comme vous m'obéissez?

LOUISON.

Quoi?

ARGAN.

Ne vous ai-je pas recommandé de me venir dire d'abord tout ce que vous voyez?

LOUISON.

Oui, mon papa.

ARGAN.

L'avez-vous fait ?

LOUISON.

Oui, mon papa. Je vous suis venue dire tout ce que j'ai vu.

ARGAN.

Et n'avez-vous rien vu aujourd'hui ?

LOUISON.

Non, mon papa.

ARGAN.

Non ?

LOUISON.

Non, mon papa.

ARGAN.

Assurément ?

LOUISON.

Assurément.

ARGAN.

Oh çà, je m'en vais vous faire voir quelque chose, moi.

LOUISON, *voyant une poignée de verges qu'Argan a été prendre.*

Ah, mon papa !

ARGAN.

Ah, ah, petite masque ! vous ne me dites pas que vous avez vu un homme dans la chambre de votre sœur !

LOUISON, *pleurant.*

Mon papa !

ACTE II, SCÈNE XI.

ARGAN, *prenant Louison par le bras.*

Voici qui vous apprendra à mentir.

LOUISON, *se jetant à genoux.*

Ah, mon papa! je vous demande pardon. C'est que ma sœur m'avoit dit de ne pas vous le dire : mais je m'en vais vous dire tout.

ARGAN.

Il faut premièrement que vous ayez le fouet pour avoir menti ; puis après nous verrons au reste.

LOUISON.

Pardon, mon papa.

ARGAN.

Non, non.

LOUISON.

Mon pauvre papa, ne me donnez pas le fouet.

ARGAN.

Vous l'aurez.

LOUISON.

Au nom de Dieu, mon papa, que je ne l'aie pas.

ARGAN, *voulant la fouetter.*

Allons, allons.

LOUISON.

Ah, mon papa! vous m'avez blessée. Attendez, je suis morte. (*Elle contrefait la morte.*)

ARGAN.

Holà! qu'est-ce là? Louison, Louison. Ah, mon dieu! Louison! Ah, ma fille! Ah, malheureux! ma pauvre fille est morte! Qu'ai-je fait, misérable? Ah, chiennes de verges! La peste soit des verges! Ah, ma pauvre fille, ma petite Louison!

LOUISON.

La, la, mon papa, ne pleurez point tant : je ne suis pas morte tout-à-fait.

ARGAN.

Voyez-vous la petite rusée! Oh çà, çà, je vous pardonne pour cette fois-ci, pourvu que vous me disiez bien tout.

LOUISON.

Ho, oui! mon papa.

ARGAN.

Prenez-y bien garde au moins : car voilà un petit doigt, qui sait tout, qui me dira si vous mentez.

LOUISON.

Mais, mon papa, ne dites pas à ma sœur que je vous l'ai dit.

ARGAN.

Non, non.

LOUISON, *après avoir regardé si personne n'écoute.*

C'est, mon papa, qu'il est venu un homme dans la chambre de ma sœur comme j'y étois.

ARGAN.

Hé bien?

LOUISON.

Je lui ai demandé ce qu'il demandoit, et il m'a dit qu'il étoit son maître à chanter.

ARGAN, *à part.*

Hom, hom! voilà l'affaire. (*à Louison.*) Hé bien?

LOUISON.

Ma sœur est venue après.

ACTE II, SCÈNE XI.

ARGAN.

Hé bien?

LOUISON.

Elle lui a dit, sortez, sortez, sortez. Mon dieu, sortez, vous me mettez au désespoir.

ARGAN.

Hé bien?

LOUISON.

Et lui ne vouloit pas sortir.

ARGAN.

Qu'est-ce qu'il lui disoit?

LOUISON.

Il lui disoit je ne sais combien de choses.

ARGAN.

Hé quoi encore?

LOUISON.

Il lui disoit tout-ci, tout-ça, qu'il l'aimoit bien, et qu'elle étoit la plus belle du monde.

ARGAN.

Et puis après?

LOUISON.

Et puis après il se mettoit à genoux devant elle.

ARGAN.

Et puis après?

LOUISON.

Et puis après il lui baisoit les mains.

ARGAN.

Et puis après?

LOUISON.

Et puis après ma belle-maman est venue à la porte, et il s'est enfui.

ARGAN.

Il n'y a point autre chose?

LOUISON.

Non, mon papa.

ARGAN.

Voilà mon petit doigt pourtant qui gronde quelque chose. (*mettant son doigt à son oreille.*) Attendez. Hé! Ah, ah! Oui? Oh, oh! voilà mon petit doigt qui me dit quelque chose que vous avez vu et que vous ne m'avez pas dit.

LOUISON.

Ah, mon papa! votre petit doigt est un menteur.

ARGAN.

Prenez garde.

LOUISON.

Non, mon papa, ne le croyez pas; il ment, je vous assure.

ARGAN.

Oh, bien, bien! nous verrons cela. Allez-vous-en, et prenez bien garde à tout; allez. (*seul.*) Ah! il n'y a plus d'enfants! Ah, que d'affaires! je n'ai pas seulement le loisir de songer à ma maladie. En vérité, je n'en puis plus.

(*Il se laisse tomber dans sa chaise.*)

SCÈNE XII.

BÉRALDE, ARGAN.

BÉRALDE.

Hé bien, mon frère, qu'est-ce? Comment vous portez-vous?

ARGAN.

Ah, mon frère! fort mal.

BÉRALDE.

Comment fort mal?

ARGAN.

Oui. Je suis dans une foiblesse si grande, que cela n'est pas croyable.

BÉRALDE.

Voilà qui est fâcheux.

ARGAN.

Je n'ai pas seulement la force de pouvoir parler.

BÉRALDE.

J'étois venu ici, mon frère, vous proposer un parti pour ma nièce Angélique.

ARGAN, *parlant avec emportement, et se levant de sa chaise.*

Mon frère, ne me parlez point de cette coquine-là. C'est une friponne, une impertinente, une effrontée, que je mettrai dans un couvent avant qu'il soit deux jours.

BÉRALDE.

Ah, voilà qui est bien! Je suis bien aise que la force

vous revienne un peu, et que ma visite vous fasse du bien. Oh çà, nous parlerons d'affaires tantôt. Je vous amène ici un divertissement que j'ai rencontré, qui dissipera votre chagrin, et vous rendra l'ame mieux disposée aux choses que nous avons à dire. Ce sont des Égyptiens vêtus en Mores, qui font des danses mêlées de chansons, où je suis sûr que vous prendrez plaisir; et cela vaudra bien une ordonnance de M. Purgon. Allons.

FIN DU SECOND ACTE.

SECOND INTERMÈDE.

Le frère du malade imaginaire lui amène pour le divertir plusieurs Égyptiens et Égyptiennes, vêtus en Mores, qui font des danses entremêlées de chansons.

PREMIÈRE FEMME MORE.

Profitez du printemps
De vos beaux ans,
Aimable jeunesse;
Profitez du printemps
De vos beaux ans;
Donnez-vous à la tendresse.

Les plaisirs les plus charmants,
Sans l'amoureuse flamme,
Pour contenter une ame
N'ont point d'attraits assez puissants.

Profitez du printemps
De vos beaux ans,
Aimable jeunesse;
Profitez du printemps
De vos beaux ans;
Donnez-vous à la tendresse.

Ne perdez point ces précieux moments :
La beauté passe,
Le temps l'efface;
L'âge de glace
Vient à sa place,
Qui nous ôte le goût de ces doux passe-temps.

Profitez du printemps
De vos beaux ans,
Aimable jeunesse;
Profitez du printemps
De vos beaux ans;
Donnez-vous à la tendresse.

SECONDE FEMME MORE.

Quand d'aimer on nous presse,
A quoi songez-vous?
Nos cœurs dans la jeunesse
N'ont vers la tendresse
Qu'un penchant trop doux.
L'amour a, pour nous prendre,
De si doux attraits,
Que de soi, sans attendre,
On voudroit se rendre
A ses premiers traits;
Mais tout ce qu'on écoute
Des vives douleurs
Et des pleurs qu'il nous coûte
Fait qu'on en redoute
Toutes les douceurs.

TROISIÈME FEMME MORE.

Il est doux à notre âge
D'aimer tendrement
Un amant
Qui s'engage:
Mais s'il est volage,
Hélas, quel tourment!

INTERMÈDE II.

QUATRIÈME FEMME MORE.

L'amant qui se dégage
  N'est pas le malheur;
    La douleur
    Et la rage,
C'est que le volage
Garde notre cœur.

SECONDE FEMME MORE.

Quel parti faut-il prendre
  Pour nos jeunes cœurs?

QUATRIÈME FEMME MORE.

Devons-nous nous y rendre
  Malgré ses rigueurs?

TOUS ENSEMBLE.

Oui, suivons ses ardeurs,
Ses transports, ses caprices,
  Ses douces langueurs :
S'il a quelques supplices,
  Il a cent délices
  Qui charment les cœurs.

ENTRÉE DE BALLET.

Tous les Mores dansent ensemble, et font sauter des singes qu'ils ont amenés avec eux.

FIN DU SECOND INTERMÈDE.

ACTE TROISIÈME.

SCÈNE I.

BÉRALDE, ARGAN, TOINETTE.

BÉRALDE.

Hé bien, mon frère, qu'en dites-vous? Cela ne vaut-il pas bien une prise de casse?

TOINETTE.

Hom! de bonne casse est bonne.

BÉRALDE.

Oh çà, voulez-vous que nous parlions un peu ensemble?

ARGAN.

Un peu de patience, mon frère; je vais revenir.

TOINETTE.

Tenez, monsieur : vous ne songez pas que vous ne sauriez marcher sans bâton.

ARGAN.

Tu as raison.

SCÈNE II.

BÉRALDE, TOINETTE.

TOINETTE.

N'abandonnez pas, s'il vous plaît, les intérêts de votre nièce.

BÉRALDE.

J'emploierai toutes choses pour lui obtenir ce qu'elle souhaite.

TOINETTE.

Il faut absolument empêcher ce mariage extravagant qu'il s'est mis dans la fantaisie; et j'avois songé en moi-même que c'auroit été une bonne affaire de pouvoir introduire ici un médecin à notre poste, pour le dégoûter de son monsieur Purgon, et lui décrier sa conduite. Mais comme nous n'avons personne en main pour cela, j'ai résolu de jouer un tour de ma tête.

BÉRALDE.

Comment?

TOINETTE.

C'est une imagination burlesque. Cela sera peut-être plus heureux que sage. Laissez-moi faire. Agissez de votre côté. Voici notre homme.

SCÈNE III.

ARGAN, BÉRALDE.

BÉRALDE.

Vous voulez bien, mon frère, que je vous demande, avant toute chose, de ne vous point échauffer l'esprit dans notre conversation...

ARGAN.

Voilà qui est fait.

BÉRALDE.

De répondre sans nulle aigreur aux choses que je pourrai vous dire...

ARGAN.

Oui.

BÉRALDE.

Et de raisonner ensemble, sur les affaires dont nous avons à parler, avec un esprit détaché de toute passion.

ARGAN.

Mon dieu, oui! Voilà bien du préambule.

BÉRALDE.

D'où vient, mon frère, qu'ayant le bien que vous avez, et n'ayant d'enfants qu'une fille, car je ne compte pas la petite; d'où vient, dis-je, que vous parlez de la mettre au couvent?

ARGAN.

D'où vient, mon frère, que je suis maître dans ma famille pour faire ce que bon me semble?

BÉRALDE.

Votre femme ne manque pas de vous conseiller de vous défaire ainsi de vos deux filles; et je ne doute point que, par un esprit de charité, elle ne fût ravie de les voir toutes deux bonnes religieuses.

ARGAN.

Oh çà, nous y voici. Voilà d'abord la pauvre femme en jeu : c'est elle qui fait tout le mal, et tout le monde lui en veut.

BÉRALDE.

Non, mon frère, laissons-la là : c'est une femme

qui a les meilleures intentions du monde pour votre famille, et qui est détachée de toute sorte d'intérêt; qui a pour vous une tendresse merveilleuse, et qui montre pour vos enfants une affection et une bonté qui n'est pas concevable, cela est certain. N'en parlons point, et revenons à votre fille. Sur quelle pensée, mon frère, la voulez-vous donner en mariage au fils d'un médecin?

ARGAN.

Sur la pensée, mon frère, de me donner un gendre tel qu'il me faut.

BÉRALDE.

Ce n'est point là, mon frère, le fait de votre fille; et il se présente un parti plus sortable pour elle.

ARGAN.

Oui; mais celui-ci, mon frère, est plus sortable pour moi.

BÉRALDE.

Mais le mari qu'elle doit prendre doit-il être, mon frère, ou pour elle ou pour vous?

ARGAN.

Il doit être, mon frère, et pour elle et pour moi; et je veux mettre dans ma famille les gens dont j'ai besoin.

BERALDE.

Par cette raison-là, si votre petite étoit grande, vous lui donneriez un apothicaire.

ARGAN.

Pourquoi non?

BÉRALDE.

Est-il possible que vous serez toujours embéguiné de vos apothicaires et de vos médecins, et que vous vouliez être malade en dépit des gens et de la nature!

ARGAN.

Comment l'entendez-vous, mon frère?

BÉRALDE.

J'entends, mon frère, que je ne vois point d'homme qui soit moins malade que vous, et que je ne demanderois point une meilleure constitution que la vôtre. Une grande marque que vous vous portez bien, et que vous avez un corps parfaitement bien composé, c'est qu'avec tous les soins que vous avez pris vous n'avez pu parvenir encore à gâter la bonté de votre tempérament, et que vous n'êtes point crevé de toutes les médecines qu'on vous a fait prendre.

ARGAN.

Mais savez-vous, mon frère, que c'est cela qui me conserve, et que M. Purgon dit que je succomberois, s'il étoit seulement trois jours sans prendre soin de moi?

BÉRALDE.

Si vous n'y prenez garde, il prendra tant de soin de vous, qu'il vous envoiera en l'autre monde.

ARGAN.

Mais raisonnons un peu, mon frère. Vous ne croyez donc point à la médecine?

BÉRALDE.

Non, mon frère; et je ne vois pas que, pour son salut, il soit nécessaire d'y croire.

ARGAN.

Quoi! vous ne tenez pas véritable une chose établie par tout le monde, et que tous les siècles ont révérée?

BÉRALDE.

Bien loin de la tenir véritable, je la trouve, entre nous, une des plus grandes folies qui soient parmi les hommes; et, à regarder les choses en philosophe, je ne vois point de plus plaisante momerie, je ne vois rien de plus ridicule qu'un homme qui se veut mêler d'en guérir un autre.

ARGAN.

Pourquoi ne voulez-vous pas, mon frère, qu'un homme en puisse guérir un autre?

BÉRALDE.

Par la raison, mon frère, que les ressorts de notre machine sont des mystères, jusqu'ici, où les hommes ne voient goutte, et que la nature nous a mis au devant des yeux des voiles trop épais pour y connoître quelque chose.

ARGAN.

Les médecins ne savent donc rien, à votre compte?

BÉRALDE.

Si fait, mon frère, ils savent la plupart de fort belles humanités [1], savent parler en beau latin, savent nommer en grec toutes les maladies, les définir et les diviser; mais pour ce qui est de les guérir, c'est ce qu'ils ne savent point du tout.

---

[1] *Ils savent de fort belles humanités*, pour dire qu'*ils sont instruits de ce qu'on enseigne dans les classes d'humanités.*

ARGAN.

Mais toujours faut-il demeurer d'accord que, sur cette matière, les médecins en savent plus que les autres.

BÉRALDE.

Ils savent, mon frère, ce que je vous ai dit, qui ne guérit pas de grand'chose; et toute l'excellence de leur art consiste en un pompeux galimatias, en un spécieux babil, qui vous donne des mots pour des raisons, et des promesses pour des effets.

ARGAN.

Mais enfin, mon frère, il y a des gens aussi sages et aussi habiles que vous; et nous voyons que dans la maladie tout le monde a recours aux médecins.

BÉRALDE.

C'est une marque de la foiblesse humaine, et non pas de la vérité de leur art.

ARGAN.

Mais il faut bien que les médecins croient leur art véritable, puisqu'ils s'en servent pour eux-mêmes.

BÉRALDE.

C'est qu'il y en a parmi eux qui sont eux-mêmes dans l'erreur populaire, dont ils profitent, et d'autres qui en profitent sans y être. Votre M. Purgon, par exemple, n'y fait point de finesse : c'est un homme tout médecin depuis la tête jusqu'aux pieds; un homme qui croit à ses règles plus qu'à toutes les démonstrations des mathématiques, et qui croiroit du crime à les vouloir examiner; qui ne voit rien d'obscur dans la médecine, rien de douteux, rien de difficile; et qui, avec une impétuosité de prévention, une roideur de confiance, une brutalité de sens commun et de raison, donne au travers des purgations et des saignées, et ne balance aucune chose. Il ne lui faut point vouloir de mal de tout ce qu'il pourra vous faire, c'est de la meilleure foi du monde qu'il vous expédiera; et il ne fera, en vous tuant, que ce qu'il a fait à sa femme et à ses enfants, et ce qu'en un besoin il feroit à lui-même.

ARGAN.

C'est que vous avez, mon frère, une dent de lait contre lui. Mais enfin venons au fait. Que faire donc quand on est malade?

BÉRALDE.

Rien, mon frère.

ARGAN.

Rien!

BÉRALDE.

Rien. Il ne faut que demeurer en repos. La nature d'elle-même, quand nous la laissons faire, se tire doucement du désordre où elle est tombée. C'est notre inquiétude, c'est notre impatience qui gâte tout; presque tous les hommes meurent de leurs remèdes, et non pas de leurs maladies.

ARGAN.

Mais il faut demeurer d'accord, mon frère, qu'on peut aider cette nature par de certaines choses.

BÉRALDE.

Mon dieu, mon frère, ce sont pures idées dont

nous aimons à nous repaître; et de tout temps il s'est glissé parmi les hommes de belles imaginations, que nous venons à croire parce qu'elles nous flattent, et qu'il seroit à souhaiter qu'elles fussent véritables. Lorsqu'un médecin vous parle d'aider, de secourir, de soulager la nature, de lui ôter ce qui lui nuit et lui donner ce qui lui manque, de la rétablir et de la remettre dans une pleine facilité de ses fonctions; lorsqu'il vous parle de rectifier le sang, de tempérer les entrailles et le cerveau, de dégonfler la rate, de raccommoder la poitrine, de réparer le foie, de fortifier le cœur, de rétablir et conserver la chaleur naturelle, et d'avoir des secrets pour étendre la vie à de longues années, il vous dit justement le roman de la médecine. Mais quand vous en venez à la vérité et à l'expérience, vous ne trouvez rien de tout cela; et il en est comme de ces beaux songes qui ne vous laissent au réveil que le déplaisir de les avoir crus.

ARGAN.

C'est-à-dire que toute la science du monde est renfermée dans votre tête; et vous voulez en savoir plus que tous les grands médecins de notre siècle.

BÉRALDE.

Dans les discours et dans les choses, ce sont deux sortes de personnes que vos grands médecins : entendez-les parler; les plus habiles gens du monde : voyez-les faire; les plus ignorants de tous les hommes.

ARGAN.

Hoi! vous êtes un grand docteur, à ce que je vois; et je voudrois bien qu'il y eût ici quelqu'un de ces messieurs pour rembarrer vos raisonnements et rabaisser votre caquet.

BÉRALDE.

Moi, mon frère, je ne prends point à tâche de combattre la médecine; et chacun, à ses périls et fortune, peut croire tout ce qui lui plaît. Ce que j'en dis n'est qu'entre nous; et j'aurois souhaité de pouvoir un peu vous tirer de l'erreur où vous êtes, et, pour vous divertir, vous mener voir sur ce chapitre quelqu'une des comédies de Molière.

ARGAN.

C'est un bon impertinent que votre Molière, avec ses comédies; et je le trouve bien plaisant d'aller jouer d'honnêtes gens comme les médecins!

BÉRALDE.

Ce ne sont point les médecins qu'il joue, mais le ridicule de la médecine.

ARGAN.

C'est bien à lui à faire de se mêler de contrôler la médecine! Voilà un bon nigaud, un bon impertinent de se moquer des consultations et des ordonnances, de s'attaquer au corps des médecins, et d'aller mettre sur son théâtre des personnes vénérables comme ces messieurs-là.

BÉRALDE.

Que voulez-vous qu'il y mette que les diverses professions des hommes? On y met bien tous les jours les princes et les rois, qui sont d'aussi bonne maison que les médecins.

ARGAN.

Par la mort non de diable ! si j'étois que des médecins, je me vengerois de son impertinence ; et quand il sera malade, je le laisserois mourir sans secours. Il auroit beau faire et beau dire, je ne lui ordonnerois pas la moindre petite saignée, le moindre petit lavement ; et je lui dirois : Crève, crève ; cela t'apprendra une autre fois à te jouer à la Faculté.

BÉRALDE.

Vous voilà bien en colère contre lui.

ARGAN.

Oui, c'est un malavisé; et si les médecins sont sages ils feront ce que je dis.

BÉRALDE.

Il sera encore plus sage que vos médecins, car il ne leur demandera point de secours.

ARGAN.

Tant pis pour lui, s'il n'a point recours aux remèdes.

BÉRALDE.

Il a ses raisons pour n'en point vouloir, et il soutient que cela n'est permis qu'aux gens vigoureux et robustes, et qui ont des forces de reste pour porter les remèdes avec la maladie ; mais que, pour lui, il n'a justement de la force que pour porter son mal.

ARGAN.

Les sottes raisons que voilà ! Tenez, mon frère, ne parlons point de cet homme-là davantage, car cela m'échauffe la bile, et vous me donneriez mon mal.

BÉRALDE.

Je le veux bien, mon frère : et pour changer de discours, je vous dirai que, sur une petite répugnance que vous témoigne votre fille, vous ne devez point prendre les résolutions violentes de la mettre dans un couvent ; que pour le choix d'un gendre il ne vous faut pas suivre aveuglément la passion qui vous emporte ; et qu'on doit, sur cette matière, s'accommoder un peu à l'inclination d'une fille, puisque c'est pour toute la vie, et que de là dépend tout le bonheur d'un mariage.

SCÈNE IV.

M. FLEURANT, *une seringue à la main*; ARGAN, BÉRALDE.

ARGAN.

Ah! mon frère, avec votre permission.

BÉRALDE.

Comment! que voulez-vous faire?

ARGAN.

Prendre ce petit lavement-là, ce sera bientôt fait.

BÉRALDE.

Vous vous moquez ; est-ce que vous ne sauriez être un moment sans lavement ou sans médecine? Remettez cela à une autre fois, et demeurez un peu en repos.

ARGAN.

M. Fleurant, à ce soir, ou à demain matin.

M. FLEURANT, *à Béralde.*

De quoi vous mêlez-vous de vous opposer aux ordonnances de la médecine, et d'empêcher monsieur de prendre mon clystère? Vous êtes bien plaisant d'avoir cette hardiesse-là!

BÉRALDE.

Allez, monsieur, on voit bien que vous n'avez pas accoutumé de parler à des visages.

M. FLEURANT.

On ne doit point ainsi se jouer des remèdes, et me faire perdre mon temps. Je ne suis venu ici que sur une bonne ordonnance; et je vais dire à M. Purgon comme on m'a empêché d'exécuter ses ordres, et de faire ma fonction. Vous verrez, vous verrez...

SCÈNE V.

ARGAN, BÉRALDE.

ARGAN.

Mon frère, vous serez cause ici de quelque malheur.

BÉRALDE.

Le grand malheur de ne pas prendre un lavement que M. Purgon a ordonné! Encore un coup, mon frère, est-il possible qu'il n'y ait pas moyen de vous guérir de la maladie des médecins, et que vous vouliez être toute votre vie enseveli dans leurs remèdes!

ARGAN.

Mon dieu, mon frère! vous en parlez comme un

homme qui se porte bien : mais si vous étiez à ma place, vous changeriez bien de langage. Il est aisé de parler contre la médecine quand on est en pleine santé.

HÉRALDE.

Mais quel mal avez-vous?

ARGAN.

Vous me feriez enrager! Je voudrois que vous l'eussiez, mon mal, pour voir si vous jaseriez tant. Ah! voici M. Purgon.

SCÈNE VI.

M. PURGON, ARGAN, BÉRALDE, TOINETTE.

M. PURGON.

Je viens d'apprendre là-bas, à la porte, de jolies nouvelles; qu'on se moque ici de mes ordonnances, et qu'on a fait refus de prendre le remède que j'avois prescrit.

ARGAN.

Monsieur, ce n'est pas...

M. PURGON.

Voilà une hardiesse bien grande, une étrange rébellion d'un malade contre son médecin!

TOINETTE.

Cela est épouvantable.

M. PURGON.

Un clystère que j'avois pris plaisir à composer moi-même...

ARGAN.

Ce n'est pas moi...

M. PURGON.

Inventé et formé dans toutes les règles de l'art...

TOINETTE.

Il a tort.

M. PURGON.

Et qui devoit faire dans des entrailles un effet merveilleux !

ARGAN.

Mon frère...

M. PURGON.

Le renvoyer avec mépris !

ARGAN, *montrant Béralde.*

C'est lui...

M. PURGON.

C'est une action exorbitante !

TOINETTE.

Cela est vrai.

M. PURGON.

Un attentat énorme contre la médecine !

ARGAN, *montrant Béralde.*

Il est cause...

M. PURGON.

Un crime de lèse-Faculté, qui ne se peut assez punir.

TOINETTE.

Vous avez raison.

M. PURGON.

Je vous déclare que je romps commerce avec vous.

ARGAN.

C'est mon frère...

M. PURGON.

Que je ne veux plus d'alliance avec vous.

TOINETTE.

Vous ferez bien.

M. PURGON.

Et que, pour finir toute liaison avec vous, voilà la donation que je faisois à mon neveu en faveur du mariage.

ARGAN.

C'est mon frère qui a fait tout le mal.

M. PURGON.

Mépriser mon clystère!

ARGAN.

Faites-le venir, je m'en vais le prendre.

M. PURGON.

Je vous aurois tiré d'affaire avant qu'il fût peu.

TOINETTE.

Il ne le mérite pas.

M. PURGON.

J'allois nettoyer votre corps et en évacuer entièrement les mauvaises humeurs.

ARGAN.

Ah, mon frère!

M. PURGON.

Et je ne voulois plus qu'une douzaine de médecines pour vider le fond du sac.

TOINETTE.

Il est indigne de vos soins.

M. PURGON.

Mais puisque vous n'avez pas voulu guérir par mes mains,

ARGAN.

Ce n'est pas ma faute.

M. PURGON.

Puisque vous vous êtes soustrait de l'obéissance que l'on doit à son médecin,

TOINETTE.

Cela crie vengeance.

M. PURGON.

Puisque vous vous êtes déclaré rebelle aux remèdes que je vous ordonnois,

ARGAN.

Hé! point du tout.

M. PURGON.

J'ai à vous dire que je vous abandonne à votre mauvaise constitution, à l'intempérie de vos entrailles, à la corruption de votre sang, à l'âcreté de votre bile, et à la féculence de vos humeurs.

TOINETTE.

C'est fort bien fait.

ARGAN.

Mon dieu!

M. PURGON.

Et je veux qu'avant qu'il soit quatre jours vous deveniez dans un état incurable;

ARGAN.

Ah, miséricorde!

ACTE III, SCÈNE VI.

M. PURGON.

Que vous tombiez dans la bradypepsie;

ARGAN.

Monsieur Purgon!

M. PURGON.

De la bradypepsie dans la dyspepsie;

ARGAN.

Monsieur Purgon!

M. PURGON.

De la dyspepsie dans l'apepsie;

ARGAN.

Monsieur Purgon!

M. PURGON.

De l'apepsie dans la lienterie;

ARGAN.

Monsieur Purgon!

M. PURGON.

De la lienterie dans la dyssenterie;

ARGAN.

Monsieur Purgon!

M. PURGON.

De la dyssenterie dans l'hydropisie,

ARGAN.

Monsieur Purgon!

M. PURGON.

Et de l'hydropisie dans la privation de la vie, où vous aura conduit votre folie.

SCÈNE VII.

ARGAN, BÉRALDE.

ARGAN.

Ah, mon dieu, je suis mort! Mon frère, vous m'avez perdu!

BÉRALDE.

Quoi? qu'y a-t-il?

ARGAN.

Je n'en puis plus. Je sens déja que la médecine se venge.

BÉRALDE.

Ma foi, mon frère, vous êtes fou; et je ne voudrois pas pour beaucoup de choses qu'on vous vît faire ce que vous faites. Tâtez-vous un peu, je vous prie; revenez à vous-même, et ne donnez point tant à votre imagination.

ARGAN.

Vous voyez, mon frère, les étranges maladies dont il m'a menacé.

BÉRALDE.

Le simple homme que vous êtes!

ARGAN.

Il dit que je deviendrai incurable avant qu'il soit quatre jours.

BÉRALDE.

Et ce qu'il dit, que fait-il à la chose? Est-ce un oracle qui a parlé? Il semble, à vous entendre, que

M. Purgon tienne dans ses mains le filet de vos jours, et que, d'autorité suprême, il vous l'allonge et vous le raccourcisse comme il lui plaît. Songez que les principes de votre vie sont en vous-même, et que le courroux de M. Purgon est aussi peu capable de vous faire mourir que ses remèdes de vous faire vivre. Voici une aventure, si vous voulez, à vous défaire des médecins; ou, si vous êtes né à ne pouvoir vous en passer, il est aisé d'en avoir un autre, avec lequel, mon frère, vous puissiez courir un peu moins de risque.

ARGAN.

Ah, mon frère! il sait tout mon tempérament, et la manière dont il faut me gouverner.

BÉRALDE.

Il faut avouer que vous êtes un homme d'une grande prévention, et que vous voyez les choses avec d'étranges yeux.

SCÈNE VIII.

ARGAN, BÉRALDE, TOINETTE.

TOINETTE, *à Argan.*

Monsieur, voilà un médecin qui demande à vous voir.

ARGAN.

Et quel médecin?

TOINETTE.

Un médecin de la médecine.

ARGAN.

Je te demande qui il est.

TOINETTE.

Je ne le connois pas, mais il me ressemble comme deux gouttes d'eau; et si je n'étois sûre que ma mère étoit honnête femme, je dirois que ce seroit quelque petit frère qu'elle m'auroit donné depuis le trépas de mon père.

ARGAN.

Fais-le venir.

SCÈNE IX.

ARGAN, BÉRALDE.

BÉRALDE.

Vous êtes servi à souhait; un médecin vous quitte, un autre se présente.

ARGAN.

J'ai bien peur que vous ne soyez cause de quelque malheur.

BÉRALDE.

Encore! vous en revenez toujours là.

ARGAN.

Voyez-vous, j'ai sur le cœur toutes ces maladies-là que je ne connois point, ces...

SCÈNE X.

ARGAN, BÉRALDE; TOINETTE *en médecin*.

TOINETTE.

Monsieur, agréez que je vienne vous rendre visite, et vous offrir mes petits services pour toutes les saignées et les purgations dont vous aurez besoin.

ARGAN.

Monsieur, je vous suis fort obligé. (*à Béralde.*) Par ma foi, voilà Toinette elle-même.

TOINETTE.

Monsieur, je vous prie de m'excuser, j'ai oublié de donner une commission à mon valet; je reviens tout-à-l'heure.

SCÈNE XI.

ARGAN, BÉRALDE.

ARGAN.

Hé! ne diriez-vous pas que c'est effectivement Toinette?

BÉRALDE.

Il est vrai que la ressemblance est tout-à-fait grande. Mais ce n'est pas la première fois qu'on a vu de ces sortes de choses, et les histoires ne sont pleines que de ces jeux de la nature.

ARGAN.

Pour moi, j'en suis surpris; et...

SCÈNE XII.

ARGAN, BÉRALDE, TOINETTE.

TOINETTE.

Que voulez-vous, monsieur?

ARGAN.

Comment?

TOINETTE.

Ne m'avez-vous pas appelée?

ARGAN.

Moi? non.

TOINETTE.

Il faut donc que les oreilles m'aient corné.

ARGAN.

Demeure un peu ici pour voir comme ce médecin te ressemble.

TOINETTE.

Oui, vraiment! j'ai affaire là-bas, et je l'ai assez vu.

SCÈNE XIII.

ARGAN, BÉRALDE.

ARGAN.

Si je ne les voyois tous deux, je croirois que ce n'est qu'un.

BÉRALDE.

J'ai lu des choses surprenantes de ces sortes de

ressemblances; et nous en avons vu, de notre temps, où tout le monde s'est trompé.

ARGAN.

Pour moi, j'aurois été trompé à celle-là; et j'aurois juré que c'est la même personne.

SCÈNE XIV.

ARGAN, BÉRALDE; TOINETTE *en médecin*.

TOINETTE.

Monsieur, je vous demande pardon de tout mon cœur.

ARGAN, *bas à Béralde*.

Cela est admirable.

TOINETTE.

Vous ne trouverez pas mauvais, s'il vous plaît, la curiosité que j'ai eue de voir un illustre malade comme vous êtes; et votre réputation, qui s'étend partout, peut excuser la liberté que j'ai prise.

ARGAN.

Monsieur, je suis votre serviteur.

TOINETTE.

Je vois, monsieur, que vous me regardez fixement. Quel âge croyez-vous bien que j'aie?

ARGAN.

Je crois que tout au plus vous pouvez avoir vingt-six ou vingt-sept ans.

TOINETTE.

Ha, ha, ha, ha, ha! J'en ai quatre-vingt-dix.

ARGAN.

Quatre-vingt dix!

TOINETTE.

Oui. Vous voyez un effet des secrets de mon art, de me conserver aussi frais et vigoureux.

ARGAN.

Par ma foi, voilà un beau jeune vieillard pour quatre-vingt-dix ans.

TOINETTE.

Je suis médecin passager qui vais de ville en ville, de province en province, de royaume en royaume, pour chercher d'illustres matières à ma capacité, pour trouver des malades dignes de m'occuper, capables d'exercer les grands et beaux secrets que j'ai trouvés dans la médecine. Je dédaigne de m'amuser à ce menu fatras de maladies ordinaires, à ces bagatelles de rhumatisme et de fluxions, à ces fiévrotes, à ces vapeurs et à ces migraines. Je veux des maladies d'importance, de bonnes fièvres continues avec des transports au cerveau, de bonnes fièvres pourprées, de bonnes pestes, de bonnes hydropisies formées, de bonnes pleurésies avec des inflammations de poitrine; c'est là que je me plais; c'est là que je triomphe: et je voudrois, monsieur, que vous eussiez toutes les maladies que je viens de dire, que vous fussiez abandonné de tous les médecins, désespéré, à l'agonie, pour vous montrer l'excellence de mes remèdes, et l'envie que j'aurois de vous rendre service.

ARGAN.

Je vous suis obligé, monsieur, des bontés que vous avez pour moi.

TOINETTE.

Donnez-moi votre pouls. Allons donc, que l'on batte comme il faut. Ahi! je vous ferai bien aller comme vous devez. Hoi! ce pouls-là fait l'impertinent. Je vois bien que vous ne me connoissez pas encore. Qui est votre médecin?

ARGAN.

M. Purgon.

TOINETTE.

Cet homme-là n'est point écrit sur mes tablettes entre les grands médecins. De quoi dit-il que vous êtes malade?

ARGAN.

Il dit que c'est du foie, et d'autres disent que c'est de la rate.

TOINETTE.

Ce sont tous des ignorants; c'est du poumon que vous êtes malade.

ARGAN.

Du poumon!

TOINETTE.

Oui. Que sentez-vous?

ARGAN.

Je sens de temps en temps des douleurs de tête.

TOINETTE.

Justement, le poumon.

ARGAN.

Il me semble parfois que j'ai un voile devant les yeux.

TOINETTE.

Le poumon.

ARGAN.

J'ai quelquefois des maux de cœur.

TOINETTE.

Le poumon.

ARGAN.

Je sens parfois des lassitudes par tous les membres.

TOINETTE.

Le poumon.

ARGAN.

Et quelquefois il me prend des douleurs dans le ventre, comme si c'étoit des coliques.

TOINETTE.

Le poumon. Vous avez appétit à ce que vous mangez?

ARGAN.

Oui, monsieur.

TOINETTE.

Le poumon. Vous aimez à boire un peu de vin?

ARGAN.

Oui, monsieur.

TOINETTE.

Le poumon. Il vous prend un petit sommeil après le repas, et vous êtes bien aise de dormir?

ARGAN.

Oui, monsieur.

TOINETTE.

Le poumon, le poumon, vous dis-je. Que vous ordonne votre médecin pour votre nourriture?

ARGAN.

Il m'ordonne du potage,

TOINETTE.

Ignorant!

ARGAN.

De la volaille,

TOINETTE.

Ignorant!

ARGAN.

Du veau,

TOINETTE.

Ignorant!

ARGAN.

Des bouillons,

TOINETTE.

Ignorant!

ARGAN.

Des œufs frais,

TOINETTE.

Ignorant!

ARGAN.

Et le soir de petits pruneaux pour lâcher le ventre.

TOINETTE.

Ignorant!

ARGAN.

Et surtout de boire mon vin fort trempé.

TOINETTE.

Ignorantus, ignoranta, ignorantum! Il faut boire votre vin pur; et pour épaissir votre sang qui est trop subtil, il faut manger de bon gros bœuf, de bon gros porc, de bon fromage de Hollande, du gruau et du riz, et des marrons et des oublies, pour coller et conglutiner. Votre médecin est une bête. Je veux vous en envoyer un de ma main, et je viendrai vous voir de temps en temps, tandis que je serai en cette ville.

ARGAN.

Vous m'obligez beaucoup.

TOINETTE.

Que diantre faites-vous de ce bras-là?

ARGAN.

Comment?

TOINETTE.

Voilà un bras que je me ferois couper tout-à-l'heure, si j'étois que de vous.

ARGAN.

Et pourquoi?

TOINETTE.

Ne voyez-vous pas qu'il tire à soi toute la nourriture, et qu'il empêche ce côté-là de profiter?

ARGAN.

Oui; mais j'ai besoin de mon bras.

TOINETTE.

Vous avez là aussi un œil droit que je me ferois crever, si j'étois en votre place.

ARGAN.

Crever un œil?

TOINETTE.

Ne voyez-vous pas qu'il incommode l'autre, et lui dérobe sa nourriture? Croyez-moi, faites-vous-le crever au plus tôt; et vous en verrez plus clair de l'œil gauche.

ARGAN.

Cela n'est pas pressé.

TOINETTE.

Adieu. Je suis fâché de vous quitter si tôt; mais il faut que je me trouve à une grande consultation qui se doit faire pour un homme qui mourut hier.

ARGAN.

Pour un homme qui mourut hier?

TOINETTE.

Oui, pour aviser et voir ce qu'il auroit fallu lui faire pour le guérir. Jusqu'au revoir.

ARGAN.

Vous savez que les malades ne reconduisent point.

SCÈNE XV.

ARGAN, BÉRALDE.

BÉRALDE.

Voilà un médecin, vraiment, qui paroît fort habile.

ARGAN.

Oui; mais il y va un peu bien vite.

BÉRALDE.

Tous les grands médecins sont comme cela.

ARGAN.

Me couper un bras et me crever un œil, afin que l'autre se porte mieux! J'aime bien mieux qu'il ne se porte pas si bien. La belle opération de me rendre borgne et manchot!

SCÈNE XVI.

ARGAN, BÉRALDE, TOINETTE.

TOINETTE, *feignant de parler à quelqu'un.*
Allons, allons, je suis votre servante. Je n'ai pas envie de rire.

ARGAN.
Qu'est-ce que c'est?

TOINETTE.
Votre médecin, ma foi, qui me vouloit tâter le pouls.

ARGAN.
Voyez un peu, à l'âge de quatre-vingt-dix ans!

BÉRALDE.
Oh çà, mon frère, puisque voilà votre M. Purgon brouillé avec vous, ne voulez-vous pas bien que je vous parle du parti qui s'offre pour ma nièce?

ARGAN.
Non, mon frère; je veux la mettre dans un couvent, puisqu'elle s'est opposée à mes volontés. Je vois bien qu'il y a quelque amourette là dessous; et j'ai découvert certaine entrevue secrète qu'on ne sait pas que j'aie découverte.

BÉRALDE.
Hé bien, mon frère, quand il y auroit quelque petite inclination, cela seroit-il si criminel? et rien

peut-il vous offenser, quand tout ne va qu'à des choses honnêtes comme le mariage ?

ARGAN.

Quoi qu'il en soit, mon frère, elle sera religieuse, c'est une chose résolue.

BÉRALDE.

Vous voulez faire plaisir à quelqu'un.

ARGAN.

Je vous entends. Vous en revenez toujours là, et ma femme vous tient au cœur.

BÉRALDE.

Hé bien, oui, mon frère, puisqu'il faut parler à cœur ouvert; c'est votre femme que je veux dire; et non plus que l'entêtement de la médecine, je ne puis vous souffrir l'entêtement où vous êtes pour elle, et voir que vous donniez tête baissée dans tous les piéges qu'elle vous tend.

TOINETTE.

Ah, monsieur! ne parlez point de madame : c'est une femme sur laquelle il n'y a rien à dire, une femme sans artifice, et qui aime monsieur, qui l'aime... On ne peut pas dire cela.

ARGAN.

Demandez-lui un peu les caresses qu'elle me fait;

TOINETTE.

Cela est vrai.

ARGAN.

L'inquiétude que lui donne ma maladie;

TOINETTE.

Assurément.

ARGAN.

Et les soins et les peines qu'elle prend autour de moi.

TOINETTE.

Il est certain. (*à Béralde.*) Voulez-vous que je vous convainque, et vous fasse voir tout-à-l'heure comme madame aime monsieur? (*à Argan.*) Monsieur, souffrez que je lui montre son bec jaune[1], et le tire d'erreur.

ARGAN.

Comment?

TOINETTE.

Madame s'en va revenir : mettez-vous tout étendu dans cette chaise, et contrefaites le mort; vous verrez la douleur où elle sera quand je lui dirai la nouvelle.

ARGAN.

Je le veux bien.

TOINETTE.

Oui; mais ne la laissez pas long-temps dans le désespoir, car elle en pourroit bien mourir.

ARGAN.

Laisse-moi faire.

TOINETTE, *à Béralde.*

Cachez-vous, vous, dans ce coin-là.

---

[1] *Montrer à quelqu'un son bec jaune*, ou, comme on dit aujourd'hui, son *béjaune*, c'est lui prouver son inexpérience, son ignorance.

SCÈNE XVII.

ARGAN, TOINETTE.

ARGAN.

N'y a-t-il point quelque danger à contrefaire le mort?

TOINETTE.

Non, non. Quel danger y auroit-il? Étendez-vous là seulement. Il y aura plaisir à confondre votre frère. Voici madame. Tenez-vous bien.

SCÈNE XVIII.

BÉLINE, ARGAN *étendu dans sa chaise;* TOINETTE.

TOINETTE, *feignant de ne pas voir Béline.*

Ah, mon dieu! Ah, malheur! Quel étrange accident!

BÉLINE.

Qu'est-ce, Toinette?

TOINETTE.

Ah, madame!

BÉLINE.

Qu'y a-t-il?

TOINETTE.

Votre mari est mort.

BÉLINE.

Mon mari est mort?

TOINETTE.

Hélas, oui! le pauvre défunt est trépassé.

BÉLINE.

Assurément?

TOINETTE.

Assurément. Personne ne sait encore cet accident-là; et je me suis trouvée ici toute seule. Il vient de passer entre mes bras. Tenez, le voilà tout de son long dans cette chaise.

BÉLINE.

Le ciel en soit loué! Me voilà délivrée d'un grand fardeau! Que tu es sotte, Toinette, de t'affliger de cette mort!

TOINETTE.

Je pensois, madame, qu'il fallût pleurer.

BÉLINE.

Va, va, cela n'en vaut pas la peine. Quelle perte est-ce que la sienne? et de quoi servoit-il sur la terre? Un homme incommode à tout le monde, malpropre, dégoûtant, sans cesse un lavement ou une médecine dans le ventre; mouchant, toussant, crachant toujours; sans esprit, ennuyeux, de mauvaise humeur, fatiguant sans cesse les gens, et grondant jour et nuit servantes et valets.

TOINETTE.

Voilà une belle oraison funèbre!

BÉLINE.

Il faut, Toinette, que tu m'aides à exécuter mon dessein; et tu peux croire qu'en me servant ta récompense est sûre. Puisque, par un bonheur, personne n'est encore averti de la chose, portons-le dans son lit, et tenons cette mort cachée jusqu'à ce que j'aie fait mon affaire. Il y a des papiers, il y a de l'argent, dont je me veux saisir, et il n'est pas juste que j'aie passé sans fruit, auprès de lui, mes plus belles années. Viens, Toinette, prenons auparavant toutes ses clefs.

ARGAN, *se levant brusquement.*

Doucement!

BÉLINE.

Ahi!

ARGAN.

Oui, madame ma femme, c'est ainsi que vous m'aimez!

TOINETTE.

Ah, ah! le défunt n'est pas mort!

ARGAN, *à Béline, qui sort.*

Je suis bien aise de voir votre amitié, et d'avoir entendu le beau panégyrique que vous avez fait de moi. Voilà un avis au lecteur qui me rendra sage à l'avenir, et qui m'empêchera de faire bien des choses.

SCÈNE XIX.

BÉRALDE, *sortant de l'endroit où il étoit caché;*
ARGAN, TOINETTE.

BÉRALDE.

Hé bien, mon frère, vous le voyez.

TOINETTE.

Par ma foi, je n'aurois jamais cru cela. Mais j'entends votre fille : remettez-vous comme vous étiez, et voyons de quelle manière elle recevra votre mort. C'est une chose qu'il n'est pas mauvais d'éprouver; et puisque vous êtes en train, vous connoîtrez par là les sentiments que votre famille a pour vous.

(*Béralde va encore se cacher.*)

SCÈNE XX.

ARGAN, ANGÉLIQUE, TOINETTE.

TOINETTE, *feignant de ne pas voir Angélique.*
O ciel! ah, fâcheuse nouvelle! malheureuse journée!

ANGÉLIQUE.
Qu'as-tu, Toinette? de quoi pleures-tu?

TOINETTE.
Hélas! j'ai de tristes nouvelles à vous donner.

ANGÉLIQUE.
Hé quoi?

TOINETTE.
Votre père est mort.

ANGÉLIQUE.
Mon père est mort, Toinette?

TOINETTE.
Oui. Vous le voyez là; il vient de mourir tout-à-l'heure d'une foiblesse qui lui a pris.

ANGÉLIQUE.
O ciel! quelle infortune! quelle atteinte cruelle! Hélas! faut-il que je perde mon père, la seule chose

qui me restoit au monde, et qu'encore, pour surcroît de désespoir, je le perde dans un moment où il étoit irrité contre moi! Que deviendrai-je, malheureuse? et quelle consolation trouver après une si grande perte?

SCÈNE XXI.

ARGAN, ANGÉLIQUE, CLÉANTE, TOINETTE.

CLÉANTE.

Qu'avez-vous donc, belle Angélique? et quel malheur pleurez-vous?

ANGÉLIQUE.

Hélas! je pleure tout ce que dans la vie je pouvois perdre de plus cher et de plus précieux : je pleure la mort de mon père.

CLÉANTE.

O ciel, quel accident! quel coup inopiné! Hélas! après la demande que j'avois conjuré votre oncle de lui faire pour moi, je venois me présenter à lui, et tâcher, par mes respects et par mes prières, de disposer son cœur à vous accorder à mes vœux.

ANGÉLIQUE.

Ah, Cléante! ne parlons plus de rien. Laissons là toutes les pensées du mariage. Après la perte de mon père, je ne veux plus être du monde, et j'y renonce pour jamais. Oui, mon père, si j'ai résisté tantôt à vos volontés, je veux suivre du moins une de vos intentions, et réparer par là le chagrin que je m'accuse de vous avoir donné. (*Se jetant à ses genoux.*) Souffrez, mon père, que je vous embrasse pour vous témoigner mon ressentiment [1].

ARGAN, *embrassant Angélique.*

Ah, ma fille !

ANGÉLIQUE.

Ahi !

ARGAN.

Viens, n'aie point de peur, je ne suis point mort. Va, tu es mon vrai sang, ma véritable fille, et je suis ravi d'avoir vu ton bon naturel.

SCÈNE XXII.

ARGAN, BÉRALDE, ANGÉLIQUE, CLÉANTE, TOINETTE.

ANGÉLIQUE.

Ah, quelle surprise agréable ! Mon père, puisque, par un bonheur extrême, le ciel vous redonne à mes vœux, souffrez qu'ici je me jette à vos pieds pour vous supplier d'une chose. Si vous n'êtes pas favorable au penchant de mon cœur, si vous me refusez Cléante pour époux, je vous conjure au moins de ne me point forcer d'en épouser un autre. C'est toute la grace que je vous demande.

CLÉANTE, *se jetant aux genoux d'Argan.*

Hé, monsieur ! laissez-vous toucher à ses prières et

---

[1] *Ressentiment* est là pour *tendresse*.

aux miennes, et ne vous montrez point contraire aux mutuels empressements d'une si belle inclination.

BÉRALDE.

Mon frère, pouvez-vous tenir là contre?

TOINETTE.

Monsieur, serez-vous insensible à tant d'amour?

ARGAN.

Qu'il se fasse médecin, je consens au mariage. Oui, (*à Cléante.*) faites-vous médecin, je vous donne ma fille.

CLÉANTE.

Très volontiers, monsieur. S'il ne tient qu'à cela pour être votre gendre, je me ferai médecin, apothicaire même, si vous voulez. Ce n'est pas une affaire que cela, et je me ferois bien d'autres choses pour obtenir la belle Angélique.

BÉRALDE.

Mais, mon frère, il me vient une pensée : faites-vous médecin vous-même. La commodité sera encore plus grande d'avoir en vous tout ce qu'il vous faut.

TOINETTE.

Cela est vrai. Voilà le vrai moyen de vous guérir bientôt; et il n'y a point de maladie si osée que de se jouer à la personne d'un médecin.

ARGAN.

Je pense, mon frère, que vous vous moquez de moi. Est-ce que je suis en âge d'étudier?

BÉRALDE.

Bon, étudier! vous êtes assez savant; et il y en a beaucoup parmi eux qui ne sont pas plus habiles que vous.

ARGAN.

Mais il faut savoir bien parler latin, connoître les maladies et les remèdes qu'il y faut faire.

BÉRALDE.

En recevant la robe et le bonnet de médecin, vous apprendrez tout cela; et vous serez après plus habile que vous ne voudrez.

ARGAN.

Quoi! l'on sait discourir sur les maladies quand on a cet habit-là?

BÉRALDE.

Oui. L'on n'a qu'à parler avec une robe et un bonnet, tout galimatias devient savant, et toute sottise devient raison.

TOINETTE.

Tenez, monsieur, quand il n'y auroit que votre barbe, c'est déja beaucoup : et la barbe fait plus de la moitié d'un médecin.

CLÉANTE.

En tout cas, je suis prêt à tout.

BÉRALDE, *à Argan.*

Voulez-vous que l'affaire se fasse tout-à-l'heure?

ARGAN.

Comment! tout-à-l'heure?

BÉRALDE.

Oui, et dans votre maison.

ARGAN.

Dans ma maison?

BÉRALDE.

Oui; je connois une Faculté de mes amies qui

viendra tout-à-l'heure en faire la cérémonie dans votre salle. Cela ne vous coûtera rien.

ARGAN.

Mais, moi, que dire? que répondre?

BÉRALDE.

On vous instruira en deux mots, et l'on vous donnera par écrit ce que vous devez dire. Allez-vous-en vous mettre en habit décent. Je vais les envoyer querir.

ARGAN.

Allons, voyons cela.

SCÈNE XXIII.

BÉRALDE, ANGÉLIQUE, CLÉANTE, TOINETTE.

CLÉANTE.

Que voulez-vous dire, et qu'entendez-vous avec cette Faculté de vos amies?

TOINETTE.

Quel est donc votre dessein?

BÉRALDE.

De nous divertir un peu ce soir. Les comédiens ont fait un petit intermède de la réception d'un médecin, avec des danses et de la musique; je veux que nous en prenions ensemble le divertissement, et que mon frère y fasse le premier personnage.

ANGÉLIQUE.

Mais, mon oncle, il me semble que vous vous jouez un peu beaucoup de mon père?

BÉRALDE.

Mais, ma nièce, ce n'est pas tant le jouer que s'accommoder à ses fantaisies. Tout ceci n'est qu'entre nous. Nous y pouvons aussi prendre chacun un personnage, et nous donner ainsi la comédie les uns aux autres. Le carnaval autorise cela. Allons vite préparer toutes choses.

CLÉANTE, *à Angélique.*

Y consentez-vous?

ANGÉLIQUE.

Oui, puisque mon oncle nous conduit.

FIN DU TROISIÈME ACTE.

TROISIÈME INTERMÈDE.

PREMIÈRE ENTRÉE DE BALLET.

Plusieurs tapissiers viennent préparer la salle et placer les bancs en cadence.

DEUXIÈME ENTRÉE DE BALLET.

Toute l'assemblée, composée de huit porte-seringues, six apothicaires, vingt-deux docteurs, et celui qui se fait recevoir médecin, huit chirurgiens dansants et deux chantants, entre ; et chacun prend sa place selon son rang.

LE PRÉSIDENT.

Savantissimi Doctores
Medicinæ professores,
Qui hìc assemblati estis;
Et vos altri messiores,
Sententiarum Facultatis
Fideles executores,
Chirurgiani et Apothicari,
Atque tota compania aussi,
Salus, honor, et argentum,
Atque bonum appetitum.

Non possum, docti confreri,
En moi satis admirari
Qualis bona inventio
Est medici professio;
Quàm bella chosa est et bene trovata
Medicina illa benedicta,

Quæ, suo nomine solo,
Surprenanti miraculo,
Depuis si longo tempore
Facit à gogo vivere
Tant de gens omni genere.

Per totam terram videmus
Grandam vogam ubi sumus,
Et quòd grandes et petiti
Sunt de nobis infatuti.
Totus mundus, currens ad nostros remedios,
Nos regardat sicut deos,
Et nostris ordonnanciis
Principes et reges soumissos videtis.

Doncque il est nostræ sapientiæ,
Boni sensûs atque prudentiæ,
De fortement travaillare
A nos bene conservare
In tali credito, voga, et honore,
Et prendere gardam à non recevere
In nostro docto corpore,
Quàm personas capabiles,
Et totas dignas remplire
Has plaças honorabiles.

C'est pour cela que nunc convocati estis,
Et credo quòd trovabitis
Dignam matieram medici
In savanti homine que voici;
Lequel in chosis omnibus

INTERMÈDE III.

Dono ad interrogandum,
Et à fond examinandum
Vestris capacitatibus.

PREMIER DOCTEUR.

Si mihi licentiam dat dominus Præses,
Et tanti docti Doctores,
Et assistantes illustres,
Très savanti Bacheliero
Quem estimo et honoro,
Domandabo causam et rationem quare
Opium facit dormire.

ARGAN.

Mihi a docto Doctore
Demandatur causam et rationem quare
Opium facit dormire.
A quoi respondeo,
Quia est in eo
Virtus dormitiva,
Cujus est natura
Sensus assoupire.

CHOEUR.

Benè, benè, benè, benè respondere!
Dignus, dignus est intrare
In nostro docto corpore.
Benè, benè respondere!

SECOND DOCTEUR.

Cum permissione domini Præsidis,
Doctissimæ Facultatis,
Et totius his nostris actis
Companiæ assistantis,

Domandabo tibi, docte Bacheliere,
    Quæ sunt remedia
    Quæ in maladia
    Dite hydropisia
    Convenit facere.

ARGAN.

Clysterium donare,
Postea seignare,
Ensuita purgare.

CHOEUR.

Benè, benè, benè, benè respondere !
    Dignus, dignus est intrare
    In nostro docto corpore.

TROISIÈME DOCTEUR.

Si bonum semblatur domino Præsidi,
    Doctissimæ Facultati,
    Et companiæ præsenti,
Domandabo tibi, docte Bacheliere,
    Quæ remedia eticis,
  Pulmonicis atque asmaticis,
    Trovas à propos facere.

ARGAN.

Clysterium donare,
Postea seignare,
Ensuita purgare.

CHOEUR.

Benè, benè, benè, benè respondere !
    Dignus, dignus est intrare
    In nostro docto corpore.

INTERMÈDE III.

QUATRIÈME DOCTEUR.

Super illas maladias
Doctus bachelierus dixit maravillas;
Mais si non ennuyo dominum Præsidem,
 Doctissimam Facultatem,
 Et totam honorabilem
 Companiam ecoutantem,
Faciam illi unam questionem.
 Dès hiero maladus unus
 Tombavit in meas manus;
Habet grandam fievram cum redoublamentis,
 Grandam dolorem capitis
 Et grandum malum au côté,
 Cum granda difficultate
 Et pena respirare.
 Veillas mihi dire,
 Docte Bacheliere,
 Quid illi facere ?

ARGAN.

Clysterium donare,
Postea seignare,
Ensuita purgare.

CINQUIÈME DOCTEUR.

Mais si maladia
Opiniatria
Non vult se garire,
Quid illi facere?

ARGAN.

Clysterium donare,
Postea seignare,

Ensuita purgare;
Reseignare, repurgare, et reclysterisare.

CHŒUR.

Benè, benè, benè, benè respondere!
Dignus, dignus est intrare
In nostro docto corpore.

LE PRÉSIDENT.

Juras gardare statuta
Per Facultatem præscripta
Cum sensu et jugeamento?

ARGAN.

Juro.

LE PRÉSIDENT.

Essere in omnibus
Consultationibus
Ancieni aviso,
Aut bono
Aut mauvaiso?

ARGAN.

Juro.

LE PRÉSIDENT.

De non jamais te servire
De remediis aucunis,
Quàm de ceux seulement doctæ Facultatis,
Maladus dût-il crevare
Et mori de suo malo?

ARGAN.

Juro[1].

---

[1] Les biographes de Molière, et plusieurs auteurs contemporains, s'accordent bien à dire que c'est en prononçant le mot *Juro* que lui

INTERMÈDE III.

LE PRÉSIDENT.

Ego, cum isto boneto
Venerabili et docto,
Dono tibi et concedo
Virtutem et puissanciam
 Medicandi,
  Purgandi,
  Seignandi,
  Perçandi,
  Taillandi,
  Coupandi,
Et occidendi,
Impune per totam terram.

TROISIÈME ENTRÉE DE BALLET.

Les chirurgiens et apothicaires viennent faire la révérence en cadence à Argan.

ARGAN.

Grandes Doctores doctrinæ
De la rhubarbe et du séné,

prit cette fatale convulsion à laquelle il ne survécut que quelques heures; mais aucun d'eux ne fait connoître auquel des trois *Juro* il éprouva cette cruelle secousse. Il est probable que c'est en prononçant celui-ci, car les autres sont trop rapprochés l'un de l'autre pour que Molière eût pu être remis, dans un aussi court espace de temps, au point de laisser le spectateur dans l'ignorance de ce qui venoit de lui arriver, ou même de ne pas faire interrompre la représentation. Ce dernier *Juro*, au contraire, est suivi de la formule de réception du président, et d'une assez longue cérémonie exécutée par une partie de la Faculté. Molière aura pu trouver le temps de reprendre un peu ses sens pour être en état de prononcer son remerciement.

Ce seroit sans doute à moi chosa folla,
   Inepta et ridicula,
   Si j'alloibam m'engageare
   Vobis louangeas donare,
  Et entreprenoibam adjoutare
   Des lumieras au soleilo,
   Et des etoilas au cielo,
   Des ondas à l'oceano,
   Et des rosas au printano.
 Agreate qu'avec uno moto
   Pro toto remercimento
 Randam gratiam corpori tam docto.
   Vobis, vobis debeo
Bien plus qu'à naturæ et qu'à patri meo :
   Natura et pater meus
   Hominem me habent factum ;
   Mais vos me, ce qui est bien plus,
   Avetis factum medicum :
   Honor, favor, et gratia,
   Qui in hoc corde que voilà
   Imprimant ressentimenta
   Qui dureront in secula.

CHOEUR.

Vivat, vivat, vivat, vivat, cent fois vivat,
   Novus doctor qui tam benè parlat !
Mille, mille annis, et manget, et bibat,
   Et seignet et tuat !

INTERMÈDE III.

QUATRIÈME ENTRÉE DE BALLET.

Les chirurgiens et les apothicaires dansent au son des instruments et des voix, et des battements de mains, et des mortiers d'apothicaires.

PREMIER CHIRURGIEN.

Puisse-t-il voir doctas
Suas ordonnancias
Omnium chirurgorum
Et apothicarum
Remplire boutiquas!

CHOEUR.

Vivat, vivat, vivat, vivat, cent fois vivat,
Novus doctor qui tam benè parlat!
Mille, mille annis, et manget et bibat,
Et seignet et tuat!

SECOND CHIRURGIEN.

Puissent toti anni
Lui essere boni
Et favorabiles,
Et n'habere jamais
Quàm pestas, verolas,
Fievras, pleuresias,
Fluxus de sang, et dyssenterias!

CHOEUR.

Vivat, vivat, vivat, vivat, cent fois vivat,
Novus doctor qui tam benè parlat!
Mille, mille annis, et manget et bibat,
Et seignet et tuat!

CINQUIÈME ET DERNIÈRE ENTRÉE DE BALLET.

Pendant que le dernier chœur chante, les médecins, les chirurgiens et les apothicaires, sortent tous selon leur rang en cérémonie, comme ils sont entrés.

FIN DU MALADE IMAGINAIRE.

LA GLOIRE

DU

VAL-DE-GRACE.

1669.

LA GLOIRE

DU

VAL-DE-GRACE[1].

Digne fruit de vingt ans de travaux somptueux,
Auguste bâtiment, temple majestueux
Dont le dôme superbe, élevé dans la nue,
Pare du grand Paris la magnifique vue,
Et, parmi tant d'objets semés de toutes parts,

---

[1] Il existoit depuis le neuvième siècle, dans une vallée près de Bièvre-le-Châtel, une abbaye de religieuses, appelée *Val-de-Grace*. Au mois de mai 1621, les religieuses, effrayées du mauvais état des bâtiments qu'elles occupoient, et dégoûtées depuis long-temps de ce séjour, acquirent un vaste emplacement au faubourg Saint-Jacques, avec une maison appelée le *Fief-de-Valois*, ou l'*Hôtel du Petit-Bourbon*, moyennant la somme de trente-six mille francs que paya la reine Anne d'Autriche, qui y fit faire en outre plusieurs constructions.

Cette princesse, stérile et inquiète, après vingt-deux ans de mariage, de ne pouvoir donner un héritier à la couronne, fit vœu d'élever un temple au Seigneur, si ses désirs se réalisoient. Enfin, le 5 septembre 1636, elle donna le jour à un fils qui régna dans la suite sous le nom de Louis XIV. Après la mort de Richelieu, et du roi Louis XIII son époux, elle voulut acquitter les engagements qu'elle avoit contractés avec le ciel. Elle fit reconstruire entièrement, et avec une somptuosité digne de sa reconnoissance, l'église et le couvent du Val-de-Grace. Le 1ᵉʳ avril 1645, la reine et le

Du voyageur surpris prend les premiers regards [1],
Fais briller à jamais, dans ta noble richesse,
La splendeur du saint vœu d'une grande princesse,
Et porte un témoignage à la postérité
De sa magnificence et de sa piété.
Conserve à nos neveux une montre fidèle
Des exquises beautés que tu tiens de son zèle :
Mais défends bien surtout de l'injure des ans
Le chef-d'œuvre fameux de ses riches présents,
Cet éclatant morceau de savante peinture
Dont elle a couronné ta noble architecture ;
C'est le plus bel effet des grands soins qu'elle a pris,
Et ton marbre et ton or ne sont point de ce prix.

Toi qui, dans cette coupe, à ton vaste génie
Comme un ample théâtre heureusement fournie,
Es venu déployer les précieux trésors

jeune roi son fils vinrent en grande cérémonie poser solennellement la première pierre de cet édifice. Les travaux commencés furent bientôt suspendus par les troubles de la minorité de Louis XIV ; on les reprit en 1655 ; continués avec activité, les bâtiments claustraux furent achevés en 1662, et ceux de l'église en 1665.

Le célèbre François Mansard fut d'abord chargé de diriger ces travaux, et d'en fournir les plans ; mais l'intrigue lui fit bientôt substituer Mercier et d'autres architectes inférieurs. François Anguier, sculpteur, prodigua son talent aux nombreux ornements de cette église. Le dôme fut peint intérieurement par Mignard. Cette vaste composition représente le séjour des bienheureux, divisé en plusieurs hiérarchies : c'est le plus bel ouvrage de ce peintre. On voit avec peine que cette peinture a beaucoup perdu de son effet, en perdant de la vivacité de ses couleurs. (M. Dulaure, *Histoire de Paris*, première édition, tome IV, page 74 et suivantes.)

[1] Le dôme du Val-de-Grace étoit alors le plus élevé de tous ceux de Paris.

DU VAL-DE-GRACE.

Que le Tibre t'a vu ramasser sur ses bords,
Dis-nous, fameux Mignard [1], par qui te sont versées
Les charmantes beautés de tes nobles pensées,
Et dans quel fonds tu prends cette variété
Dont l'esprit est surpris et l'œil est enchanté :
Dis-nous quel feu divin, dans tes fécondes veilles,
De tes expressions enfante les merveilles,
Quels charmes ton pinceau répand dans tous ses traits,
Quelle force il y mêle à ses plus doux attraits,
Et quel est ce pouvoir qu'au bout des doigts tu portes,
Qui sait faire à nos yeux vivre des choses mortes,
Et, d'un peu de mélange et de bruns et de clairs,
Rendre esprit la couleur, et les pierres des chairs.

Tu te tais, et prétends que ce sont des matières
Dont tu dois nous cacher les savantes lumières;
Et que ces beaux secrets, à tes travaux vendus,
Te coûtent un peu trop pour être répandus :
Mais ton pinceau s'explique et trahit ton silence;
Malgré toi de ton art il nous fait confidence;

---

[1] MIGNARD (Pierre), surnommé *Mignard-le-Romain*, à cause du long séjour qu'il fit à Rome, né à Troyes en 1610, mort à Paris en 1695. Il avoit un talent remarquable pour faire le portrait, et pour copier les tableaux des plus célèbres peintres. Louis XIV lui donna des lettres de noblesse, et le nomma son premier peintre après la mort de Le Brun. Molière le rencontra à Avignon, où Mignard s'occupoit à dessiner les antiques d'Orange et de Saint-Remi. Ils se vouèrent une amitié constante, et Mignard a laissé un portrait de notre auteur. La fille de ce peintre fameux fut marraine du troisième et dernier enfant de Molière. L'auteur d'un recueil intitulé *Anonymiana*, mélange de vers et de prose, prétend que Molière étoit épris des charmes de la fille de son ami, mariée depuis à M. de Feuquières.

Et, dans ses beaux efforts à nos yeux étalés,
Les mystères profonds nous en sont révélés.
Une pleine lumière ici nous est offerte;
Et ce dôme pompeux est une école ouverte
Où l'ouvrage, faisant l'office de la voix,
Dicte de ton grand art les souveraines lois.
Il nous dit fortement les trois nobles parties [1]
Qui rendent d'un tableau les beautés assorties,
Et dont, en s'unissant, les talents relevés
Donnent à l'univers les peintres achevés.

Mais des trois, comme reine, il nous expose celle
Que ne peut nous donner le travail ni le zèle,
Et qui, comme un présent de la faveur des cieux,
Est du nom de divine appelée en tous lieux [2];
Elle, dont l'essor monte au dessus du tonnerre,
Et sans qui l'on demeure à ramper contre terre,
Qui meut tout, règle tout, en ordonne à son choix,
Et des deux autres mène et régit les emplois.
Il nous enseigne à prendre une digne matière
Qui donne au feu du peintre une vaste carrière,
Et puisse recevoir tous les grands ornements
Qu'enfante un beau génie en ses accouchements,
Et dont la poésie, et sa sœur la peinture,
Parant l'instruction de leur docte imposture,
Composent avec art ces attraits, ces douceurs,
Qui font à leurs leçons un passage à nos cœurs,
Et par qui, de tout temps, ces deux sœurs si pareilles
Charment, l'une les yeux, et l'autre les oreilles.

[1] L'invention, le dessin, le coloris. (*Note de Molière.*)
[2] L'invention, première partie de la peinture. (*Note de Molière.*)

Mais il nous dit de fuir un discours apparent
Du lieu que l'on nous donne et du sujet qu'on prend,
Et de ne point placer dans un tombeau des fêtes,
Le ciel contre nos pieds, et l'enfer sur nos têtes.
Il nous apprend à faire avec détachement
Des groupes contrastés un noble agencement,
Qui du champ du tableau fasse un juste partage
En conservant les bords un peu légers d'ouvrage,
N'ayant nul embarras, nul fracas vicieux
Qui rompe ce repos si fort ami des yeux,
Mais où, sans se presser, le groupe se rassemble,
Et forme un doux concert, fasse un beau tout ensemble,
Où rien ne soit à l'œil mendié ni redit,
Tout s'y voyant tiré d'un vaste fonds d'esprit,
Assaisonné du sel de nos graces antiques,
Et non du fade goût des ornements gothiques.
Ces monstres odieux des siècles ignorants,
Que de la barbarie ont produits les torrents,
Quand leur cours, inondant presque toute la terre,
Fit à la politesse une mortelle guerre,
Et, de la grande Rome abattant les remparts,
Vint avec son empire étouffer les beaux arts.
Il nous montre à poser avec noblesse et grace
La plus belle figure à la plus belle place,
Riche d'un agrément, d'un brillant de grandeur
Qui s'empare d'abord des yeux du spectateur,
Prenant un soin exact que, dans tout son ouvrage,
Elle joue aux regards le plus beau personnage,
Et que, par aucun rôle au spectacle placé,
Le héros du tableau ne se voie effacé.

Il nous enseigne à fuir les ornements débiles
Des épisodes froids et qui sont inutiles,
A donner au sujet toute sa vérité,
A lui garder partout pleine fidélité,
Et ne se point porter à prendre de licence,
A moins qu'à des beautés elle donne naissance.
 Il nous dicte amplement les leçons du dessin [1]
Dans la manière grecque et dans le goût romain;
Le grand choix du beau vrai, de la belle nature,
Sur les restes exquis de l'antique sculpture,
Qui, prenant d'un sujet la brillante beauté,
En savoit séparer la foible vérité,
Et, formant de plusieurs une beauté parfaite,
Nous corrige par l'art la nature qu'on traite.
Il nous explique à fond, dans ses instructions,
L'union de la grace et des proportions;
Les figures partout doctement dégradées,
Et leurs extrémités soigneusement gardées;
Les contrastes savants des membres agroupés,
Grands, nobles, étendus et bien développés,
Balancés sur leur centre en beautés d'attitude,
Tous formés l'un pour l'autre avec exactitude,
Et n'offrant point aux yeux ces galimatias
Où la tête n'est point de la jambe ou du bras;
Leur juste attachement aux lieux qui les font naître,
Et les muscles touchés autant qu'ils doivent l'être,
La beauté des contours observés avec soin,
Point durement traités, amples, tirés de loin,

---

[1] Le dessin, seconde partie de la peinture. (*Note de Molière.*)

Inégaux, ondoyants, et tenant de la flamme,
Afin de conserver plus d'action et d'ame,
Les nobles airs de tête amplement variés,
Et tous au caractère avec choix mariés.
Et c'est là qu'un grand peintre, avec pleine largesse,
D'une féconde idée étale la richesse,
Faisant briller partout de la diversité,
Et ne tombant jamais dans un air répété.
Mais un peintre commun trouve une peine extrême
A sortir dans ses airs de l'amour de soi-même ;
De redites sans nombre il fatigue les yeux,
Et, plein de son image, il se peint en tous lieux.
Il nous enseigne aussi les belles draperies,
De grands plis bien jetés suffisamment nourries,
Dont l'ornement aux yeux doit conserver le nu,
Mais qui, pour le marquer, soit un peu retenu,
Qui ne s'y colle point, mais en suive la grace,
Et, sans la serrer trop, la caresse et l'embrasse.
Il nous montre à quel air, dans quelles actions,
Se distinguent à l'œil toutes les passions ;
Les mouvements du cœur peints d'une adresse extrême
Par des gestes puisés dans la passion même,
Bien marqués pour parler, appuyés, forts et nets,
Imitant en vigueur les gestes des muets,
Qui veulent réparer la voix que la nature
Leur a voulu nier ainsi qu'à la peinture.
 Il nous étale enfin les mystères exquis
De la belle patrie où triompha Zeuxis [1],

---

[1] Le coloris, troisième partie de la peinture. (*Note de Molière*.)

Et qui, le revêtant d'une gloire immortelle,
Le fit aller de pair avec le grand Apelle;
L'union, les concerts et les tons des couleurs,
Contrastes, amitiés, ruptures et valeurs,
Qui font les grands effets, les fortes impostures,
L'achèvement de l'art, et l'ame des figures.
Il nous dit clairement dans quel choix le plus beau
On peut prendre le jour et le champ du tableau,
Les distributions et d'ombre et de lumière
Sur chacun des objets et sur la masse entière,
Leur dégradation dans l'espace de l'air
Par les tons différents de l'obscur et du clair,
Et quelle force il faut aux objets mis en place
Que l'approche distingue et le lointain efface;
Les gracieux repos que par des soins communs
Les bruns donnent aux clairs, comme les clairs aux
Avec quel agrément d'insensible passage   [bruns;
Doivent ces opposés entrer en assemblage;
Par quelle douce chute ils doivent y tomber,
Et dans un milieu tendre aux yeux se dérober;
Ces fonds officieux qu'avec art on se donne,
Qui reçoivent si bien ce qu'on leur abandonne;
Par quels coups de pinceau, formant de la rondeur,
Le peintre donne au plat le relief du sculpteur;
Quel adoucissement des teintes de lumière
Fait perdre ce qui tourne, et le chasse derrière,
Et comme avec un champ fuyant, vague et léger,
La fierté de l'obscur, sur la douceur du clair
Triomphant de la toile, en tire avec puissance
Les figures que veut garder sa résistance,

Et, malgré tout l'effort qu'elle oppose à ses coups,
Les détache du fond et les amène à nous.
 Il nous dit tout cela, ton admirable ouvrage :
Mais, illustre Mignard, n'en prends aucun ombrage ;
Ne crains pas que ton art, par ta main découvert,
A marcher sur tes pas tienne un chemin ouvert,
Et que de ses leçons les grands et beaux oracles
Élèvent d'autres mains à tes doctes miracles ;
Il y faut des talents que ton mérite joint,
Et ce sont des secrets qui ne s'apprennent point. [donne,
On n'acquiert point, Mignard, par les soins qu'on se
Trois choses dont les dons brillent dans ta personne.
Les passions, la grace et les tons de couleur,
Qui des riches tableaux font l'exquise valeur ;
Ce sont présents du ciel qu'on voit peu qu'il assemble,
Et les siècles ont peine à les trouver ensemble.
C'est par là qu'à nos yeux nuls travaux enfantés
De ton noble travail n'atteindront les beautés.
Malgré tous les pinceaux que ta gloire réveille,
Il sera de nos jours la fameuse merveille,
Et des bouts de la terre en ces superbes lieux
Attirera les pas des savants curieux.
 O vous, dignes objets de la noble tendresse
Qu'a fait briller pour vous cette auguste princesse
Dont au grand Dieu naissant, au véritable Dieu [1],
Le zèle magnifique a consacré ce lieu,
Purs esprits, où du ciel sont les graces infuses,
Beaux temples des vertus, admirables recluses,

---

[1] On lisoit sur le fronton : *Jesu nascenti Virginique matri.* C'est à cette inscription que Molière fait ici allusion.

Qui dans votre retraite, avec tant de ferveur,
Mêlez parfaitement la retraite du cœur,
Et, par un choix pieux hors du monde placées,
Ne détachez vers lui nulle de vos pensées,
Qu'il vous est cher d'avoir sans cesse devant vous
Ce tableau de l'objet de vos vœux les plus doux,
D'y nourrir par vos yeux les précieuses flammes
Dont si fidèlement brûlent vos belles ames,
D'y sentir redoubler l'ardeur de vos désirs,
D'y donner à toute heure un encens de soupirs,
Et d'embrasser de cœur une image si belle
Des célestes beautés de la gloire éternelle,
Beautés qui dans leurs fers tiennent vos libertés,
Et vous font mépriser toutes autres beautés !

 Et toi, qui fus jadis la maîtresse du monde,
Docte et fameuse école en raretés féconde,
Où les arts déterrés ont, par un digne effort,
Réparé les dégâts des barbares du Nord,
Source des beaux débris des siècles mémorables,
O Rome, qu'à tes soins nous sommes redevables
De nous avoir rendu, façonné de ta main,
Ce grand homme chez toi devenu tout Romain [1],
Dont le pinceau célèbre, avec magnificence,
De ces riches travaux vient parer notre France,
Et dans un noble lustre y produire à nos yeux
Cette belle peinture inconnue en ces lieux,
La fresque, dont la grace, à l'autre préférée,
Se conserve un éclat d'éternelle durée,

---

[1] Mignard avoit fait à Rome un séjour de vingt-deux ans.

Mais dont la promptitude et les brusques fiertés
Veulent un grand génie à toucher ses beautés !
De l'autre, qu'on connoît, la traitable méthode
Aux foiblesses d'un peintre aisément s'accommode :
La paresse de l'huile, allant avec lenteur,
Du plus tardif génie attend la pesanteur;
Elle sait secourir, par le temps qu'elle donne,
Les faux pas que peut faire un pinceau qui tâtonne;
Et sur cette peinture on peut, pour faire mieux,
Revenir quand on veut avec de nouveaux yeux.
Cette commodité de retoucher l'ouvrage
Aux peintres chancelants est un grand avantage;
Et ce qu'on ne fait pas en vingt fois qu'on reprend,
On le peut faire en trente, on le peut faire en cent.

Mais la fresque est pressante, et veut sans complai-
Qu'un peintre s'accommode à son impatience, [sance
La traite à sa manière, et, d'un travail soudain,
Saisisse le moment qu'elle donne à sa main.
La sévère rigueur de ce moment qui passe
Aux erreurs d'un pinceau ne fait aucune grace;
Avec elle il n'est point de retour à tenter,
Et tout au premier coup se doit exécuter;
Elle veut un esprit où se rencontre unie
La pleine connoissance avec le grand génie,
Secouru d'une main propre à le seconder,
Et maîtresse de l'art jusqu'à le gourmander,
Une main prompte à suivre un beau feu qui la guide,
Et dont, comme un éclair, la justesse rapide
Répande dans ses fonds, à grands traits non tâtés,
De ses expressions les touchantes beautés.

C'est par là que la fresque, éclatante de gloire,
Sur les honneurs de l'autre emporte la victoire,
Et que tous les savants, en juges délicats,
Donnent la préférence à ses mâles appas.
Ces doctes mains chez elle ont cherché la louange;
Et Jules [1], Annibal [2], Raphaël [3], Michel-Ange [4],
Les Mignard de leur siècle, en illustres rivaux,
Ont voulu par la fresque ennoblir leurs travaux.

Nous la voyons ici doctement revêtue
De tous les grands attraits qui surprennent la vue.
Jamais rien de pareil n'a paru dans ces lieux;
Et la belle inconnue a frappé tous les yeux.
Elle a non seulement, par ses graces fertiles,
Charmé du grand Paris les connoisseurs habiles,
Et touché de la cour le beau monde savant;
Ses miracles encore ont passé plus avant,
Et de nos courtisans les plus légers d'étude
Elle a pour quelque temps fixé l'inquiétude,

---

[1] ROMAIN (Jules), peintre, dont le nom de famille étoit Giulio Pippi, naquit à Rome en 1492; c'étoit le disciple bien-aimé de Raphaël, qui le fit son héritier. Ses compositions se font remarquer par leur feu, par la hardiesse de leur style, le goût du dessin, la grandeur des pensées, et la fierté de l'expression. Il étoit en outre très bon architecte. François Ier le combla de bienfaits.

[2] CARRACHE (Annibal), né à Bologne en 1650, a laissé plusieurs tableaux qui font l'admiration des connoisseurs.

[3] RAPHAEL SANZIO, né à Urbin en 1483, est de tous les peintres celui qui a réuni le plus de parties. François Ier fit de vaines tentatives pour l'attacher à son service, le pape Léon X s'opposant à l'émigration de ce grand homme.

[4] MICHEL-ANGE, peintre, né à Rome en 1602, où il mourut en 1660.

Arrêté leur esprit, attaché leurs regards,
Et fait descendre en eux quelque goût des beaux arts.
Mais ce qui plus que tout élève son mérite,
C'est de l'auguste roi l'éclatante visite :
Ce monarque, dont l'ame aux grandes qualités
Joint un goût délicat des savantes beautés,
Qui, séparant le bon d'avec son apparence,
Décide sans erreur, et loue avec prudence,
Louis, le grand Louis, dont l'esprit souverain
Ne dit rien au hasard, et voit tout d'un œil sain,
A versé de sa bouche à ses graces brillantes
De deux précieux mots les douceurs chatouillantes;
Et l'on sait qu'en deux mots ce roi judicieux
Fait des plus beaux travaux l'éloge glorieux.

Colbert, dont le bon goût suit celui de son maître,
A senti même charme, et nous le fait paroître.
Ce vigoureux génie au travail si constant,
Dont la vaste prudence à tous emplois s'étend,
Qui du choix souverain tient, par son haut mérite,
Du commerce et des arts la suprême conduite,
A d'une noble idée enfanté le dessein
Qu'il confie aux talents de cette docte main,
Et dont il veut par elle attacher la richesse
Aux sacrés murs du temple où son cœur s'intéresse [1].
La voilà cette main qui se met en chaleur;
Elle prend les pinceaux, trace, étend la couleur,
Empâte, adoucit, touche, et ne fait nulle pause.
Voilà qu'elle a fini, l'ouvrage aux yeux s'expose;

---

[1] Saint-Eustache. (*Note de Molière.*)

Et nous y découvrons, aux yeux des grands experts,
Trois miracles de l'art en trois tableaux divers.
Mais, parmi cent objets d'une beauté touchante,
Le Dieu porte au respect, et n'a rien qui n'enchante;
Rien en grace, en douceur, en vive majesté,
Qui ne présente à l'œil une divinité;
Elle est toute en ces traits si brillants de noblesse;
La grandeur y paroît, l'équité, la sagesse,
La bonté, la puissance; enfin ces traits font voir
Ce que l'esprit de l'homme a peine à concevoir.

Poursuis, ô grand Colbert! à vouloir dans la France
Des arts que tu régis établir l'excellence,
Et donne à ce projet, et si grand et si beau,
Tous les riches moments d'un si docte pinceau.
Attache à des travaux dont l'éclat te renomme
Les restes précieux des jours de ce grand homme.
Tels hommes rarement se peuvent présenter;
Et quand le ciel les donne, il faut en profiter.
De ces mains dont les temps ne sont guère prodigues,
Tu dois à l'univers les savantes fatigues;
C'est à ton ministère à les aller saisir
Pour les mettre aux emplois que tu peux leur choisir;
Et, pour ta propre gloire, il ne faut point attendre
Qu'elles viennent t'offrir ce que ton choix doit prendre.
Les grands hommes, Colbert, sont mauvais courtisans:
Peu faits à s'acquitter des devoirs complaisants,
A leurs réflexions tout entiers ils se donnent;
Et ce n'est que par là qu'ils se perfectionnent.
L'étude et la visite ont leurs talents à part:
Qui se donne à sa cour se dérobe à son art;

Un esprit partagé rarement s'y consomme,
Et les emplois de feu demandent tout un homme.
Ils ne sauroient quitter les soins de leur métier
Pour aller chaque jour fatiguer ton portier,
Ni partout près de toi, par d'assidus hommages,
Mendier des prôneurs les éclatants suffrages ;
Cet amour du travail, qui toujours règne en eux,
Rend à tous autres soins leur esprit paresseux ;
Et tu dois consentir à cette négligence
Qui de leurs beaux talents te nourrit l'excellence.
Souffre que, dans leur art s'avançant chaque jour,
Par leurs ouvrages seuls ils te fassent leur cour :
Leur mérite à tes yeux y peut assez paroître.
Consultes-en ton goût, il s'y connoît en maître,
Et te dira toujours, pour l'honneur de ton choix,
Sur qui tu dois verser l'éclat des grands emplois.
C'est ainsi que des arts la renaissante gloire
De tes illustres soins ornera la mémoire,
Et que ton nom, porté dans cent travaux pompeux,
Passera triomphant à nos derniers neveux.

BOUTS-RIMÉS,

COMMANDÉS SUR LE BEL AIR.

Que vous m'embarrassez avec votre *grenouille*
Qui traîne à ses talons le doux mot d'*Hypocras!*
Je hais des bouts-rimés le puéril *fatras*,
Et tiens qu'il vaudroit mieux filer une *quenouille*.

La gloire du bel air n'a rien qui me *chatouille*.
Vous m'assommez l'esprit avec un gros *plâtras*.
Et je tiens heureux ceux qui sont morts à *Coutras* [1],
Voyant tout le papier qu'en sonnets on *barbouille*.

M'accable derechef la haine du *cagot*,
Plus méchant mille fois que n'est un vieux *magot*,
Plutôt qu'un bout-rimé me fasse entrer en *danse!*

Je vous le chante clair comme un *chardonneret*.
Au bout de l'univers je fuis dans une *manse*;
Adieu, grand prince, adieu; tenez-vous *guilleret* [2].

---

[1] La bataille de Coutras, livrée le 20 octobre 1587.

[2] Ce sonnet se trouve à la suite de *la Comtesse d'Escarbagnas*, dans l'édition originale de 1682. C'étoit le prince de Condé qui avoit exigé de Molière cette complaisance, qui, au reste, en remplissant les rimes données, avoit fait la critique de cette puérile occupation, alors de mode.

Il y avoit probablement alors un air en vogue sur lequel ce sonnet pouvoit se chanter.

TABLE CHRONOLOGIQUE

DES PIÈCES DE MOLIÈRE, AVEC LA DATE DE LEURS PREMIÈRES REPRÉSENTATIONS A LA COUR ET A LA VILLE.

1653. L'Étourdi, comédie en cinq actes, à Lyon en 1653, et à Paris le 30 novembre 1658... Tome I.

1654. Le Dépit amoureux, comédie en cinq actes, à Béziers en 1654, et à Paris en décembre 1658 .... *Ibidem.*

1659. Les Précieuses ridicules, comédie en un acte, à Paris le 18 novembre 1659..... *Ibidem.*

1660. Sganarelle ou le Cocu imaginaire, comédie en un acte, à Paris le 28 mai 1660... *Ibidem.*

1661. Don Garcie de Navarre ou le Prince jaloux, comédie héroïque en cinq actes, à Paris le 4 février 1661................ Tome II.

L'École des maris, comédie en trois actes, à Paris le 24 juin 1661................... *Ibidem.*

Les Facheux, comédie-ballet en trois actes, à Vaux le 7 août 1661, à Paris le 4 novembre suivant...................... *Ibidem.*

1662. L'École des femmes, comédie en cinq actes, à Paris le 26 décembre 1662...... *Ibidem.*

1663. La Critique de L'École des femmes, comédie en un acte, à Paris le 1er juin 1663. *Ibidem.*

L'Impromptu de Versailles, comédie en un acte, à Versailles le 14 octobre 1663, à Paris le 4 novembre suivant........... Tome II.

1664. LE MARIAGE FORCÉ, comédie représentée en trois actes avec intermèdes mêlés de chant et de danses, au Louvre le 29 janvier 1664; en un acte, sans divertissements, à Paris le 15 février suivant...................... Tome III.

LA PRINCESSE D'ÉLIDE, comédie-ballet en cinq actes, à Versailles le 8 mai 1664, à Paris le 9 novembre suivant.................. *Ibidem.*

LE TARTUFE OU L'IMPOSTEUR, comédie en cinq actes, au Raincy le 29 novembre 1664 (les trois premiers actes avoient déja été représentés à Versailles le 12 mai précédent), à Paris le 5 août 1667, défendu après la première représentation, et repris le 5 février 1669...................... Tome IV.

1665. DON JUAN ou le FESTIN DE PIERRE, comédie en cinq actes, à Paris le 15 février 1665 .... Tome III.

L'AMOUR MÉDECIN, comédie-ballet en trois actes, avec intermèdes mêlés de chant et de danses, à Versailles le 14 septembre 1665; en un acte, sans divertissements, à Paris le 22......................... *Ibidem.*

1666. LE MISANTHROPE, comédie en cinq actes, à Paris le 4 juin 1666.................. *Ibidem.*

LE MÉDECIN MALGRÉ LUI, comédie en trois actes, à Paris le 9 août 1666........ *Ibidem.*

MÉLICERTE, pastorale héroïque, en deux actes,
LA PASTORALE COMIQUE, en un acte,
} à St-Germain-en-Laye le 2 décembre 1666.. Tome IV.

1667. LE SICILIEN, comédie en un acte, à

Saint-Germain-en-Laye le 5 janvier 1667,
à Paris le 10 juin suivant................. Tome IV.

1668. AMPHITRYON, comédie en trois actes, à
Paris le 13 janvier 1668, et devant le Roi
le 16............................... *Ibidem.*

GEORGE DANDIN, comédie en trois actes,
à Saint-Germain-en-Laye le 18 juillet 1668,
à Paris le 9 novembre suivant........... Tome V.

L'AVARE[1], comédie en cinq actes, à Paris
le 9 septembre 1668.................... Tome IV.

1669. MONSIEUR DE POURCEAUGNAC, comédie-
ballet en trois actes, à Chambord le 6 octobre 1669, à Paris le 15 novembre suivant. Tome V.

LES AMANTS MAGNIFIQUES, comédie-ballet
en cinq actes, à Saint-Germain-en-Laye le
4 février 1670, à Paris, après la mort de Molière, le 15 octobre 1688............... *Ibidem.*

1670. LE BOURGEOIS GENTILHOMME, comédie-
ballet en cinq actes, à Chambord le 14 octobre 1670, à Paris le 23 novembre suivant. *Ibidem.*

1671. PSYCHÉ, tragi-comédie-ballet en cinq actes,
aux Tuileries le 17 janvier 1671, à Paris le
24 juillet suivant..................... Tome VI.

LES FOURBERIES DE SCAPIN, comédie en
trois actes, à Paris le 24 mai 1671........ Tome V.

1671. LA COMTESSE D'ESCARBAGNAS, comédie en
un acte, représentée à Saint-Germain-en-
Laye le 2 décembre 1671, à Paris le 8 juillet 1672............................. Tome VI.

[1] Cette pièce se trouve transposée, parce qu'avant les recherches
de M. Beffara on avoit dû croire que l'*Avare* avoit été donné au
mois de janvier 1668, et que la représentation du 9 septembre
n'étoit qu'une reprise.

1672. Les Femmes savantes, comédie en cinq actes, à Paris le 11 mars 1672.......... *Ibidem.*
1673. Le Malade imaginaire, comédie-ballet en trois actes, à Paris le 12 février 1673... *Ibidem.*

FIN DE LA TABLE CHRONOLOGIQUE.

TABLE

DES PIÈCES CONTENUES DANS CE VOLUME.

Psyché, tragi-comédie-ballet en cinq actes et en vers libres. Page 1
   Prologue. 9
Les Femmes savantes, comédie en cinq actes et en vers. 111
La Comtesse d'Escarbagnas, comédie en un acte et en prose. 215
Le Malade imaginaire, comédie-ballet en trois actes en prose. 259
   Prologue. 261
   Autre Prologue. 271
La Gloire du Val-de-Grace. 417
Bouts-Rimés. 434

FIN DE LA TABLE DU SIXIÈME VOLUME.

www.ingramcontent.com/pod-product-compliance
Lightning Source LLC
Chambersburg PA
CBHW060934230426
43665CB00015B/1939